Raimund Schulz
Die Perserkriege

Seminar Geschichte

Wissenschaftlicher Beirat:
Christoph Cornelißen, Marko Demantowsky,
Birgit Emich, Harald Müller, Michael Sauer,
Uwe Walter

Raimund Schulz

Die Perserkriege

—

DE GRUYTER
OLDENBOURG

ISBN 978-3-11-044259-5
e-ISBN (PDF) 978-3-11-044260-1
e-ISBN (EPUB) 978-3-11-043486-6

Library of Congress Cataloging-in-Publication Data
A CIP catalog record for this book has been applied for at the Library of Congress.

Bibliografische Information der Deutschen Nationalbibliothek
Die Deutsche Nationalbibliothek verzeichnet diese Publikation in der Deutschen Nationalbibliografie; detaillierte bibliografische Daten sind im Internet über http://dnb.dnb.de abrufbar.

© 2017 Walter de Gruyter GmbH, Berlin/Boston
Umschlagabbildung: Kampf eines griechischen Hopliten und eines persischen Kriegers (Kylix, 5. Jh. v. Chr.)
Satz: fidus Publikations-Service GmbH, Nördlingen
Druck und Bindung: CPI books GmbH, Leck
♾ Gedruckt auf säurefreiem Papier
Printed in Germany

www.degruyter.com

Dem Andenken an meinen akademischen Lehrer
Jochen Bleicken gewidmet

Vorwort

Dieses Studienbuch geht auf langjährige Forschungen sowie auf reiche Erfahrungen zurück, die ich während mehrerer Lehrveranstaltungen zum Thema an der TU Berlin, der Universität Hildesheim und der Universität Bielefeld sammeln konnte. Die Perserkriege gehören traditionell (und heute mehr denn je) zu den am häufigsten im akademischen Lehrbetrieb behandelten Großereignissen der Antike. Während sich die Quellengrundlage kaum verändert hat, erlebte die Forschung in den letzten Jahrzehnten einen regelrechten Boom; dies hat vor allem damit zu tun, dass man sich darum bemüht, die Ereignisse aus ihrer vertrauten graeko- bzw. eurozentrischen Perspektive zu lösen und stärker in die Geschichte des Vorderen Orients sowie des Persischen Reiches im Besonderen einzuordnen. Diesem Bemühen ist auch das vorliegende Studienbuch verpflichtet, wobei ich mir der Grenzen dieser Erweiterung sowie deren methodischen und interpretatorischen Problemen bewusst bin. Einen zweiten Schwerpunkt, der die Forschung intensiv beschäftigt und auch für die Lehre wichtige Ansatzpunkte eröffnet, bildet die Rezeptionsgeschichte der Perserkriege. Sie ermöglicht unter anderem epochenübergreifende Ausblicke, die erfahrungsgemäß Studierenden den Zugang zur Antike erleichtern können und zusätzliche Argumente bereithalten, sich mit den älteren Epochen als integralem Teil unserer Vergangenheit zu beschäftigen. Es ist gerade unter diesem Aspekt zu bedauern, dass die schulischen Rahmenpläne für das Fach Geschichte die Epochen der klassischen Antike unter dem Druck eines immer geringeren Zeitbudgets und kompetenzorientierter Effektivitätsvorgaben fast bis zur Unkenntlichkeit zusammenkürzen. Die Alte Geschichte an der Universität muss praktisch „bei Null" anfangen.

Zu danken habe ich all den Freunden, Kollegen und Mitarbeitern, die mir bei der Arbeit an diesem Studienbuch geholfen haben: Klaus Meister (Berlin), der das gesamte Manuskript sorgfältig durchgearbeitet, mir zusätzliche Anregungen gab und auf Fehler aufmerksam gemacht hat. Das gleiche gilt wie gewohnt für Uwe Walter (Bielefeld), der keine Mühen des Korrekturlesens scheute und mit dem ich viele inhaltliche Aspekte diskutieren konnte. Eckhard Meyer-Zwiffelhoffer (Marburg) hat wichtige Ergänzungen und Ratschläge zum Rezeptionskapitel beigesteuert. Meine studentischen Mitarbeiter Hannah Beckemeyer, Leon Meyer zu Heringdorf und Malte Speich beschafften nimmermüde Literatur, erstellten Register sowie Quellentexte und bereinigten das Manuskript von formalen Fehlern.

Bielefeld, im August 2017

Vorwort von Verlag und Beirat

Die Studienbuchreihe „Seminar Geschichte" soll den Benutzern – StudentInnen und DozentInnen der Geschichtswissenschaft, aber auch VertreterInnen benachbarter Disziplinen – ein Instrument bieten, mit dem sie sich den Gegenstand des jeweiligen Bandes schnell und selbstständig erschließen können. Die Themen reichen von der Antike bis in die Gegenwart; unter Einbeziehung historischer Debatten sowie wichtiger Forschungskontroversen vermitteln die Bände konzise das relevante Basiswissen zum jeweiligen Thema.

„Seminar Geschichte" wurde von De Gruyter Oldenbourg gemeinsam mit FachhistorikerInnen und Geschichtsdidaktikern entwickelt. Die Reihe trägt den Bedürfnissen von StudentInnen in den neuen, modularisierten und kompetenzorientierten Studiengängen Rechnung. Dabei liegt der Akzent auf der Vermittlung von aktuellen Methoden und Ansätzen. Im Sinne einer möglichst effizienten akademischen Lehre sind die Bände stark quellenbasiert und nach fachdidaktischen Gesichtspunkten strukturiert. Sie stellen nicht nur den gegenwärtigen Kenntnisstand zu ihrem Thema dar, sondern führen über die intensive Auseinandersetzung mit maßgeblichen Quellen zudem fundiert in geschichtswissenschaftliche Fragestellungen und Methoden ein. Dabei steht die Problemorientierung im Vordergrund. Unabdingbar ist dafür, dass die Quellen nicht abschließend ausgedeutet werden, sondern eine Grundlage für die eigene Erschließung und Bearbeitung bilden. Hierzu enthält jeder Band kommentierte Lektüreempfehlungen, Fragen zum Textverständnis und zur Vertiefung sowie Anregungen zur Weiterarbeit.

Jeder Band stellt eine autonome Einheit dar. Wichtige Quellen sind im Band enthalten, damit sie nicht mitgeführt oder online aufgerufen werden müssen; zentrale Fachbegriffe werden im Glossar im Anhang erklärt. Ergänzend findet sich auf der Website des Verlages zu jedem Band der Reihe zusätzliches Material (z. B. weitere und/oder originalsprachliche Quellen, thematisch relevante Abbildungen, weiterführende Links oder zusätzliche vertiefende und zur Weiterarbeit anregende Fragen). Passagen, für die zur Vertiefung weiteres Material bereitsteht, sind durch das nebenstehende Symbol hervorgehoben.

Durch seinen modularen Aufbau macht jeder Band auch ein Angebot für ein Veranstaltungsmodell bzw. eröffnet die Möglichkeit, einzelne Kapitel als Grundlage für Lehreinheiten zu nehmen. Der Aufbau in 14 Kapiteln spiegelt die (in der Regel) 14 Lehreinheiten eines Semesters und unterstreicht den Anspruch, das zu vermitteln, was innerhalb eines Semesters gut gelehrt und gelernt werden kann. Der einheitliche Aufbau aller Bände der Reihe sorgt für konzeptionelle Übersichtlichkeit und Verlässlichkeit in der Benutzung: Er bietet StudentInnen und DozentInnen eine gemeinsame Grundlage, um sich neue Themenfelder zu erschließen.

Inhaltsverzeichnis

Vorwort —— VII

Vorwort von Verlag und Beirat —— IX

1 Die Perserkriege und ihre Überlieferung —— 1

2 Perspektiven der Forschung —— 19

3 Das Persische Reich – Entstehung, Entwicklung, Struktur —— 37

4 Griechen und Perser im 6. Jahrhundert v. Chr. —— 55

5 Der Ionische Aufstand (499–494 v. Chr.) —— 69

6 Die Feldzüge der Perser im Norden der Ägäis und über die Kykladen – Die Schlacht von Marathon (492–490 v. Chr.) —— 85

7 Der „Reichsfeldzug" des Xerxes und das Flottenprogramm des Themistokles (489–482 v. Chr.) —— 99

8 Die Bildung des Hellenenbundes und die Schlachten bei den Thermopylen und Salamis (481–480 v. Chr.) —— 115

9 Die Größe des persischen Heeres – Das Problem der Zahlenangaben —— 131

10 Plataiai, Mykale und die Offensive des Hellenenbundes (479 v. Chr.) —— 145

11 Die Fortführung des Perserkrieges im Zeichen des Seebundes und der Athener Demokratie (478–449 v. Chr.) —— 157

12 Die zeitgenössische Deutung des Sieges —— 171

13 Die Rezeption der Perserkriege in Antike und Moderne —— 187

14 Was wäre geschehen – wenn die Perser gesiegt hätten? Der Wert kontrafaktischer Überlegungen für die historische Beurteilung der Perserkriege —— 203

15 Bibliographie —— 215

Abbildungsverzeichnis —— 225

Register —— 227

Glossar —— 233

1 Die Perserkriege und ihre Überlieferung

1.1 Das Thema und seine historische Relevanz

Die Perserkriege gehören zu den populärsten Großereignissen der Antike. In der Regel meint man damit die militärischen Auseinandersetzungen, die 500/499 v. Chr. mit dem Aufstand der kleinasiatischen Griechen gegen die persische Herrschaft unter König Dareios begannen und 479 zunächst mit den Niederlagen der Perser unter Xerxes bei Salamis und Plataiai (und Mykale) ihren Höhepunkt fanden. Dann folgte die Gegenoffensive der Griechen unter Führung Athens, bis die offene Konfrontation in der Mitte des 5. Jahrhunderts ihr vorläufiges Ende fand und in eine Phase des „cold war" mündete.[1] Tatsächlich könnte man die historische Linie weiter ziehen bis zu den Feldzügen Alexanders[2], doch schon die antike Tradition hat die Abwehr der Perser „auf griechischem Boden" als Einheit gesehen, und die moderne Forschung (und populäre Tradition) ist ihr mehrheitlich gefolgt: Die ersten Jahrzehnte des 5. Jahrhunderts bilden eine Scharnierfunktion als Abschluss der mit Homer um 700 beginnenden Archaik sowie als impulsgebender Auftakt der Klassischen Zeit, die durch den Aufstieg der Athener Demokratie geprägt ist.

So unstrittig die historische Bedeutung der Perserkriege ist, so ungebrochen scheint ihre Faszination. Der scheinbar aussichtslose Abwehrkampf gegen eine Übermacht, der Opfertod Weniger für die Rettung der Anderen, die Verteidigung von Heimat und Freiheit gegen einen Despoten, der sich die ganze Welt untertan machen will – das sind klassische Erzählelemente einer großen Geschichte, die sichere Erfolge selbst auf der Leinwand und in anderen Zusammenhängen (etwa des Fantasy- und SF-Films) garantieren. Die klaren Gegensätze machen die Perserkriege zu einem Ereignis mit hoher Suggestivkraft: Schon immer hat der Widerstand des Kleinen

Faszination der Perserkriege

---

1 Vgl. S. K. Eddy, *The Cold War between Athens and Persia*, in: CP 68 (1973), S. 241–258.
2 So konsequent C. Cawkwell, *The Greek Wars and the Failure of Persia*, Oxford 2005.

gegen den übermächtigen Großen die Menschen fasziniert, und wenn der Kleine auch noch Werte verteidigt, mit denen man sich identifizieren kann, dann lebt das Thema weiter, egal wie friedliebend und kriegsmüde sich man auch geben mag.

Die Realität — Die Forschung brauchte lange, um die Realität hinter dem Schleier des Faszinosums freizulegen. Nur wenige Gelehrte glauben heute noch an eine erdrückende Übermacht, die sich vom Osten auf die griechische Halbinsel wälzte, bis sie von einigen Bürgerarmeen gestoppt werden konnte. Genauso wenig überzeugt das „David-gegen-Goliath-Motiv", das noch bis vor Kurzem von einigen Militärhistorikern vertreten wurde.[3] Die persischen Heerscharen waren mit Ausnahme der Eliteeinheit der „10 000 Unsterblichen" und der Garnisonstruppen genauso wenig professionelle Kämpfer wie die griechischen Milizen (mit Ausnahme der Spartaner). Allerdings standen den Persern auch keine unerfahrenen Bauern gegenüber, die nur widerwillig den Dreschflegel gegen das Schwert tauschten. Der Krieg gehörte zum Alltag der griechischen Welt, kriegerische Ideale bestimmten das Leben der Eliten. Der schwerbewaffnete Infanterist (Hoplit), der den Kern der griechischen Bürgerarmeen bildete, war das Beste, was die damalige Militärentwicklung im Bereich des Nahkampfes anzubieten hatte; nicht ohne Grund gehörten griechische Krieger zu den beliebtesten Söldnern vorderasiatischer Armeen, und auch zur See verfügten die abwehrbereiten Griechen mit dem sog. Dreiruderer (Triere) über das modernste Schlachtschiff der Zeit. Wohl besaßen die Perser die leistungsfähigste Logistik, eine ausgefeilte Belagerungstechnik und konkurrenzlose Ressourcen. Doch nichts wäre irreführender als die Annahme, dass sie in Griechenland auf unerfahrene Hinterwäldler trafen, die ihre militärtechnischen Defizite allein durch Mut und Freiheitswillen ausglichen.

Ziele der Perser — Dementsprechend ist man sich heute nicht einmal mehr sicher, ob die Perser überhaupt darauf abzielten, ganz Griechenland zu erobern. Manche meinen, dass nicht langfristige Eroberungspläne, sondern erst die Plünderungszüge und Störversuche der Griechen die Perser zu einem Präventivschlag veranlasst hätten. Und was bedeutete schon die Verteidigung der Freiheit, von der die Griechen

---

[3] Vgl. die Kritik von P. Green, *The Greco-Persian Wars*, Pb Berkeley u. a. 1996, S. XXIII f., an J.F. Lazenby, *The Defence of Greece 490–479*, Warminster 1993.

ständig schwadronierten? Führten nicht die Dauerrivalitäten untereinander zu viel größerer Unterdrückung? Die Athener wurden später mit diesem Vorwurf konfrontiert. Hatten nicht die Spartaner die Einwohner der südwestlichen Peloponnes zu Hörigen gemacht? Besaß nicht Athen relativ gesehen die größte Sklavenschar der Antike, und waren nicht umgekehrt die Perser dafür bekannt, dass sie sich in die Angelegenheiten ihrer Untertanen wenig einmischten, solange diese loyal waren?

1.2 Die Quellen

Obwohl so die Perserkriege Schritt für Schritt von ihren Klischees befreit wurden, blieben die alten Zerrbilder lebendig, denn große Geschichten sind nun einmal zählebiger als mühsam rekonstruierte historische Realitäten. Die Verzerrungen erzeugten mächtige Geschichtsbilder, welche die westliche Identität über Jahrhunderte bis in die Neuzeit prägten. Insofern wohnt der Thematik auch ein großes ideologiekritisches Potential inne, und sie ist ein Paradebeispiel für die Möglichkeiten und Grenzen moderner Quellenkritik: Alle Quellen, die von den Perserkriegen handeln, sind griechischer Herkunft. Kein persisches Dokument macht auch nur eine Andeutung zum Geschehen. Das liegt zum einen daran, dass wir auf persischer Seite mit anderen Traditionen der Fixierung militärischer Ereignisse rechnen müssen; die Perser werden dem Geschehen aber auch geringere Bedeutung zugemessen haben, wobei in Rechnung zu stellen ist, dass man Misserfolge verschwieg, weil sie nicht in die Herrschaftsideologie vorderasiatischer Territorialreiche passten; diese betonte die Sieghaftigkeit und den universalen Machtanspruch des Herrschers; Niederlagen wurden ignoriert.

Verzerrungen der Quellen

Auf griechischer Seite begann dagegen die Beschäftigung mit den Ereignissen unmittelbar nach den großen Schlachten. Man ehrte die Gefallenen mit Grabhügeln, stiftete den Göttern, die den Erfolg begünstigt hatten, Weihegeschenke und stattete die Tempel mit erbeuteten persischen Waffen und Gerätschaften aus, so dass die Heiligtümer zu bunt geschmückten Erinnerungsorten wurden, die für alle sichtbar den Erfolg dokumentierten. Parallel dazu organisierte man sportliche Wettkämpfe zu Ehren der Toten, so wie schon bei Homer die Achaier Wettspiele beim Begräbnis ihres großen Helden Achill durchführten.

Griechische Erinnerung

Sieges- und Totenfeiern wurden von Dichtern begleitet, die in den Taten der Perserkämpfer ein neues Thema fanden, das mit dem Krieg um Troia wetteifern und an ihn anknüpfen konnte. Zu ihnen zählte der Thebaner Pindar, der in einigen Liedern für die Sieger der Isthmischen und Pythischen Spiele (Isthm. 5 und 8, Pyth. 1) auf die Perserkriege zu sprechen kommt;[4] ferner Simonides von der Kykladeninsel Keos. Beide waren Berufsdichter, die gegen Entgelt für ihre Auftraggeber arbeiteten. Simonides stieg in den 480er Jahren in Athen zum meist gefeierten Dichter der Perserkriege auf. Das bekannteste ihm zugeschriebene Epigramm (Hdt. 7,228,2) ist den 300 gefallenen Spartanern des Leonidas gewidmet: „Wanderer, kommst Du nach Sparta, verkündige dort, du habest/uns hier liegen gesehn, wie ihr Gebot es befahl" (Übers. Marg). Allerdings ist die Authentizität dieses Gedichtes wie auch anderer Epigramme umstritten.[5] Denn sie sind nur literarisch überliefert und haben mit einer Ausnahme (Grabepigramm für die bei Salamis gefallenen Korinther)[6] kein inschriftliches Äquivalent; ferner nehmen Autoren wie Herodot, welche die Epigramme als erste zitieren, keine eindeutige namentliche Zuschreibung vor und verfolgen mit der Aufnahme der Gedichte in den Erzählkontext Absichten, die Zweifel an der Authentizität des Zitats aufkommen lassen. So zitiert der frühkaiserzeitliche Gelehrte Plutarch (45–ca. 120 n.Chr.) in seiner Schrift *Gegen die Bosheit des Herodot* (*De malignitate Herodoti*) mehrere simonidische Gedichte (drei schreibt er explizit dem Simonides zu) für die Kämpfer Korinths, um damit zu beweisen, dass Herodot den Anteil der Korinther, mit denen sich Plutarch aus Lokalpatriotismus verbunden fühlte, an den Perserkriegen einseitig zu Gunsten der Athener geschmälert habe.[7]

Auf etwas sichererem Boden bewegt man sich im Falle der Elegien, die Simonides auf die Schlachten bei Artemision, Salamis und Plataiai verfasste. Denn die literarische Zuschreibung von

---

4 Besprochen bei W. Kierdorf, *Erlebnis und Darstellung der Perserkriege. Studien zu Simonides, Pindar, Aischylos und den attischen Rednern* (Hypomnemata 16), Göttingen 1966, S. 29–46.
5 Vgl. J.H. Molyneux, *Simonides. A Historical Study*, Wauconda/Illinois 1992, S. 175 f.
6 Molyneux 1992, S. 192.
7 Vgl. H. Homeyer, *Zu Plutarchs de Herodoti malignitate*, in: Klio 49 (1967), S. 181–187.

Elegien an Simonides hat sich als glaubwürdiger erwiesen als diejenige von Epigrammen.[8] Bestätigt wird das durch einen Papyrusfund der 1990er Jahre, der eine 478–477 v. Chr. verfasste Elegie des Dichters auf die Schlacht von Plataiai enthält. Von ihr sind rund 45 Verse sicher zu rekonstruieren.[9] Die Quelle bietet die Chance, die Version des Dichters mit der Herodots zu vergleichen; sie gibt ferner Einblick in die Art und Weise, wie die Zeitgenossen den Sieg verarbeiteten. Bemerkenswert sind auch hier die Assoziationen mit den Helden des Troianischen Krieges und den olympischen Göttern.[10] Dadurch werden Kontinuitätslinien zwischen der Gegenwart und der epischen Vergangenheit geknüpft, die in der Folge auch durch die monumentalen Zeugnisse weiterentwickelt wurden und die Voraussetzung dafür bildeten, dass die Perserkriege zum großen Gründungsmythos hellenischer Sieghaftigkeit werden konnten, an dem alle Poleis (Städte) teilhaben wollten.

<small>Assoziationen an den Troianischen Krieg</small>

An die zeitgenössischen Stimmungen knüpfte eine zweite Literaturgattung an, die in der Zeit der Perserkriege ihre große Blüte erlebte: die Tragödie. Sie geht wohl auf einen Chorgesang zu Ehren des Dionysos zurück, dem im 6. Jahrhundert ein Solist als Dialogpartner hinzugefügt wurde. Das bildete die Keimzelle des dramatischen Zusammenspiels von Schauspielern auf einer Bühne und dem Chor auf einem kreisförmigen Platz davor. Die erste Aufführung einer Tragödie fand 534 v. Chr. in Athen unter der Herrschaft der Peisistratiden beim Fest der „Großen Dionysien" statt, und das war fortan auch die einzige Gelegenheit, für die Tragödien verfasst und aufgeführt wurden.[11] Als Stoffe wählte der Dichter

<small>Tragödie</small>

---

8 Vgl. Molyneux 1992, S. 198 zur Plataiai-Elegie; Salamis: 5–9 IEG; Artemision: 552–553 PMG. Antike Zeugnisse der Simonides-Elegien und deren Überlieferung: M.L. West, *Simonides Redivivus*, Zeitschrift für Papyrologie und Epigraphik 98 (1993), S. 1–14.
9 Vgl. D. Boedeker/D. Sider (Hg.), *The New Simonides. Contexts of Praise and Desire*, Oxford 1992. Zum Vergleich mit Herodot: E.L. Bowie, *Ancestors of Historiography in Early Greek Eliagic and Iambic Poetry?* In: N. Luraghi (Hg.), *The Historian's Craft in the Age of Herodotus*, Oxford 2001, S. 45–66.
10 Sim. Frg. Eleg.11,5–11. übers. M. Jung, *Marathon und Plataiai. Zwei Perserschlachten als „lieux de mémoire" im antiken Griechenland*, Göttingen 2006, S. 227; zum Homerbezug vgl. S. 227–241.
11 T. Paulsen, *Geschichte der griechischen Literatur*, Stuttgart 2005, S. 99; L. Latacz, *Einführung in die griechische Tragödie*, 2. Aufl. Göttingen 2003, S. 29–44.

Geschichten oder Ereignisse mit extremen Handlungsverläufen, die den Menschen vor schwierige Entscheidungen stellen und ihn mit deren erschütternden Konsequenzen konfrontieren. Die Ereignisse spielen meist in der mythischen Vergangenheit (was wohl den Schock des Unfassbaren lindern sollte), sie konnten aber auch der Zeitgeschichte entstammen. Dass zu diesen zeitgenössischen Stoffen just die Perserkriege zählten, zeigt, wie groß der Verarbeitungsdruck war, den sie erzeugten. So brachte Phrynichos im Jahre 493/492 die (nicht erhaltene) Tragödie *Der Fall von Milet* auf die Bühne. Das Stück soll die Zuschauer so erschüttert haben, dass sie in Tränen ausbrachen, woraufhin der Dichter zu einer hohen Geldbuße (1 000 Drachmen) verurteilt und eine Wiederaufführung verboten wurde.[12] 16 Jahre später war er mit der Tragödie *Die Phönissinen* erfolgreicher. Sie thematisierte die Niederlage des Xerxes bei Salamis aus der Sicht der Verlierer; das Geschehen spielt am Perserhof – ein ingeniöser Orts- und Perspektivwechsel, der die für die Tragödie konstitutive zeitliche Distanz (zu den mythischen Themen) durch eine räumliche ersetzte. Dieser Kunstgriff war das Vorbild für die erste vollständig erhaltene Tragödie, die Aischylos im

Aischylos' Perser   Jahre 472 unter dem Titel *Die Perser* aufführen ließ.[13] Ort der Handlung ist die Königsresidenz Susa, wo der Ältestenrat (der Chor) und die Königsmutter auf die Nachricht vom Ausgang der Seeschlacht bei Salamis warten, bis ein Bote das Unfassbare, nämlich die katastrophale Niederlage des Xerxes, offenbart. Die für die Tragödie so typische Spannung entsteht dadurch, dass die Zuhörer die Folgen miterleben, welche die Entscheidung des Xerxes, Griechenland anzugreifen, nach sich zieht, und darüber belehrt werden, weshalb diese Folgen so verheerend waren.

Die Tragödie ist nicht nur eine wichtige Quelle für die Seeschlacht von Salamis, sondern auch dafür, wie die Athener ihren Erfolg deuteten, mithin ein wichtiges Zeugnis für die Bürgerideo-

Athener Bürger-   logie der Demokratie. Dabei sind die *Perser* nur die Spitze des
ideologie   Eisberges literarischer und künstlerischer Aktivität, die durch

---

12 Vgl. D. Rosenbloom, *Shouting „Fire" in a Crowded Theater: Phrynichus' ‚Capture of Miletus' and the Politics of Fear in Early Attic Tragedy*, in: Philologus 137 (1993), S. 159–196.
13 Vgl. K. Meister, *Die Interpretation historischer Quellen. Schwerpunkt: Antike*, Bd. 1, Paderborn u. a. 1997, S. 113.

die Perserkriege einen enormen Schub erfuhr und auch zu einem wachsenden Interesse am Gegner führte. Von ihm wussten die alten Epen und Mythen im Gegensatz zu anderen Völkern des Ostens nichts zu berichten. Allerdings gab es viele Griechen, die schon vor den militärischen Auseinandersetzungen im Dienst der Perserkönige als Ingenieure, Architekten, Söldner und Seefahrer sowie als Ärzte Karriere gemacht hatten, wie überhaupt die Griechenstädte Kleinasiens engste Verbindungen zu den vorderasiatischen Mächten pflegten. Seit der Mitte des 6. Jahrhunderts v. Chr. nutzten kluge Männer aus Milet ihre Erfahrungen dazu, um die Natur der Welt zu erklären. Sie schrieben in Prosa, vielleicht auch um leichter argumentieren und miteinander streiten zu können. Hekataios von Milet (ca. 560–480) widmete den Persern gegen Ende des 6. Jahrhunderts ein eigenes Kapitel seiner Erdbeschreibung, welche die Städte und die in Persien lebenden Völker katalogisierte und mit wenigen geographischen und ethnographischen Zusätzen versah. Etwas später verfasste sein Landsmann Dionysios ein Buch über die Geschichte Persiens (*Persiká*) (FGrHist 687), dem ähnliche Werke anderer Autoren über Persien und Lydien folgten. Von beiden sind so wenige Zitate überliefert, dass es schwerfällt, ihren Inhalt genauer zu bestimmen.[14] Doch sind sie wichtige Zeugnisse dafür, dass sich seit der Mitte des 5. Jahrhunderts die Erinnerung an die Perserkriege in mannigfaltigen Literaturformen verdichtet hatte. Allerdings wurde es eine Generation nach den Ereignissen auch immer schwerer, Zeitzeugen zu finden. Vor diesem Hintergrund wird der Erfolg verständlich, den Herodot feierte, als er in den 420er Jahren sein Geschichtswerk über die Perserkriege veröffentlichte. Herodot war ein weitgereister Mann aus dem kleinasiatischen Halikarnassos. Wie andere Gelehrte aus den nahen Hafenstädten (z. B. Milet) war er fasziniert von der Weite und Vielgestaltigkeit der Länder und Völker, die durch die Herrschaft der Perser in den Erfahrungshorizont der Griechen gerieten. Sein universaler Blick kommt in dem Anspruch zum Ausdruck, er wolle nicht zulassen, „dass die von den Menschen ausgehenden Begebenheiten" in Vergessenheit gerieten, und verhindern, dass die

Persiká

Herodot

---

14 Vgl. W. Blösel, *Themistokles bei Herodot. Spiegel Athens im fünften Jahrhundert. Studien zur Geschichte und historiographischen Konstruktion des griechischen Freiheitskampfes 480 v. Chr.*, Stuttgart 2004, S. 43 f.

Leistungen der Hellenen und Barbaren ohne Anerkennung blieben. Eingelöst wird das Versprechen auf komplexe Weise: Der erste Teil seines Werkes verfolgt die Vorgeschichte und die Ursachen der Perserkriege bis zu ihren bis in die Frühzeit reichenden Anfängen; die daran anschließende Schilderung der persischen Expansion wird durch ausführliche Geschichten und ethnographische Exkurse (*logoi*) über die Völker unterbrochen, auf die die Perser trafen. Erst ab Buch 5 (von insgesamt neun)[15] setzt die Darstellung der eigentlichen Perserkriege mit der Schilderung des sog. Ionischen Aufstandes ein.

Aufbau und Inhalt der Historien Herodots:
Buch 1: Prooemium, älteste Erzählungen über die Feindschaft zwischen Griechen und Barbaren; lydische Geschichte; Geschichte Persiens bis zum Tod des Kyros.
Buch 2: Geschichte und Landeskunde Ägyptens.
Buch 3: Eroberung Ägyptens durch Kambyses, Aufstieg des Dareios.
Buch 4: Skythenfeldzug des Dareios; Libyenfeldzug des Aryandes.
Buch 5: Thrakienfeldzug des Dareios; Vorgeschichte und Beginn des Ionischen Aufstandes.
Buch 6: Ionischer Aufstand; Geschichte Spartas; Feldzug des Datis und Niederlage bei Marathon, Entwicklungen in Athen.
Buch 7: Tod des Dareios und Regierungsbeginn des Xerxes; Feldzug gegen Griechenland bis zur Schlacht bei den Thermopylen.
Buch 8: Eroberung Athens durch die Perser; Seeschlacht bei Salamis, Rückzug der persischen Flotte.
Buch 9: Feldzug des Mardonios bis zur Schlacht bei Plataiai; Ereignisse in Kleinasien.

Struktur der Historien

Die recht unausgewogen erscheinende Stoffverteilung hat manche Forscher zu der These geführt, Herodot habe – beeindruckt von der Völkerfülle des Persischen Reiches – zunächst eigenständige ethnographische Werke (nach Art des Hekataios und der *Persiká*) verfasst und diese später zu einer Gesamtdarstellung der Perserkriege zusammengefügt. Inzwischen ist man jedoch mehrheitlich wieder zu einer „unitarischen" (d. h. die Einheit des Werkes betonenden) Interpretation zurückgekehrt, da sich die Exkurse und die Darstellung der lydischen und persischen Geschichte in ein schlüssiges

---

15 Die Bucheinteilung geht wohl auf Philologen der hellenistischen Zeit zurück.

Argumentationskonzept einordnen lassen. Sie sollen die These belegen, dass der Expansionsdrang östlicher Monarchien und ihr Hang zum Hochmut (Hybris) zu den Auseinandersetzungen mit den Griechen führten. Individuelle (Fehl-)Entscheidungen sowie zufällige Ereigniskonstellationen sind wichtige Katalysatoren, was die Darstellung Herodots so bunt und lebendig macht. Gleichzeitig greifen die Götter in das Geschehen ein, zumal wenn sie die Hybris eines Menschen wie des Perserkönig Xerxes bestrafen.[16] Hinter all dem stehen fundamentale Einsichten, welche die ausschweifenden Geschichten wie ein roter Faden verbinden: dass niemand eine Macht dauerhaft besitzt und über alle Menschen herrschen könne, die menschliche Geschichte vielmehr dem beständigen Wandel der Machtverhältnisse unterliegt sowie Macht und Erfolg häufig den Keim des Abstieges in sich tragen.[17]

Dieses an die antiken Naturphilosophen erinnernde Bemühen, dem wechselvollen Geschehen durch allgemeine Erkenntnisse Ordnung und Struktur zu verschaffen, ist für die Interpretation des herodoteischen Textes wesentlich. Herodot nennt sein Werk eine Darlegung (*apodeixis*) der (bzw. seiner) Erkundung (*historie*). *Apodeixis* bedeutet soviel wie öffentliche Darlegung einer Argumentation; mit dem Begriff *historie* erhebt Herodot den Anspruch, sich seinem Untersuchungsobjekt durch genaue Erkundung, Beobachtung (Autopsie), Befragung und die Sammlung empirischer Daten genähert zu haben. Indem er diese Vorsätze auf vergangene, von Menschen ausgehende Ereignisse bezieht, schafft er einen neuen Erkundungsraum, ein neues Feld der erklärenden Argumentation und ein Genre, das wir heute als Geschichtsschreibung bezeichnen.[18] *(Apodeixis und historie)*

Ob nun allerdings Herodot seinen Ansprüchen gerecht geworden ist, an dieser Frage schieden sich schon in der Antike die Geister und die Diskussion hält bis heute an. Dabei geht es in der aktuellen Forschung nicht mehr darum, Herodot als professio- *(Umgang mit den Quellen)*

---

16 Belege bei J.D. Mikalson, *Religion in Herodotus*, in: E. Backer/I.J.F. de Jong/H. van Wees (Hg.), *Brill's Companion to Herodotus*, Leiden, Boston, Köln 2002, S. 193 f.
17 Hdt. 1,5,4; H.R. Immerwahr, *Form and Thought in Herodotus*, Cleveland 1966, S. 306 ff.
18 Vgl. C. Meier, *Die Entstehung des Politischen bei den Griechen*, 2. Aufl. Frankfurt am Main 1989, S. 361.

nellen Lügner oder Erfinder von Geschichten zu überführen oder ihn alternativ als den Ersten der „Wahrheitssuche verpflichteten" Geschichtsschreiber zu glorifizieren. Im Zentrum stehen vielmehr die Fragen, wie Herodot die von ihm eruierten Informationen nach den literarischen Vorgaben und Erwartungen der Zeit bearbeitet und seinen tragenden Leitlinien untergeordnet hat sowie welche Konsequenzen der moderne Forscher daraus für die Rekonstruktion der Ereignisse ziehen muss.[19] Auszugehen ist dabei von dem Anspruch Herodots, „zu berichten, was berichtet wird" (7,152,3). Damit wird das anfangs ausgegebene Ziel bekräftigt, Vergangenes durch Erkundung vor dem Vergessen zu bewahren. Dann fügt er hinzu: „Freilich brauche ich nicht alles zu glauben". Man mag dies als Versuch werten, beim Publikum Vertrauen zu wecken und die Last der Entscheidung über die beste Version auf den Hörer oder Leser abzuwälzen. Man kann es aber auch als eine Distanzierung von allzu leichter Beeinflussung verstehen sowie als Versprechen, nicht den erstbesten Überlieferungen zu vertrauen, sondern abzuwägen, wie das Geschehen wahrscheinlich abgelaufen sein könnte. Es gibt keinen Grund, an der Ernsthaftigkeit dieses Bemühens zu zweifeln, auch wenn Herodots Wissen – zumal im Hinblick auf die Perser – sehr begrenzt war.[20] Für seine Seriösität spricht auch die Tatsache, dass er zwar sicherlich Werke wie die *Persiká* und *Lydiaká* eingesehen[21] sowie Erkundigungen an den Orten des Geschehens eingezogen hat, sich aber nicht von dem in seiner Zeit aufkommenden antipersischen Chauvinismus einnehmen ließ, wie er überhaupt selten seine Geschichten und ihre Protagonisten einseitig und parteiisch schildert (Ausnahmen sind die Perserkönige Kambyses und Xerxes) und mit Lob sparsam umgeht. Selbst die Athener, die ihm einen so großen Publikumserfolg bescherten, werden zwar für ihren Anteil an der Perserabwehr gelobt (und gegen Kritiker in Schutz genommen); andererseits warnt er sie indirekt davor, dass sie durch ihr Verhalten nach Salamis dem gleichen

Herodots Objektivität und Kritik

---

[19] Vgl. K. Ruffing, *Einführung*, sowie S. Föllinger, *Resümee*, jeweils in: K. Ruffing/B. Dunsch (Hg.), *Herodots Quellen – Die Quellen Herodots*, Wiesbaden 2013, S. 3, S. 323–327.
[20] Vgl. Fischer 2013, S. 17 f.; Paulsen 2004, S. 181; Blösel 2004, S. 40 mit Literatur.
[21] Vgl. Blösel 2004, 43 ff. Vorsichtiger Paulsen 2004, S. 179.

Verfallsprozess ausgesetzt sein könnten wie alle Mächte, die der Hybris nachgeben.²²

Dennoch entsprechen seine Kriterien in Bezug auf die Auswertung und Bearbeitung der Quellen natürlich nicht modernen Ansprüchen historischer Forschung, doch daran kann man den Autor schwerlich messen. Herodots Werk baute nicht nur auf unterschiedlichen Traditionen „historischer Erinnerung" auf. Er war auch eingebunden in ein geistiges Klima, das die Argumentationsregeln des mündlichen Vortrages für die aufkommende Prosaliteratur in Anspruch nahm.²³ In diesem Rahmen galt es als legitim, historische Abläufe und Situationen so zu gestalten, wie sie dem Autor plausibel erschienen und seine Lehren vom ständigen Auf und Ab der Macht unterstützten. Ferner erwartete man – zumal bei einem so gewaltigen Stoff – eine literarisch ansprechende Gestaltung, die Hörer und Leser bei der Stange hielt und ihnen einen ästhetischen Genuss verschaffte. Dementsprechend hat sich Herodot bei der Komposition der Ereignisse und der Modellierung der Geschichten und ihrer Akteure von den Techniken der Epik, der Lyrik und der Tragödie inspirieren lassen, was aber weder seinem Versprechen, tatsächlich Geschehenes zu berichten (3,80,1), noch seinem Anspruch auf *historie* und *apodeixis* widersprach, sondern vielmehr von einer überzeugenden, viele Informationen vermittelnden Argumentation erwartet wurde.²⁴ Das gilt auch für sein Verfahren, durch pointierende Schilderung das Charakteristische der jeweiligen Akteure (z. B. deren Egoismus) wie auch allgemeingültige Erkenntnisse (dass der Egoismus die gesamtgriechische Solidarität dominierte) aus den Ereignissen abzuleiten.

> Geistiges Klima

> Einfluss von Epik, Lyrik und Tragödie

Für den modernen Historiker bedeutet all dies: Man kann Herodots Geschichten nie einfach als historische Quellen aus-

---

22 Vgl. R.W. Fowler, *Herodotus and Athens*, in: P. Derow/R. Parker (Hg.), *The World of Herodotus*, Gedenkschrift W.G. Forrest, Oxford 2003, S. 305–318; K.A. Raaflaub, *Herodotus, Political Thought, and the Meaning of History*, in: Arethusa 20 (1987), S. 197–247.
23 Vgl. W. Rösler, *Ein Wunder im Kampf um Delphi (VII 35–9) – schlagendstes Beispiel von Quellenfiktion durch Herodot? Kritische Retraktationen zum Herodotbild von Detlev Fehling*, in: K. Ruffing, B. Dunsch (Hg.), *Herodots Quellen – Die Quellen Herodots*, Wiesbaden 2013, S. 246–251.
24 Vgl. Blösel 2004, S. 23 zur epischen Erzählweise, S. 39 zum Einfluss der Tragödie, S. 45 zur literarischen Gestaltung seiner Quellen.

schlachten, sondern muss stets darauf achten, in welchen situationsgebundenen Rahmen seine Erzählung gehört, welche Lehren er vermitteln will und welche Quellen ihm zur Verfügung standen. Erst wenn man diesen Abstand zwischen der „literarischen" Gestaltung des Stoffes, den „allgemeinen" Lehren und der Interpretation des Autors im Hinblick darauf, wie das Geschehen hätte abgelaufen sein können, einerseits und den realen Möglichkeiten der Wissensermittlung nach den Kriterien von Plausibilität und historischer Wahrscheinlichkeit andererseits bestimmt hat, lassen sich Herodots Historien als erstrangige Quelle der Perserkriege erschließen.

Herodot nennt zu Beginn seines Werkes seinen Namen; er steht damit für das ein, was er präsentiert, und er versteht sich als Teil einer intellektuellen Atmosphäre der Konkurrenz und des Wettbewerbs, die fortan die antike Geschichtsschreibung prägte. Der Athener Thukydides (ca. 454–396 v. Chr.) setzte sich schon allein dadurch von seinem Vorgänger ab, dass er (erstmals) selbst miterlebte Zeitgeschichte zu einem großen Thema formte. Der von ihm dargestellte *Krieg der Peloponnesier und Athener* (heute als *Peloponnesischer Krieg* bezeichnet) ist das nächste, auf die Perserkriege folgende militärische Großereignis, dessen Bedeutung nach Ansicht des Thukydides alle vorangegangenen Kriege in den Schatten stellte. Weiterhin erhob er den Anspruch, durch genauere und kritischere Befragung sowie Autopsie zu glaubwürdigeren Informationen zu gelangen, wobei allerdings nicht sicher ist, ob diese indirekte Kritik an Herodot gerechtfertigt war oder nur als wohlfeiles Mittel diente, um sich und sein Werk in ein besseres Licht zu stellen.[25] In zwei Punkten unterschied sich jedenfalls Thukydides eindeutig von Herodot: Göttliche Einflüsse werden aus dem Geschehen verbannt, stattdessen bestimmen Zufall sowie allgemeine anthropologische Antriebsmomente wie Vernunft, Hoffnung und Machtstreben das Geschehen. Die Handlung ist weitgehend frei von anekdotischem und ethnographischem Beiwerk sowie stark auf das (didaktische) Anliegen hin ausgerichtet, das Machtstreben von Menschen und Staaten als entscheidende „menschliche" Triebfeder der Entwicklung zu erweisen.[26] Dies führt dazu, dass die

---

25 Vgl. Blösel 2004, S. 41 mit der Anm. 158.
26 Vgl. Meister 1990, S. 58–61; Rösler 2013, S. 246.

für die Beurteilung der Endphase der Perserkriege und ihrer Folgen so wichtige Zeit der Athener Hegemoniebildung nur sehr knapp skizziert wird. Immerhin bietet Thukydides an einigen Stellen (wie dem Hegemoniewechsel und dem wachsenden Antagonismus zwischen Sparta und Athen) Einblicke in Ereigniszusammenhänge, die wir sonst nicht hätten.

Trotz der Kritik des Thukydides blieb das Werk Herodots Angel- und Referenzpunkt historischen Schreibens. Die Historiker des 4. Jahrhunderts v. Chr. arbeiteten sich an ihm ab und suchten zur Profilierung des eigenen Werkes Lücken zu füllen. Dabei produzierten sie mitunter – wie im Falle des Ktesias von Knidos – derart absurde Alternativversionen[27], dass man sie als literarische Spielerei zum Amüsement des Publikums gedeutet hat. In diese Schilderungen mögen authentische Informationsfetzen z. B. über das Leben am Perserhof eingeflossen sein – für die historische Erforschung der Perserkriege sind sie jedoch ebenso wie die späteren, auf dem Geschichtsschreiber Ephoros aufbauenden Historiker (z. B. Diodor im 1. Jahrhundert v. Chr.) weitgehend wertlos. Denn eingehende Quellenforschungen haben gezeigt, dass sie keineswegs Zugang zu einer authentischen außer-herodoteischen Überlieferung hatten und auch keine originäre Forschung (*historie*) betrieben, sondern ihre Versionen nach den Erfordernissen der Rhetorik, der Publikumserwartung und der eigenen Fabulierkunst konstruierten.[28] Insofern sind sie nicht als Quellen für die Perserkriege, sondern als Zeugnisse dafür auszuwerten, wie man in den jeweiligen Epochen mit dem Thema der Perserkriege umging und nach welchen Regeln die Historiker dieses Thema gestalteten.

Das Gleiche gilt für die Gefallenenreden, die im Athen des 4. Jahrhunderts gehalten wurden und bestimmte Ereignisfolgen der Perserkriege sowie ihrer mythischen Vorläufer (Kämpfe gegen die Amazonen) wie Versatzstücke zu einer Art Tatenkatalog der Athener verdichteten. Sie sind Dokumente für die sich verfesti-

Spätere Historiker

---

27 Vgl. J.M. Bigwood, *Ctesias as Historian of the Persian Wars*, in: Phoenix 32 (1978), S. 19–41, bes. S. 33: „Ctesias' account of the Persian Wars as a whole presents us with little more than a string of absurdities."
28 Vgl. B. Bleckmann, *Ktesias von Knidos und die Perserkriege*, in: ders. (Hg.), *Herodot und die Epoche der Perserkriege. Realitäten und Fiktionen*, Köln u. a. 2007, S. 139–145.

gende Rezeption einer idealisierten Vergangenheit und sagen viel aus über die politische Ideologie der Zeit, aber so gut wie nichts über die Ereignisse selbst.[29]

Plutarch — Schwierig ist dagegen die Auswertung einer anderen, in der Neuzeit viel gelesenen Quelle, nämlich der Biographien des kaiserzeitlichen Schriftstellers Plutarch. Plutarch war ein hochgelehrter, literarisch äußerst produktiver Vertreter der griechischen Honoratiorenschicht von Chaironeia (in der nördlich von Attika gelegenen Landschaft Böotien) und verfasste neben zahlreichen Schriften zur Ethik, Naturwissenschaft, Theologie, Rhetorik und Literaturkritik (hierzu gehört die erwähnte Schrift *Gegen die Bosheit Herodots*) 23 sog. Parallelbiographien, in denen jeweils ein bedeutender Grieche und Römer behandelt und gegenübergestellt werden. Die für die Zeit der Perserkriege einschlägigen Biographien sind jene des Themistokles (und Camillus), des Aristeides (und Marcus Cato) und des Kimon (mit Lucullus). Das Problem aus Sicht des modernen Historikers besteht nun darin, dass der Verfasser zwar ausführliche Literaturstudien betrieben hat und auch die Klassiker Herodot und Thukydides fleißig benutzte, sich mit Kollegen austauschte sowie die Orte des Geschehens in Augenschein nahm, all dies jedoch nicht dazu einsetzte, um historische Ereignisse nach den Vorgaben der antiken Geschichtsschreibung zu gestalten, sondern um den Charakter der jeweiligen Persönlichkeiten zu illustrieren. „Wir

Keine Geschichtswerke — verfassen keine Geschichtswerke, sondern Lebensbeschreibungen, und es offenbaren sich Tüchtigkeit oder Schlechtigkeit durchaus nicht immer in glanzvollen Taten, sondern eine unbedeutende Handlung, ein Ausspruch und ein Scherz verdeutlichen einen Charakter oftmals besser als Schlachten mit 10 000 Toten" (Prooemium der Alexanderbiographie 1,2). Dementsprechend muss man stets damit rechnen, dass Plutarch seine Quellenvorlagen verändert, überformt und ergänzt hat, um seine literarischen und moralphilosophischen Ziele zu erreichen.[30] Das entwertet zwar seine Biographien als historische Quellen der Perserkriege nicht grundsätzlich, da er nicht selten auf Vorlagen zurückgreift, die wir sonst gar nicht mehr besitzen und ein Vergleich mit Herodot seine Zusätze

---

29 Vgl. Kierdorf 1966, S. 83–110; Fischer 2013, S. 25 f.
30 Vgl. Blösel 2004, S. 49 f., 226 f.; F.J. Frost, *Plutarch's Themistocles. A Historical Commentary*, Princeton/New York 1980, S. 40–56.

erkennbar macht. Eine historische Interpretation wird jedoch in dem Augenblick heikel, wo wir die Version der von ihm genannten Quellen nicht überprüfen können und keine Vergleichsmaterialien haben, sondern darauf angewiesen sind, den Text Plutarchs für sich genommen nach den Regeln der inneren Sach- und Quellenkritik sowie der historischen Plausibilität zu beurteilen.

Eine ähnliche Problematik auf einer anderen Ebene ist mit dem inschriftlichen Material verbunden: Auf der einen Seite besitzen wir eine recht große Zahl zeitgenössischer Epigramme und Epigrammteile (als Teil der aus der Perserbeute finanzierten Weihegaben), die als authentisch gelten und z. T. mit der literarischen Überlieferung abgeglichen und interpretiert werden können (berühmte Beispiele sind die Inschrift der Nikestatue des Athener Feldherrn Kallimachos sowie die der sog. Schlangensäule von Delphi), ferner Teile von Tonscherben mit eingeritzten Namen und kurzen „Slogans", die im Rahmen des Athener Scherbengerichtes benutzt wurden und wichtige Schlaglichter auf die innenpolitischen Verhältnisse der Zeit werfen. Andererseits gibt es längere Inschriften aus dem 4. und 3. Jh. v. Chr., die in ihren Grundzügen bekannte Inhalte öffentlicher Dokumente (Volksbeschlüsse, Eidesleistungen) aus der Zeit der Perserkriege wiedergeben, von denen wir aber nicht genau wissen, ob sie wirklich Originaldokumente verwendet (und lediglich dem Zeitgeschmack leicht angepasst) haben oder erfunden, also „gefälscht" sind. So umstritten der Quellenwert dieser Dokumente ist, so lehrreich ist die Beschäftigung mit ihnen, weil man an ihnen die Möglichkeiten und Grenzen historischer und philologischer Kritik aufzeigen und in jedem Falle demonstrieren kann, in welchem Maße das „Erlebnis der Perserkriege" noch Jahrhunderte später zu unterschiedlichen Zwecken geformt und instrumentalisiert wurde.

Inschriften

Eine andere Bedeutung besitzen die Schrifttäfelchen aus der persischen Königsresidenz Persepolis sowie die von den Königen in Auftrag gegebenen monumentalen Inschriften an Berghängen der Königsgräber oder den Palastmauern der Zentrallande Persis, Elam und Medien.[31] Sie sind neben einigen papyrologischen Hinweisen auf die Handelsorganisation die einzigen Quellen persischer Pro-

Schrifttafeln aus Persepolis

---

31 Auswahlsammlung in englischer Übersetzung bei M. Brosius, *The Persian Empire from Cyrus II to Artaxerxes I*, London 2000, ND 2006, S. 62–66.

venienz, die wir im Hinblick auf bestimmte Fragen der Perserkriege auswerten können, obwohl sie diese nicht explizit erwähnen (vgl. Kap. 3 und 4). Die sog. Walltäfelchen aus der Zeit des Dareios (ca. 510–494 v. Chr.) und die sog. Schatzhaustäfelchen (ca. 492–460 v. Chr)[32] geben Einblick in die Reichsorganisation sowie die Funktionsweise und materiellen Grundlagen der Palastbürokratie, in die auch griechischstämmige Gruppen und Arbeiter involviert waren. Demgegenüber repräsentieren die (meist dreisprachigen) Königsinschriften die Reichsideologie aus der Sicht des Herrschers, wobei die Dokumente des Dareios nicht nur seine Version der verwickelten Machtergreifung zeigen, sondern auch vage Rückschlüsse auf die Expansions- und Außenpolitik der persischen Könige erlauben. Die große Herausforderung des Historikers besteht darin, die meist allgemein gehaltenen Aussagen mit den von griechischer Seite bezeugten Ereignissen der Perserkriege in Beziehung zu setzen und zu klären, inwieweit die offizielle Ideologie Rückschlüsse auf die persischen Absichten in Bezug auf Griechenland zulässt. Die Diskussion wird von Forschern unterschiedlicher Disziplinen geführt. Während die einen aus dem universalen Herrschaftsanspruch des persischen Königs auch den Willen und die Verpflichtung ableiten, Griechenland anzugreifen und zu erobern, betonen andere, dass man zwischen offizieller, der altorientalischen Tradition verhafteten Ideologie und realer Kriegspolitik sorgfältig unterscheiden müsse und die Königsinschriften demnach nicht als Quelle für expansive Ziele im Westen in Anspruch genommen werden dürften.[33] Auch wenn endgültige Ergebnisse noch nicht abzusehen sind, so ist heute klar, dass eine moderne Aufarbeitung der Perserkriege ohne Berücksichtigung dieser, dem nahöstlichen Traditionszusammenhang entstammenden Dokumente nicht mehr denkbar ist.

Reichsideologie der Perser

---

32 Die Bezeichnungen gehen auf die vermeintliche Funktion der Fundorte in Persepolis zurück.
33 Konträre Positionen etwa bei J. Wiesehöfer, *Herodot und ein persisches Hellas. Auch ein Beitrag zu populärer und ‚offiziöser' Geschichtskultur*, in: B. Dunsch, Kai Ruffung (Hg.), *Herodots Quellen – Die Quellen Herodots*, Wiesbaden 2013, S. 279 f. und S. Schmidt-Hofner, *Das Klassische Griechenland. Der Krieg und die Freiheit*, München 2016, S. 32 f.

1.3 Weiterführende Literatur

R. Bichler, R. Rollinger, *Herodot* (Olms Studienbücher), 3. Aufl. Hildesheim u. a. 2014 (*Einführung in die historische und ethnographische Dimension des Werkes Herodots*).

J. Fischer, *Die Perserkriege*, Darmstadt 2013 (*Einführung in das Thema mit ausführlicher Vorstellung der Quellen, S. 13–35*).

A. Kuhrt (Hg.), *The Persian Empire: A Corpus of Sources from the Achaemenid Period*, London, New York 2007 (*Umfangreiche Sammlung literarischer, inschriftlicher und archäologisch-bildlicher Quellen zur Geschichte des Perserreiches mit Schwerpunkt auf der Zeit der Achaimeniden seit Dareios. Die Quellen werden in englischer Übersetzung und mit erklärenden Fußnoten präsentiert*).

K. Meister, *Die Interpretation historischer Quellen. Schwerpunkt Antike* Bd. 1, Paderborn u. a. 1997 (*Fundierte und didaktisch gut gestaltete Einführung in die Interpretation historischer Quellen aus der Klassischen Zeit. Besonders instruktiv sind der einleitende Überblick über die Regeln und Grundlagen der Quellenkritik, S. 15–23, der knappe historische Überblick und die exemplarischen Interpretationen auch zur Epoche der Perserkriege*).

2 Perspektiven der Forschung

2.1 Aktuelle Trends: Militärpragmatik, Mentalitäts- und Rezeptionsgeschichte, der Krieg als Teil der persischen Geschichte

Die Perserkriege gehören zu den klassischen Forschungsfeldern der Alten Geschichte, wobei sich in den letzten rund 50 Jahren gewisse Interessenunterschiede zwischen dem deutschen und anglo-amerikanischen Sprachraum herauskristallisiert haben. Während sich englische und amerikanische Gelehrte neben der Erforschung der politischen und wirtschaftlichen Zusammenhänge intensiv den militärischen Ereignissen und Entwicklungen widmen, hat sich die Mehrheit der deutschen Forschung von diesem Thema, das ursprünglich einmal ihre Domäne war, distanziert und sich unverfänglicheren Themen wie den innenpolitischen Veränderungen sowie den kulturell-mentalitätsgeschichtlichen Dimensionen der Ereignisse zugewandt. Vieles Wichtige haben diese Forschungen zu Tage gefördert, doch wenn ein jüngerer Überblick die Ausblendung militärpragmatischer Ereignisse damit begründet, dass „der Verlauf der Kampfhandlungen [...] heute ohne Faszination" und ohnehin nicht sicher zu rekonstruieren sei[1], so ist das eine seltsame Verengung, die weder der weltweiten Forschungslage noch den Tatsachen gerecht wird. Anstatt sich (ohne Not) programmatisch von fruchtbaren Forschungsfeldern zu verabschieden, wäre es hilfreicher, deutsche Forschungstraditionen mit der Expertise angloamerikanischer Forscher im Bereich der pragmatischen Militärgeschichte zu verbinden, wie dies auch jüngst versucht wurde.[2] Denn eine Epoche, die schon für die Zeitgenossen durch einen großen Krieg bestimmt war, ohne Berücksichtigung der Schlachten, der Logistik, der Heeresordnungen und Kommandostrukturen zu erklären, ist schlechterdings unmöglich. Deshalb sind sowohl die großen Gesamtdarstellungen der Perserkriege aus den 1980er und 1990er Jahren als auch die Spezialarbeiten zu einzelnen Schlachten

Angloamerikanische und deutsche Forschung

Gesamtdarstellungen

---

[1] W. Will, *Die Perserkriege*, München 2010, S. 9.
[2] R. Schulz, *Feldherren, Krieger und Strategen*, 2. Aufl. Stuttgart 2013, zu den Perserkriegen und ihren Folgen: S. 56–115.

nach wie vor mit Gewinn zu konsultieren, allerdings unter gewissen Vorbehalten: Abgesehen davon, dass selbst jüngere Monographien nicht gefeit sind vor überholten Parolen wie etwa jener von der Rettung westlicher Freiheit, schießen sie zumal dann, wenn sie die außer-herodoteische Überlieferung (Diodor-Ephoros, Ktesias, Plutarch) als Alternativversion mehr oder weniger gleichrangig mit Herodot behandeln, über das Ziel hinaus.[3] Sie gehen einer Traditionslinie auf den Leim, die in der Regel für die Rekonstruktion der Ereignisse gar nicht zu gebrauchen ist, weil die Autoren willkürlich Herodot ausgeschrieben, ergänzt oder kritisiert haben (vgl. Kap. 1).

Ein zweiter bedeutender Trend besteht darin, die Perserkriege aus ihrer Vereinzelung als ein griechisches Fundamentalereignis zu lösen und in den größeren Rahmen der vorderasiatischen Geschichte einzuordnen. Ausgangspunkt dieser Bemühungen ist der Aufschwung, den die Forschung zu den orientalischen Großreichen und speziell zu den Persern im Rahmen der Iranistik genommen und der inzwischen auch die klassische Altertumswissenschaft erreicht hat. Es gibt heute eine Reihe fundierter Darstellungen zur Geschichte des Perserreiches, seiner Genese, Organisation und kulturell-gesellschaftlichen Grundlagen, die manches revidieren konnten, was lange Zeit zu den „Basiswahrheiten" der Forschung zählte[4]: So ist die Vorgeschichte des Perserreiches bis zum Aufstieg des Kyros inzwischen mehrfach revidiert worden, ferner stehen liebgewonnene Urteile über die Perserkönige als historische Akteure auf dem Prüfstand: so die verbreitete Meinung, die Perser hätten sich als besonders tolerant gegenüber fremden Religionen und Kulten ausgezeichnet; tatsächlich handelt es sich um eine den jeweiligen Erfordernissen angepasste Pragmatik;[5] oder die Vorstellung, das Perserreich sei nach der Niederlage in Griechen-

---

3 Vgl. z. B. C.A. Matthew/M. Trundle (Hg.), *Beyond the Gates of Fire. New Perspectives on the Battle of Thermopylae*, Barnslay 2013, Preface S. XI, 29 ff., 73–78, 93–99.
4 J. Wiesehöfer, *Das antike Persien. Von 550 v. Chr. bis 650 n.Chr.*, Neuaufl. Düsseldorf/Zürich 1998; P. Briant, *From Cyrus to Alexander. A History of the Persian Empire*, Winona Lake 2002; M. Waters, *Ancient Persia. A Concise History of the Achaemenid Empire 550–330 BCE*, Cambridge 2014.
5 A. Kuhrt, *The Cyrus-Cylinder and Achaemenid Imperial Policy*, in: JSOT 25 (1983), S. 83–97. Eine nüchterne Bestandsaufnahme der persischen Maximen auch bei: M. Brosius, *Persian Diplomacy Between „Pax Persica" and „Zero-Tole-*

land in eine unüberwindbare Schwächephase unter einem unfähigen Herrscher (Xerxes) geraten. In Wirklichkeit weist allein schon die intensive Bautätigkeit unter Xerxes auf eine ungebrochene Blüte und Ressourcenstärke des Reiches hin.⁶ Ferner hat man viele Handlungen des Perserkönigs von der negativen Stereotypisierung der griechischen Quellen befreien können: Dass Xerxes sich nicht direkt am Kampf beteiligte, sondern passiv (auf einem Thron oberhalb der Bucht von Salamis sitzend) sichere Distanz wahrte, ist kein Zeichen von Feigheit, sondern Teil der persischen Staatsraison, für die der König die Ordnung der Welt und den Bestand des Reiches sicherte und entsprechend geschützt werden musste. Dass er beim Übertritt nach „Europa" den Hellespont geißeln ließ, demonstriert keineswegs herrschaftliche Hybris, sondern war Teil religiöser Ritualhandlungen, welche die Perser in altorientalischer Tradition an den maritimen Rändern ihres Reiches durchführten, um ihren Anspruch auf Weltherrschaft zu demonstrieren und das natürliche Hindernis zu überwinden; und dass der Perserkönig auch im Feld opulente Gastmähler gab, ist nicht Ausdruck verweichlichter Degeneration, sondern notwendiges Mittel, seiner Herrschaftsfülle gerecht zu werden und die Verbündeten in einem fremden Land an sich zu binden.⁷

> Xerxes

> Anspruch auf Weltherrschaft

Im Zuge dieser Revision griechischer Urteile wird auch darauf hingewiesen, dass die aus westlich-griechischer Perspektive als monumentales Ereignis geltenden Kriege aus Sicht der Perser nur ein militärischer Konflikt unter vielen waren, mit denen die Könige an den endlosen Grenzen ihres Reiches konfrontiert waren. Dementsprechend mehren sich die Stimmen derer, die den Plan einer Eroberung ganz Griechenlands unter Xerxes in Zweifel ziehen. Stattdessen werden die Perserkriege – wie dies bereits der Althisto-

> Eroberung Griechenlands?

---

rance", in: J. Wilker (Hg.), *Maintaining Peace and Interstate Stability in Archaic and Classical Greece*, Mainz 2012, S. 151–163, zur angeblichen „Toleranz" S. 153 f.
6 J. Wiesehöfer, *Die iranischen Großreiche*, in: G.A. Lehmann/H. Schmidt-Glintzer (Hg.), *WBG Weltgeschichte Bd. II: Antike Welten und neue Reiche 1200 v. Chr. bis 600 n.Chr.*, Darmstadt 2009, S. 57 f.
7 D. Kienast, *Der Wagen des Ahura Mazda und der Ausmarsch des Xerxes*, in: Chiron 26 (1996), S. 296–299; R. Rollinger, *Dareios und Xerxes an den Rändern der Welt und die Inszenierung von Weltherrschaft – Altorientalisches bei Herodot*, in: K. Ruffing/B. Dunsch (Hg.), *Herodots Quellen – Die Quellen Herodots*, Wiesbaden 2013, S. 104–106.

riker U. Wilken zu Beginn des 20. Jahrhunderts getan hat[8] – als präventive Reaktion eines „saturierten Weltreiches" auf die dauernden Plünderungszüge und bald einsetzenden maritimen Rüstungen der Athener verstanden.[9] Grundlage dieser Deutung sind zum einen die Königsinschriften des Dareios, zum anderen Herodot selbst, der für seine Lehre vom Aufstieg und Niedergang der großen Mächte (Kap. 1) den Perserkönig als einen der Hybris verfallenen Eroberer darstellen musste; und schließlich ist es die Pragmatik der militärischen und politischen Abläufe selbst, die daran gemahnt, die Dimension der persischen Invasion zu überdenken.

2.2 Die zentralen Fragen: Ursachen und Motive, Verlauf und Folgen der Kriege

Die generellen Forschungstrends der letzten Jahrzehnte haben so auch die klassischen Fragen nach den Ursachen der Perserkriege, den Motiven der Protagonisten, dem Verlauf und den Folgen beeinflusst. Nach wie vor gilt der Ionische Aufstand als eigentlicher Beginn der militärischen Auseinandersetzungen. Konsequenter sucht man jedoch diese Phase in die Gesamtkonstellation der persischen Herrschaft und vergleichbarer Aufstandsbewegungen einzuordnen sowie mit der vorausgegangenen Geschichte der persisch-griechischen Beziehungen zu verbinden. Herodot wusste, dass die kleinasiatischen Griechen vor dem Ionischen Aufstand schon einmal (zusammen mit den Lydern) gegen die persischen Eroberer zu Felde gezogen waren. Demgegenüber standen rege politische und diplomatische Kontakte zumindest zwischen den bedeuten-

Ionischer Aufstand

---

[8] U. Wilcken, *Griechische Geschichte im Rahmen der Altertumsgeschichte*, 9. Aufl. hg. von G. Klaffenbach, München 1962, S. 86 f.; J. Wiesehöfer, *„Der über Helden herrscht": Xerxes I. (ca. 519–465 v. Chr.)*, in: S. Förster u. a. (Hg.), Kriegsherren der Weltgeschichte, München 2006, S. 19–34.
[9] J. Wiesehöfer, *Herodot und ein persisches Hellas*, in: K. Ruffing, B. Dunsch (Hg.), *Herodots Quellen – Die Quellen Herodots*, Wiesbaden 2013, S. 278–283, bes. S. 181 nach dem Vorbild von H. Wallinga, *Xerxes' Greek Adventure: The Naval Perspective*, Leiden 2005. Zur Revision des Xerxesbildes ferner: J. Wiesehöfer, *Die Ermordung des Xerxes: Abrechnung mit einem Despoten oder eigentlicher Beginn einer Herrschaft*, in: B. Bleckmann (Hg.), *Herodot und die Epoche der Perserkriege. Realitäten und Fiktionen*. Köln, Weimar, Wien 2007, S. 9–17.

den Poleis Sparta und Athen sowie die Tatsache, dass das persische Imperium einen politisch geeinten Wirtschafts- und Erkundungsraum darstellte, der von vielen Griechen weniger als Bedrohung denn als Chance begriffen wurde. Das Verhältnis der Griechen zum Perserreich war und blieb vielschichtig und situationsabhängig; es gab weder vor noch während oder nach den Kriegen klare Frontlinien, sondern vieles wurde auf Seiten der in zahllose Poleis und Ethnien zersplitterten griechischen Welt interessenbedingt entschieden. Einfache Antworten sind in Bezug auf die Motive der Kämpfe genauso wenig zu erwarten wie längerfristige Pläne und Strategien.

Inwieweit man solches dagegen bei den Persern voraussetzen darf, ist in der Forschung mehr denn je umstritten. Doch es zeichnet sich zumindest insofern eine Linie ab, als man erkennt, dass die Griechenlandpolitik des Dareios – wenn es eine solche überhaupt gab – nur im Rahmen eines Konzeptes, das das gesamte Reich umfasste, verstanden werden kann. Dieses zwang den eigentlich illegitim an die Macht gekommenen Dareios, expansive und militärische Erfolge an den Grenzen vorzuweisen, um seine Stellung zu legitimieren; andererseits musste er das von einem Bürgerkrieg erschütterte Reich politisch und wirtschaftlich stabilisieren. Eine politisch beruhigte Ägäis unter persischer Hegemonie, gestützt durch verbündete Königtümer wie Makedonien und Thrakien scheint besser in dieses Bild zu passen als eine schon damals geplante, erst bei Marathon gestoppte Invasion der griechischen Halbinsel. Vor diesem Hintergrund werden auch die nach dem Ionischen Aufstand unternommenen Expeditionen des Mardonios in Thrakien und Makedonien sowie des Datis gegen Eretria und Athen interpretiert. Demnach dürfte das Ziel der Expeditionen im Norden (entgegen der Auffassung Herodots) lediglich darin bestanden haben, die während des Aufstandes verlorene Kontrolle wiederzugewinnen.[10] Dagegen bildete im zweiten Fall die Bestrafung Athens und Eretrias das offizielle Ziel; die Ausweitung der persischen Hegemonie über die Ägäisinseln stellte aber ein mindestens ebenso wichtiges strategisches Kalkül dar, das wahrscheinlich schon zu Beginn des Ioni-

<small>Griechenlandpolitik des Dareios</small>

---

[10] M.I. Vasilev, *The Policy of Dareios and Xerxes towards Thrace and Macedonia*, Leiden/Boston 2015, S. 118 ff. zur Bedeutung der thrakischen Tribute und S. 124–161 zur begrenzten Territorialpolitik des Dareios.

schen Aufstandes mit dem viel behandelten Naxos-Unternehmen des milesischen Tyrannen Aristagoras anvisiert worden war.

Die Zeit nach Marathon ist in Athen durch den Aufstieg des Themistokles und die Auseinandersetzung um den künftigen außenpolitisch-militärischen Kurs bestimmt. Im Zentrum der Forschungsdiskussion steht nach wie vor das große Flottenprogramm, das Athen in relativ kurzer Zeit (zehn Jahre?) zur führenden Seemacht der griechischen Halbinsel machte und möglicherweise – so eine jüngere These[11] – für den neuen Perserkönig Xerxes erst den entscheidenden Anstoß bildete, sich im größerem Stil dem griechischen Problem zuzuwenden. Auch wenn die Zahlenangaben der Quellen (Herodot) zur Größe des Perserheeres von der Forschung nach unten korrigiert werden, so muss man damit rechnen, dass in der subjektiven Wahrnehmung der Griechen tatsächlich eine so große Armee wie nie zuvor auf ihre Heimat vorrückte. Xerxes hat diesen Eindruck gezielt gefördert sowie durch logistische Vorbereitungen und technische Leistungen (wie die Pontonbrücken über den Hellespont und den Aushub des Athos-Kanals) unterstützt. Die Frage, wie die griechischen Gemeinden auf diese Bedrohung reagierten, bildet denn auch ein Kernthema der Forschung, wobei nach wie vor keine Einigkeit darüber erzielt wurde, wie man die berühmte persische Forderung nach „Erde und Wasser" genau zu verstehen hat: als Vertragsangebot, als Aufforderung zur Kapitulation und/oder als Anerkennung der persischen Herrschaft?[12]

Wichtig im Gesamtzusammenhang der Perserkriege sowie der weiteren Entwicklung ist die Formierung der abwehrwilligen Poleis zum sog. Hellenenbund. Denn hier versammelten sich diejenigen Poleis, welche die innergriechische Politik auch nach der Abwehr der Perser maßgeblich bestimmen sollten. Dementsprechend hat die Forschung schon immer interessiert, wie und in welchem Maße es den Teilnehmern des Bundes gelang, die Dauerrivalitäten untereinander für die Zeit des Krieges zu unterdrücken und wie überhaupt das Kampfbündnis beschaffen war. Die erstmalige Propagierung einer panhellenischen Solidarität scheint eine ebenso

---

11 Vgl. oben Anm. 9.
12 Zusammenfassung der Thesen mit eigener Deutung bei E. Rung, The Language of the Achaemenid Imperial Diplomacy towards the Greeks: The Meaning of Earth and Water, in: Klio 97 (2015), S. 503–515.

wichtige Rolle gespielt zu haben wie die massive Androhung von Strafzahlungen an die mit den Persern kollaborierenden Poleis. Ferner ist umstritten, ob es Sparta gelang, einfach seinen Peloponnesischen Bund auf die Mitkämpfer gegen die Perser auszuweiten, oder ob ein neues Vertragswerk geschaffen wurde und wie lange dieses gelten sollte. Sparta hatte die militärische Führung (*hegemonia*) inne, doch war diese wohl kaum unumstritten, zumal Athen spätestens seit dem Flottenprogramm des Themistokles seine geballte maritime Macht in die Waagschale werfen konnte.

Vor diesem Hintergrund werden auch die folgenden Schlachten immer wieder einer erneuten Interpretation unterzogen, wobei nach wie vor das Aufeinandertreffen bei den Thermopylen und die Seeschlacht bei Salamis das größte Interesse beanspruchen. Ein Forschungsdesiderat bildet der Erfolg des Hellenenbundes bei Mykale an der kleinasiatischen Küste, der den eigentlichen Abschluss und den Wendepunkt der Perserkriege hin zur Offensive der Griechen darstellt. Demgegenüber hat man jüngst den Kämpfen an den Thermopylen durch eine Kombination archäologischer Landschaftsuntersuchungen mit einer erneuten Überprüfung des Quellenmaterials neue (und radikale) Wendungen abzuringen gesucht.[13] Sie haben aber wenig Widerhall gefunden[14], da sie das eigentliche Problem – warum der Hellenenbund nur eine so kleine Armee entsandte und die 300 bis zum bitteren Ende ohne Aussicht auf irgendeinen Erfolg aushielten – auch nicht überzeugend klären konnten. Dagegen erscheinen die Umstände und der Verlauf der Salamis-Schlacht um einiges klarer. Man versteht die Zwänge, unter denen einerseits der Athener Themistokles, andererseits aber auch die persische Führung stand, kurz vor Ende der maritimen Feldzugssaison eine Entscheidung herbeizuführen. Auch im Falle der wohl berühmtesten Seeschlacht der Antike bemüht man sich inzwischen um eine nüchterne, von allen euphorischen Übertreibungen befreite Interpretation: Weder wurde die persische Flotte vernichtet, noch hat die Schlacht den Griechen die völlige Überle-

Die großen Schlachten

Salamis

---

13 G.J. Szemler/W.J. Cherf/J.C. Kraft, *Thermoplylai. Myth and Reality in 480 B.C.*, Chicago 1996.
14 Vgl. nur: M. Meier, *Die Thermopylen – „Wanderer kommst Du nach Spa(rta)"*, in: E. Stein-Hölkeskamp/K.-J. Hölkeskamp (Hg.), *Die Griechische Welt. Erinnerungsorte der Antike*, München 2010, S. 99 f.

genheit zur See verschafft.[15] Die Gründe für den (auch für die Griechen überraschenden) Rückzug des Xerxes nach Kleinasien liegen zum einen sicherlich in logistischen Problemen, zum anderen sind sie auch darin zu suchen, dass eine allzu lange Abwesenheit des Herrschers aus den Zentrallanden das Risiko innerpersischer Rebellionen förderte. Erneut zeigt sich, wie wichtig es ist, den auf Griechenland fixierten Blick zu weiten und die Perserkriege im Kontext des viel größeren Zusammenhanges persischer Reichsinteressen zu interpretieren.

Mit den Siegen bei Plataiai und bei Mykale – so das bis heute nicht grundsätzlich revidierte Urteil der Forschung – tritt eine grundsätzliche Wende ein: Der Hellenenbund geht von der Defensive in die Offensive über. Damit stand erneut die Frage zur Disposition, wie man mit den abfallwilligen Griechen Kleinasiens umgehen sollte. Langfristig folgenreich war, dass sich die Athener (und nicht die Spartaner) bereit erklärten, den Krieg gegen die Perser fortzuführen. Sie gründeten mit dem Delisch-Attischen Seebund ein Vertragssystem, das schon bald als Konkurrenz nicht nur zum Hellenenbund, sondern auch zum Peloponnesischen Bund Spartas aufgefasst wurde und die Grundlage für den stupenden maritimen Machtaufstieg der Athener bildete.

Delisch-Attischer Seebund

All diese Entwicklungen sind integraler Teil der Perserkriege. Denn der Kampf gegen die Perser bildete die entscheidende Parole, mit der die Athener ihre Machtinteressen auch gegenüber den Griechen legitimierten und in der Folgezeit spektakuläre Flottenunternehmungen bis nach Ägypten, Zypern und in die Levante führten. Erst eine verlustreiche Niederlage im Nildelta 456 v. Chr. beendete den offensiven Schwung und läutete einen faktischen Frieden mit Persien ein. Aufs Ganze gesehen waren die über zwei Generationen dauernden Kämpfe somit einerseits eine wichtige Voraussetzung für den äußeren Machtaufstieg und die Konsolidierung der inneren Verfassung Athens, andererseits konnten sich die Athener nie von der Faszination befreien, die der Gegner insbesondere auf die adlige Gesellschaft ausübte. Das zeigte sich in der Übernahme persischer Moden und Architektur, in der Adaption persischer Herrschaftstechniken innerhalb des Seebundes und in der Fortbildung literarischer und ethnographischer Interessen. Gleichermaßen

---

15 Schulz 2013, S. 82–84.

war das Erlebnis der Perserkriege die mentale Folie, vor der sich die Athener selbst über ihre Erfolge und ihre Zukunft Rechenschaft abzulegen suchten.

2.3 Die Rezeption – von der Antike bis in die Moderne

Das bedeutendste Zeugnis hierfür sind die *Perser* des Aischylos (vgl. Kap. 1). Bis heute streitet die Forschung darum, ob Aischylos mit diesem Werk das negative Barbarenbild der Perser geschaffen hat oder auf vorhandene (in Ionien entwickelte) Negativstereotype zurückgriff. Andere bezweifeln, dass er überhaupt ein negatives Bild der Perser gezeichnet hat (oder zeichnen wollte), und betonen stattdessen sein Bemühen um eine vorurteilslose Thematisierung allgemein menschlicher Schwächen *(hybris)*, die von den Göttern bestraft werden. In jedem Falle ist die Tragödie ein wichtiger Beleg für die Ausbildung einer Athener Bürgerideologie, die – zusammen mit den Erfolgen der Flotte – die Grundlage für die innergesellschaftliche Solidarität der demokratischen Verfassung bildete.

Perser des Aischylos

Einen regelrechten Boom hat in den letzten rund zehn Jahren die Frage ausgelöst, wie die Perserkriege in der Erinnerung der Menschen verarbeitet und gedeutet wurden. Hierbei geht es nicht nur darum, die Genese bestimmter Muster und Narrative durch die Zeiten zu rekonstruieren; vielmehr möchte man auch erklären, wie diese Deutungen gesellschaftliche Formierungen unterstützt sowie politische Agenden legitimiert haben und ihrerseits (in einem Art Rückkopplungsprozess) von diesen historischen Entwicklungen beeinflusst wurden. In Deutschland fasst man den gesamten Komplex dieser Forschungen, die sich inzwischen bis in die bundesrepublikanische Nachkriegszeit und auf die aktuelle Verarbeitung im Comic sowie in Film und Fernsehen erstrecken[16], in der

Deutung der Perserkriege

---

16 Einen nochmaligen Schub dieser Forschungsrichtung, die inzwischen auch die Literaturwissenschaft miteinschließt, bewirkte die Verfilmung der *300* des gleichnamigen Comics Frank Millers (von 1999) durch Zack Snyder im Jahre 2007; dazu W. Kofler, *300 und eine Nacht: Perser und Griechen als Opfer von Erzählkonventionen bei Herodot und Frank Miller*, in: R. Rollinger/B. Truschnegg/R. Bichler (Hg.), *Herodot und das Persische Weltreich/Herodotus and the Persian Empire*, Wiesbaden 2011, S. 159–175 mit reichen Literaturangaben.

Rezeptions-
geschichte

Regel unter dem Stichwort Rezeptionsgeschichte zusammen. Im Vordergrund des Interesses (und der Rezeption selbst) stehen und standen – wegen ihrer rezeptionsaffinen Kompaktheit – die großen Schlachten[17]; aber auch die Perserkriege insgesamt sowie das zwischen Faszination und negativer Stereotypisierung changierende Bild der Perser sind mehrfach aufgearbeitet worden. Wünschenswert wäre es nun, der „westlichen Nabelschau" den Blick auf die östliche Rezeption hinzuzufügen, also zu fragen, wie eigentlich die Perserkriege in der historischen Erinnerung und der Geschichtskultur Irans und anderer nahöstlicher Länder verortet wurden und werden. Das wäre ein instruktiver Abschluss der in den letzten Jahren so intensiv betriebenen Bemühungen, die Perserkriege stärker aus der Sicht der „Verlierer" zu interpretieren und in einen Gesamtzusammenhang der nahöstlichen Geschichte einzuordnen; und er dürfte selbst dann, wenn etwa eine Schulbuchanalyse eine ähnliche Tendenz der Nichtbeachtung offenbaren würde, wie sie schon die antike persische Sicht zeigt, wichtige Einsichten in die so vielgestaltigen Rezeptionswege antiker Ereignisse eröffnen.

2.4 Die Gründe für die Niederlage der Perser

Antworten der griechischen Quellen

Ein Aspekt, der erstaunlicherweise ebenfalls in der Forschung unterbelichtet erscheint, ist die Suche nach den realen Gründen für das Scheitern der persischen Invasionsversuche. Gerade weil man sich in den letzten Jahren so erfolgreich darum bemüht hat, die griechische Perspektive kritisch zu hinterfragen, wird man sich nicht mehr ohne weiteres mit den klassischen Antworten der griechischen Quellen begnügen wollen. Parolen wie der Kampf um Freiheit und die Rettung der Heimatpolis – wie sie die Dokumente der Nachkriegszeit so betonen – erklären eher, warum sich die Mitglieder des Hellenenbundes überhaupt zum Widerstand entschlossen; sie können aber kaum allein den militärischen Erfolg erklären

---

[17] Neben zahlreichen Aufsätzen in Sammelbänden: M. Jung, *Marathon und Plataiai. Zwei Perserschlachten als „lieux de mémoire" im antiken Griechenland*, Göttingen 2006, sowie A. Albertz, *Exemplarisches Heldentum. Die Rezeptionsgeschichte der Schlacht an den Thermopylen von der Antike bis zur Gegenwart*, München 2006.

(wieso scheiterten dann die Ionier?). Schon Aischylos deutet topographische und logistische Probleme an, auf die sich die Perser nur schwer einstellen konnten[18], und vielleicht traf Thukydides das Richtige, als er einen spartanischen Gesandten erklären ließ, dass die Perser nicht an dem Mut und der Leistung der Athener, sondern an ihren eigenen Fehlern gescheitert seien.[19]

Doch worin bestanden diese Fehler? Immer wieder hat man auf strategische Fehleinschätzungen über die Dauer des Unternehmens und sich hieraus ergebende Versorgungsprobleme hingewiesen[20], doch sprechen neuere Untersuchungen für eine durchaus funktionierende und leistungsfähige Logistik.[21] Andere meinen, die Perser hätten sich zu sehr auf griechische Exilierte sowie die Hoffnung verlassen, dass ihnen perserfreundliche Kollaborateure innerhalb der gegnerischen Poleis in die Hände spielen würden, wobei eine solche Haltung (Medismos) häufig eher eine Erfindung der innenpolitischen Kontrahenten als eine wirklich verlässliche Größe darstellte.[22] Seriös wird man die Frage nach den Ursachen des persischen Misserfolges in jedem Falle nur beantworten können, wenn man die aktuellen Diskussionen um die Ziele und Motive der Perser berücksichtigt. Wenn es nämlich zutrifft, dass selbst Xerxes gar nicht an einer vollständigen Eroberung und der Einrichtung einer neuen Satrapie – einem eigenen Herrschaftsbezirk unter einem Vertreter des Großkönigs (Satrapen) – interessiert war, sondern nach der „Bestrafung" der Widerständler auf indirekte Herrschaftsformen setzte, deren oberstes Ziel die Sicherung der Ägäis und ihrer reichen nördlichen Anrainer war; wenn man

Versorgungsprobleme

---

18 Vgl. Meister 1997, S. 115 f. In diese Richtung auch die Erklärungen von Cawkwell 2005, S. 103.
19 Thuk. 1,69; vgl. Cawkwell 2005, S. 100–103.
20 Dezidiert J.M. Balcer, *The Persian Wars against Greece: A Reassessment*, in: Historia 38 (1989), S. 127–143.
21 P. Kehne, *Zur Logistik des Xerxesfeldzuges 480 v. Chr.*, in: E. Olshausen (Hg.), *Zu Wasser und zu Land. Verkehrswege in der antiken Welt*, Stuttgart 2002, S. 29–47.
22 Die moderne Diskussion entzündet sich vor allen an der Haltung der Athener Adelsfamilie der Alkmeoniden, die unterschiedlich interpretiert wird: vgl. z. B. J. Holladay, Medism in Athens 508–480 B.C., in: G&R 25 (1978), S. 174–191; G.M.E. Williams, *Athenian Politics 508/7–480 B.C. A Reappraisal*, in: Athenaeum 60 (1982), S. 521–544.

weiterhin berücksichtigt, dass die Forschung die antiken Zahlenangaben für das Perserheer für weit übertrieben hält: Dann wäre zu vermuten, dass sich die Perser schlichtweg verkalkulierten und aufgrund einer falschen Lagebeurteilung eine verfehlte Strategie wählten, d. h. – verführt durch ihre Erfolge in Thrakien, Makedonien und in Ionien – annahmen, sie könnten die kleine Gruppe der widerstandswilligen Griechen binnen Jahresfrist mit einer Truppenmacht zur Raison bringen, die rein quantitativ die Milizarmeen der Gegner vielleicht allenfalls um das Doppelte übertraf. Falsche Lagebeurteilungen und strategische Entscheidungen gehören zum Alltag der Kriegsgeschichte; diese lehrt zudem, dass eine erfolgreiche Invasion in einem fremden und schwierigen Gelände nicht nur an sich ein äußerst riskantes und zeitaufwendiges Unternehmen ist, sondern auch eine enorme Truppenmenge erfordert, die mindestens das Dreifache des Gegners betragen muss, um Aussicht auf Erfolg zu haben. Stellt man dann noch in Rechnung, dass die Griechen – wie anfangs betont – alles andere als unerfahrene Milizionäre waren, sondern eine alte und stets kampfbereite Kriegerkultur repräsentierten, so wäre zu überlegen, ob die Perser nicht letztlich daran gescheitert sind, dass sie sich zu wenig auf die topographischen und politischen Konstellationen einstellten, die sich doch in vielerlei Hinsicht von den gewohnten vorderasiatischen Verhältnissen unterschieden. Dies mögen die Griechen als Hybris interpretiert haben, und insofern wird ihre Einschätzung – wenn man sie ihrer späteren chauvinistischen Verzerrungen entkleidet – vielleicht gar nicht so weit von der Wirklichkeit entfernt gewesen sein.

Es kommt freilich noch etwas Anderes hinzu. Die Forschung der letzten Jahrzehnte hat gezeigt, in welchem Maße Xerxes seinen Feldzug nach Griechenland nicht nur diplomatisch, sondern auch propagandistisch vorbereitete, indem er sich um gute Beziehungen zum delphischen Orakel bemühte und sich in den Troia-Mythos einzuklinken suchte sowie sich demonstrativ (z. B. durch die Mitführung eines entsprechend gestalteten Thronwagens) auch gegenüber den Griechen als Stellvertreter des persischen Reichsgottes Ahuramazda stilisierte (den die Griechen offenbar mit Zeus gleichsetzten).[23] Die herrschaftlichen Handlungen und religiösen Rituale zur Unterstützung des Krieges mussten in dem Augenblick massiv an Überzeugungskraft verlieren, als der Perserkönig Niederlagen erlitt und seine anfängliche Erfolgsserie riss. Niederlagen waren in der Reichsideologie der Perser nicht vorgesehen; es fehlte gewissermaßen ein Plan B für militärische Krisen, und anders als später die Römer hatten die Perser (wie alle vorderasiatischen Reiche) – angesichts der Beanspruchung durch andere Grenzregionen und Krisenfelder – auch nicht die Möglichkeit, größere militärische Verluste einfach auszusitzen und den Krieg durch den steten Zuzug neuer Rekruten in die Länge zu ziehen. All dies setzte der Reaktions- und Handlungsfähigkeit der „persischen Militärmaschinerie", auch wenn sie anfangs so beeindruckend daherkam, enge Grenzen. Die abwehrbereiten Griechen benötigten gewissermaßen nur ein oder zwei spektakuläre Erfolge zur rechten Zeit, um den Vormarsch zu stoppen und die gesamte Kampagne der Perser in Gefahr zu bringen. Auch dies könnte an großen Eroberungsplänen zweifeln lassen; es zeigt in jedem Falle erneut, wie wichtig es ist, die Perserkriege in einen größeren komparativen Zusammenhang zu stellen, der über die griechische Perspektive hinausgeht. Dies dürfte einer der erfolgversprechendsten Wege sein, welche die Forschung der nächsten Jahre beschreiten wird.

<small>Begrenzte Reaktionsfähigkeit der Perser</small>

2.5 Die Auswahl der Quellen und Themen

Dieses Studienbuch kann weder einen vollständigen Einblick in die komplexe Forschungslandschaft zu den Perserkriegen noch zu ihren Quellen bieten; es sucht stattdessen wesentliche Schneisen zu schlagen, die sich an den beschriebenen Schwerpunkten orientieren und einen kompakten Überblick über das historische Phänomen und seine Probleme erlauben. Umstrittene Forschungspositionen werden anhand der jeweiligen Kernthemen vorgestellt, doch gleichzeitig bietet der Überblickstext originäre Deutungen,

---

23 Kienast 1996, S. 290–295; etwas modifizierend: P. Funke, *Die Perser und die griechischen Heiligtümer in der Perserkriegszeit*, in: B. Bleckmann (Hg.), *Herodot und die Epoche der Perserkriege. Realitäten und Fiktionen*, Köln/Weimar/Wien 2007, S. 21–34.

die dem Leser einen roten Faden bieten und es ihm erlauben, das einschlägige Quellenmaterial selbständig zu interpretieren. Bei der Auswahl der Quellen wurde Wert darauf gelegt, ein breites Spektrum unterschiedlicher Genera abzudecken, von den literarischen Basistexten Herodots (und punktuell des Thukydides) über die Tragödie des Aischylos und die teilweise nur fragmentarisch erhaltenen Epigramme und Elegien des Simonides bis hin zu den in ihrer Authentizität umstrittenen Inschriften des 4. und 3. Jahrhunderts sowie dem inschriftlichen Material persischer Herkunft. Ein wichtiges Kriterium der Auswahl war das didaktische und methodische Potential der Quelle, d. h. die Frage, inwiefern sie Erkenntnisfortschritte in Hinblick auf Kernprobleme der Perserkriege ermöglicht sowie exemplarische Einblicke in die methodischen Techniken und Schwierigkeiten der Interpretation erlaubt. Einige Kapitel sind dezidiert den methodischen Problemen gewidmet. Sie stellen keinen Bruch mit der fortlaufenden Darstellung dar, sondern bilden nur eine kurze Unterbrechung in Form eines Perspektivwechsels, der für das Verständnis des historischen Verlaufs sinnvoll ist und immer auch aufzeigen soll, auf welch unsicheren Grundlagen vieles von dem beruht, was leichthin als historische Wahrheit verkauft wird.

Die Themenschwerpunkte sind chronologisch angeordnet und sollen es dem Leser ermöglichen, sich einerseits die Phänomene und Ereignisse selbständig und unter Berücksichtigung der neueren Forschungsperspektiven zu erarbeiten; sie sind andererseits von dem Ziel getragen, die Perserkriege aus einer einseitigen griechischen Perspektive zu befreien und in den Gesamtkontext der ostmediterran-persischen Geschichte zu integrieren. Zu diesem Zweck erschien es nötig, zunächst einen Überblick über die Genese des Perserreichs zu bieten, der sich im zweiten Teil dem für die Einschätzung der Perserkriege so wichtigem Selbstverständnis der Könige als Universalherrscher widmet. Im Zentrum der Interpretation stehen die offiziellen „Königsinschriften" des Dareios und Xerxes. Das folgende Kapitel nimmt den Perspektivwechsel auf die griechische Poliswelt vor. Hier geht es nicht nur um die allgemeinen politischen Zustände, sondern auch darum zu zeigen, in welchem Maße Griechen und Perser vor dem großen Krieg miteinander Kontakt pflegten. Die Perser waren keine blutrünstigen Dämonen, wie sie Comic und Film über die „300" darstellen; genauso absurd ist die auf Herodot zurückgehende Vorstellung, die Satrapen und ihr König hätten sich vor dem Angriff noch erkundigen müssen, wer die Athener und Spartaner eigentlich seien. Solche Episoden sollen den Hochmut der Perser untermauern und dem Geschehen eine größere Dramatik verleihen; sie haben jedoch mit der Realität wenig zu tun. Tatsächlich trafen in den Perserkriegen zwei Welten aufeinander, die zwar sehr wohl um ihre grundsätzlichen Unterschiede wussten, die aber seit einer Generation miteinander vertraut waren und sich als Teil einer gemeinsamen Welt verstanden.

Die folgenden fünf Kapitel widmen sich den klassischen Schwerpunkten der Perserkriege selbst, wie sie von Herodot vorgegeben und auch von den Standardwerken beachtet werden. Auf den sog. Ionischen Aufstand, d. h. der Rebellion kleinasiatischer Städte sowie Zyperns gegen die persische Herrschaft (Kap. 5), folgen die Unternehmungen der Perser in Griechenland während der Regentschaft des Dareios, die aus athenischer Perspektive ihren Höhepunkt in der Schlacht von Marathon finden (Kap. 6). Danach schwenkt der Blick wieder auf die griechische Seite und sucht zu klären, welche Auswirkungen die erste Phase der Perserkriege auf die innere Entwicklung Athens hatte, welche Spannungen sie erzeugte und inwieweit sie den Ausbau der Verfassung und das Flottenbauprogramm des Themistokles vorangetrieben hat. Anschließend widmen sich zwei Kapitel (7 und 8) den Entwicklungen des Xerxes-Feldzuges. Auf griechischer Seite verdient die Bildung des Hellenenbundes besonderes Interesse, weil das Vertragswerk mit panhellenischen Parolen operiert und gleichzeitig eine scharfe Trennung gegenüber den perserfreundlichen Griechen vornimmt. Eingespannt in die Analyse der politischen und militärischen Ereignisse (Schlachten bei den Thermopylen, Salamis) ist ein Kapitel (9), das sich mit der Frage beschäftigt, wie man mit den Zahlenangaben der Quellen zumal im Hinblick auf die Größe des Xerxes-Heeres umgehen kann und mit welchen Mitteln man zu einer Annäherung an die realen Größen gelangt. Der vorletzte inhaltliche Block (Kap. 10 und 11) konzentriert sich auf den mit den Schlachten von Plataiai und Mykale eingeleiteten Übergang der griechischen Operationen von der Defensive in die Offensive gegen die in der Ägäis verbliebenen persischen Stützpunkte sowie weiter im Osten (Zypern). Diese letzte Phase ist geprägt durch den Wechsel der militärischen Führung (Hegemonie) von den Spartanern auf die Athener, die Bildung des Delisch-Attischen Seebundes und die Ausweitung der Flottenunternehmungen unter Kimon bis nach

Ägypten und die levantinische Küste. Sie bildete in dieser Hinsicht bereits den Übergang in die Zeit des innergriechischen Antagonismus der von Sparta und Athen beherrschten Bündnissysteme, die in den Peloponnesischen Krieg mündete und die unmittelbare Konfrontation mit den Persern für ein halbes Jahrhundert aussetzte. Es ist aber auch die Zeit, in der die Deutung der Ereignisse durch Aischylos, Simonides (Kap. 12) und Herodot in den Sog innergriechischer Konkurrenzkämpfe gerät und auf athenischer Seite eingesetzt wird, um eigene Machtansprüche zu rechtfertigen. Welche Suggestivkraft die in der Antike entwickelten Muster besaßen, zeigt Kapitel 13 über die Rezeption der Perserkriege bis in die Neuzeit. Gleichzeitig kann hiermit gezeigt werden, weshalb auch die Forschung zu den Perserkriegen lange so stark aus der griechischen Perspektive argumentierte. Eng verbunden mit diesem Versuch einer objektiven Einschätzung der Perserkriege – auch das zeigt die Rezeptionsgeschichte – ist die Frage, welche Ziele die Perser eigentlich verfolgten und was geschehen wäre, wenn sie ihre Ziele in Griechenland erreicht hätten. Der letztere Frageteil gehört zu einem Verfahren, das man als kontrafaktische Geschichte bezeichnet und das zunehmend Interesse auch unter den Fachhistorikern gewinnt. Angesichts der historischen Folgewirkung, welche die Zeitgenossen und die späteren Generationen bis heute den Perserkriegen zumaßen und zumessen, bietet es sich an, diese Frage abschließend (Kap. 14) auf den Ausgang der Perserkriege anzuwenden. Sie eröffnet auch die Möglichkeit, Inhalt und Erkenntnisse der vorangegangenen Kapitel noch einmal pointiert zu durchdenken und zu einer ausgewogenen Gesamteinschätzung der Epoche zu gelangen.

2.6 Weiterführende Literatur

A. Heuß, *Hellas*, in: G. Mann/A. Heuß (Hg.), *Weltgeschichte. Eine Universalgeschichte*, Bd. 3: Griechenland. Die hellenistische Welt, Frankfurt am Main/Berlin 1979, S. 69–400 (*Klassische Darstellung, die wegen ihres klaren Zugriffs und ihrer souveränen gedanklichen Durchdringung immer noch lehrreich und inspirierend ist*).

M. Waters, *Ancient Persia. A Concise History of the Achaemenid Empire 550–330 BCE*, Cambridge 2014 (*Instruktiver und problemorientierter Überblick, der auch auf knappen Raum moderne Forschungskontroversen präsentiert*).

2.6 Weiterführende Literatur:

J. Wiesehöfer, *Das antike Persien. Von 550 v. Chr. bis 650 n.Chr.*, Neuaufl. Düsseldorf/Zürich 1998 (*Standardwerk aus der Feder eines Kenners der Persischen Geschichte, der mit vielen Klischees und Legenden aufräumt*).

W. Will, *Die Perserkriege*, München 2010 (*Einführender Überblick mit originellen Interpretationen. Der Analyse der militärischen Ereignisse wird programmatisch (s. S. 9) nur geringes Gewicht eingeräumt*).

3 Das Persische Reich – Entstehung, Entwicklung, Struktur

Abb. 1: Bildrelief vom Grab des Dareios I. in Naqsh-i Rustam.

6 km von den Ruinen der persischen Residenz Persepolis entfernt liegt die Grabanlage der persischen Könige. In schwindelerregender Höhe von rund 23 m sind drei kreuzförmige Monumentalgräber in die steile Felswand am Rand eines Plateaus eingehauen. Eines davon ist durch Inschriften Dareios I. zugewiesen, unter dessen Regentschaft das Reich in den 20er Jahren des 6. Jahrhunderts v. Chr. seine größte Ausdehnung erlebte (vgl. Abb. 2). Eine Tür führt in das heute leere Grabgewölbe. Über der mit Säulen geschmück-

ten, an die Palastfassade von Persepolis erinnernden Eingangsfront zeigt ein monumentales Felsbild den König auf einer von den Repräsentanten untertäniger Völker getragenen Plattform mit einer Geste, die auf eine andere, über dem Boden schwebende Figur gerichtet ist. Manche Forscher sehen in ihr den „Reichsgott" Ahura Mazda. Was wollte der Herrscher hiermit ausdrücken und was wissen wir über die Entstehung, Grundlagen und außenpolitischen Ziele der ersten Supermacht der Antike, die auch die griechische Geschichte so nachhaltig bestimmen sollte?

3.1 Der Orient als Wiege großer Reiche und territorialer Machtkämpfe

Der Vordere Orient gilt als Wiege von Schrift, städtischer Zivilisation und großen Reichen. Begünstigt durch die fruchtbaren Ebenen des Zweistromlandes sowie die regen-, tier- und pflanzenreichen Bergregionen sammelten sich früh menschliche Gemeinschaften in urbanen Zentren, die ihrerseits Ausgangspunkt territorialer Machterweiterung unter ehrgeizigen Regenten und den von ihnen begründeten Dynastien wurden. Erstmals gelang es im 3. Jahrtausend v. Chr. den Herrschern von Akkad (Agade), ein Reich zu formen, das ganz Mesopotamien umfasste und bis ans Mittelmeer (Levante) reichte. Etwa gleichzeitig entstand im Nildelta das altägyptische Reich der Pharaonen. Rund 500 Jahre später konnten die Hethiter von ihrer Hauptstadt Chattusa aus große Teile Anatoliens unter Kontrolle bringen, während im Zweistromland das Reich von Akkad den Territorialherrschaften der babylonischen Könige (deren berühmtester Hammurapi war) sowie den Reichen von Assur (im Norden) und Elam (im Südwesten des heutigen Iran) weichen musste. Zwischen diesen großen Herrschaftszentren konnten sich zahlreiche lokale Fürstentümer und mehr oder weniger unabhängige Stadtstaaten behaupten. Im 2. Jahrtausend glich so der Vordere Orient einem Flickenteppich großer und kleiner Mächte, die sich freilich nicht dauernd bekriegten, sondern ihre Lage an den großen Handelsrouten auch zu einer wirtschaftlichen Prosperität nutzten, welche die der nomadischen und urbanen Nachbarräume übertraf. Dies schlug sich in glanzvollen Residenzstädten und Palastanlagen der Herrscher, ihren Bibliotheken und großzügig geförderten Tempelbauten nieder; es spiegelte sich in der großen Bevölkerungskon-

Reichsbildungen

Paläste und Residenzen

zentration in den Städten und Residenzen sowie der Fähigkeit der Regenten, ihre Untertanen mit Nahrung und Arbeit zu versorgen. Wie stark der Glanz der vorderasiatischen Herrschaften selbst über das Meer ausstrahlte, zeigt die Tatsache, dass sich auch die minoische Kultur auf Kreta, sehr wahrscheinlich aber auch die mykenischen Paläste in Griechenland, an ihnen orientierten und im 2. Jahrtausend v. Chr. einen integralen Teil einer bronzezeitlichen Welt bildeten, die durch Handel, Diplomatie und die Art der Herrschaftsorganisation verbunden war.

Gefahren drohten diesem Konglomerat miteinander konkurrierender und kooperierender Mächte bezeichnenderweise nicht nur durch ehrgeizige Herrscher, sondern vor allem durch Angriffe von außen: von nomadischen Stämmen aus dem Norden und Nordosten und gegen Ende des 2. Jahrtausends auch von Bevölkerungsgruppen aus dem Westen, die sich in die reichen Gebiete des Vorderen Orients aufmachten, um als Piraten, Söldner, Plünderer und Eroberer reich zu werden. Um 1200 führte eine letzte große Welle solcher Eindringlinge, gegen deren Mobilität sich die Landarmeen der Großreiche nur schwer wehren konnten, zusammen mit selbstgemachten Problemen (der Getreideversorgung) sowie dem durch Steuerdruck forcierten Unmut der eigenen Bevölkerung zu einer Umwälzung der machtpolitischen Verhältnisse. Ihr fielen unter anderem die mykenischen Palastherrschaften in Griechenland und das Großreich der Hethiter sowie zahlreiche levantinische Fürstentümer zum Opfer. Zu Beginn des neuen Jahrtausends hatten sich an den ostmediterranen Küsten die Phöniker und die Philister teilweise unabhängig, teilweise als Erben der westlichen Angreifer etabliert. Im Süden hielt sich das geschwächte Pharaonenreich und im nordmesopotamischen Raum sammelten die Herrscher von Assur ihre Kräfte, um gegen Babylon und die übrigen Kleinfürstentümer endlich den Traum einer zusammenhängenden Territorialherrschaft zu verwirklichen, die von der Levante und Ostanatolien bis zum Zweistromland reichte. Im 8. Jahrhundert war es soweit: Die Assyrer wurden zur ersten Supermacht der antiken Welt, die fast den gesamten Bogen von der südlichen Levante über die Quellgebiete von Euphrat und Tigris bis zum Persischen Golf unter einer Herrschaft vereinten; ihnen mussten auch die phönikischen Küstenstädte Gehorsam leisten; das hebräische Nordreich Israel wurde zerstört, und auch die sich etablierenden griechischen

Angriffe von außen

Assyrer

Stadtstaaten des Ägäisraumes waren sich der machtpolitischen Bedeutung des Neuassyrischen Reiches wohl bewusst.

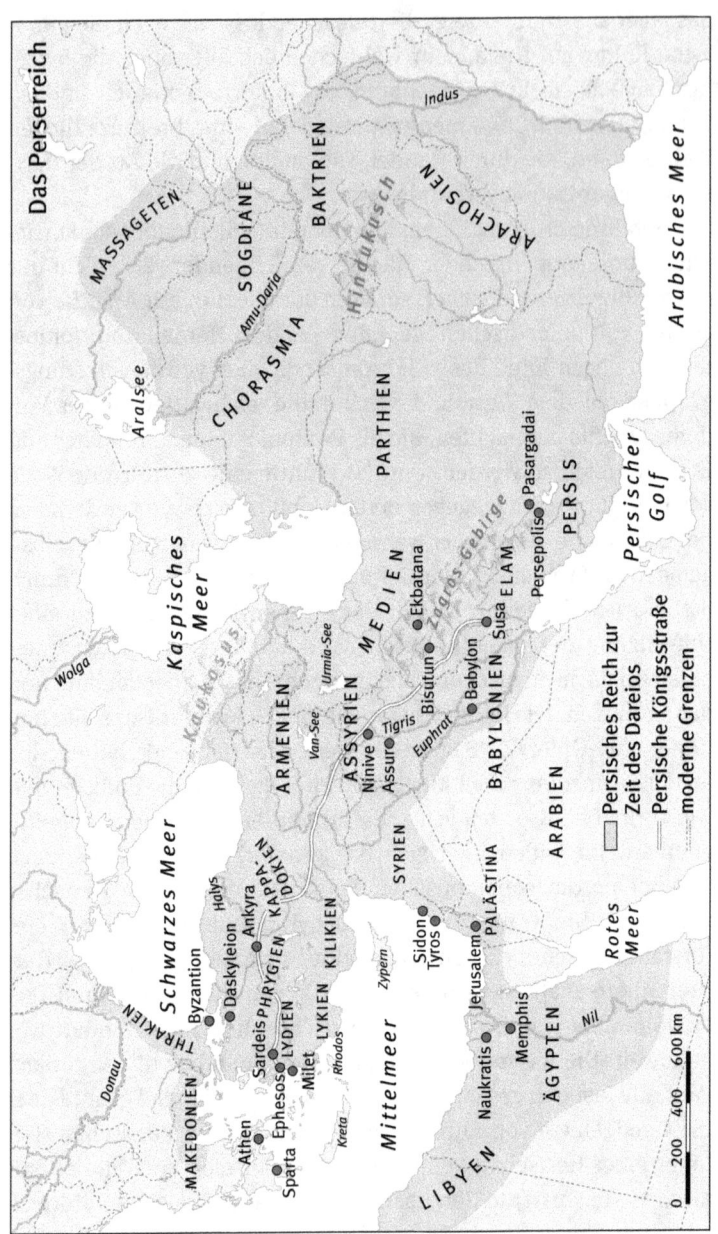

Abb. 2: Das Perserreich unter Dareios I.

3.2 Der Aufstieg der Könige von Anschan und die Begründung des persischen Weltreiches

Doch schon bald setzten die bekannten Mechanismen der vorderasiatischen Machtdynamik wieder ein. Babylon wehrte sich gegen die assyrische Aggression und konnte um 614 v. Chr. zusammen mit den Medern, einer für ihren Pferdereichtum bekannten Konföderation mehrerer Gruppen aus dem Bereich des westlichen Iran, Assur erobern und das assyrische Reich von der Landkarte der Geschichte tilgen. Ob die Meder danach auf dem Status einer lockeren Stammeskonföderation verharrten oder selbst ein Territorialreich bilden konnten, das bis an die Grenze des Lyderreiches in Westkleinasien reichte, ist umstritten. Denn der Prozess der „Reichsbildung" wird ausschließlich bei Herodot beschrieben, dagegen gibt es nur spärliche Informationen aus dem Vorderen Orient (Schmidt-Hofner 2016, S. 25; Fischer 2013, S. 39). Entscheidend ist, dass mit den Medern halbnomadische Lebens- und Kriegsformen in das von stadtstaatlichen und agrarischen Strukturen bestimmte Zweistromland hineingetragen wurden, die neue Chancen schneller militärischer Eroberungen eröffneten. Sie nutzte ein Mann namens Kyros aus dem Haus der Teispiden, die als „Könige von Anschan" ursprünglich wohl unter der Oberhoheit des Reiches von Elam (mit der Hauptstadt Susa) in der Landschaft *Pārsa* (gr. *Persis*) im südlichen Zagros-Gebirge gestanden hatten, aber seit der Mitte des 7. Jahrhunderts (unter Kuras; wahrscheinlich Kyros I.) unabhängig geworden waren (Rollinger 2014, S. 150; Schmidt-Hofner 2016, S. 25).

Die Könige von Anschan

Gegen Ende der 550er Jahre konnte Kyros II. den Anführer der medischen Konföderation Astyages besiegen und dessen Hauptstadt Ekbatana (Hamadan) einnehmen sowie große Teile der medischen Gebiete unter Kontrolle bringen. Ausgestattet mit den militärischen und materiellen Ressourcen seiner Heimat und der kampferprobten Meder setzte er zu einem atemberaubenden Eroberungszug an, dem zunächst das Reich von Urartu im östlichen Anatolien (Ende der 540er Jahre) und dann das Lyderreich im westlichen Kleinasien mit der Hauptstadt Sardes zum Opfer fielen (Rollinger 2006, S. 41 f.; Wiesehöfer 2006c, S. 21; Waters 2014, 40). Ein Aufstand der Lyder unter Paktyes endete mit der endgültigen Unterwerfung Westkleinasiens und der Eingliederung der griechischen Küstenstädte. 539 fiel Babylon kampflos in die Hände der Perser. Nimmt man die Eroberung großer Teile Ostirans und Zen-

Eroberungen des Kyros und Kambyses

tralasiens sowie der zwischen Lydien und Babylonien liegenden Gebiete zumal im Norden und in der Levante hinzu, so hatte Kyros in etwas mehr als zehn Jahren weit mehr erreicht als alle Herrscher vor ihm. Nach Kyros' Tod auf einem Feldzug im Norden eroberte sein Sohn Kambyses auch noch Zypern und Ägypten, erzwang die Anerkennung Kyrenes an der nordafrikanischen Küste weiter westlich und dehnte wahrscheinlich den persischen Einfluss zeitweise bis in das nördliche Arabien und den Sudan aus. Die „Könige von Anschan" hatten ein Reich erobert, das alle Dimensionen und vertrauten Grenzen sprengte, mit der Einverleibung Zyperns und der phönikischen Städte nun nicht mehr nur Land-, sondern auch Seemacht geworden war. Die Griechen im (noch) fernen Westen nannten die Eroberer Meder oder Perser (nach der Landschaft *Pārsa*) und wie so vieles hat sich von hier aus unser heute gängiger Begriff des Perserreichs als des ersten Weltreichs der Geschichte bewahrt.

3.3 Dareios und die Herrschaft der Achaimeniden

Das Perserreich bildete in mehrfacher Hinsicht einen Wendepunkt in der Geschichte Vorderasiens. Es knüpfte zwar an die alte Tradition expansiver Reichsbildungen an, setzte aber gleichzeitig deren Regeln außer Kraft, und zwar nicht nur, weil es Territorien von bisher nicht bekanntem Ausmaß umfasste und seine Herrschaft auf die angrenzenden Meere ausdehnte, sondern weil es diese Herrschaft entgegen aller bisherigen Erfahrung über einen langen Zeitraum von über 200 Jahren wahren konnte. Niemals vorher und nur noch zweimal und auch nicht vollständig im weiteren Verlauf der Geschichte – nämlich unter Alexander und den arabischen Nachfolgern Mohameds – hat ein einzelnes Herrscherhaus über ein zusammenhängendes Territorium verfügt, das von der Ägäis bis (zeitweise) zum Indus und von Ägypten und Nordarabien bis nach Zentralasien reichte.

Günstige Rahmenbedingungen

Ein Grund für diese außergewöhnlich stabile Machtentfaltung und -bewahrung liegt zum einen in einer günstigen außenpolitischen Gesamtlage, die manche Parallelen mit dem Aufstieg des Imperium Romanum rund 300 Jahre später aufweist. Einerseits war es Kyros und seinen Nachfolgern gelungen, eine durch die Jahrhunderte langen Machtkämpfe erschöpfte Staatenwelt zum rechten

Zeitpunkt zu überrennen und einer einheitlichen Herrschaft unterzuordnen, die auf ein Ende der zermürbenden und ressourcenverschlingenden Dauerkonkurrenz hoffen ließ. Auf der anderen Seite gab es nirgendwo Angreifer, die sich, von außen kommend, zu ernsten Widersachen der Perser aufschwingen konnten und den Bestand des Reiches gefährdet hätten. Weder die Griechen im Westen noch die Skythen und Massageten im Norden oder die Inder im Osten und die Araber besaßen die strukturellen Voraussetzungen, die Fähigkeit und den Willen, persische Gebiete dauerhaft zu erobern und in die Fußstapfen orientalischer Großreiche zu treten. Es handelte sich um kleinere Stadtstaaten oder um nomadische und halbnomadische Stämme, die zwar auch von Raub und Plünderung lebten, aber viel mehr von den Chancen profitierten, die ein politisch geeinter und militärisch geschützter Herrschaftsraum und die wachsenden Bedürfnisse der königlichen Residenzen boten (vgl. Rollinger 2014, S. 152 f. zur Stabilität des Perserreiches).

Gefahren drohten dem Perserreich nur aus seinem Inneren: Sie erwuchsen aus Aufständen von Reichsteilen, die wie Ägypten und Babylonien auf eine stolze Tradition eigener Herrschaftsbildung zurückblicken konnten, und/oder – wie so häufig in monarchischen Territorialstaaten – aus Streitigkeiten und konkurrierenden Thronansprüchen innerhalb des Herrscherhauses und schließlich aus der Tatsache, dass die Eroberungen der Teispiden einfach zu schnell erfolgten und zu wenig Zeit zur inneren Konsolidierung ließen. Diese Gefahrenpotentiale verdichteten sich nach der Eroberung Ägyptens 529 v. Chr. durch Kambyses. Während der König dabei war, das Land durch die Heirat mit einer einheimischen Prinzessin und die Förderung der ägyptischen Kulte enger an die Reichszentrale anzubinden und mit der neuen Herrschaft auszusöhnen, kam es in den persischen Zentrallanden zu Thronstreitigkeiten und Usurpationsversuchen, an denen wohl ursprünglich auch der Bruder des Kambyses namens Bardiya (von Herodot Smerdis genannt) beteiligt war. Kambyses eilte zurück ins Zweistromland, starb dabei aber im Jahre 522. Sein Tod riss fast das gesamte Reich in einen Bürgerkrieg, den einige Reichsteile wie Medien und Babylon dazu nutzten, sich von der persischen Herrschaft zu befreien (Rollinger 2014, S. 149).

Gefahren im Inneren

Die Rolle der einzelnen Akteure und die Hintergründe der Machtkämpfe um den Thron sind bis heute hochumstritten. Die Rekonstruktion ist deshalb so schwierig, weil die viel spätere griechische Überlieferung (Herodot) nicht mit den babylonischen und

Bürgerkrieg

persischen Quellen in Deckung zu bringen ist und man den offiziellen Verlautbarungen des späteren Siegers tendenziöse Verzerrungen der Ereignisse unterstellen muss (Rollinger 2005). Vieles spricht immerhin dafür, dass die eigentliche Ursache der Spannungen in der finanziellen und militärischen Belastung zu suchen ist, die der Feldzug des Kambyses und insbesondere der für altorientalische Imperien ungewöhnliche Flottenbau für die Untertanen des so schnell gewachsenen Reiches bedeutete (Wiesehöfer 2006c, S. 22 f.; 2007b, S. 33). Das Ansehen des Eroberers von Ägypten dürfte zudem darunter gelitten haben, dass er seinen angeblich nach dem Thron strebenden Bruder ermorden ließ; wahrscheinlich hatte es Kambyses (und vielleicht schon Kyros) auch versäumt, die Reichseliten hinreichend in seine imperialen Ziele einzubinden. Die Entwicklung der auf Stammesfamilien basierenden inneren Struktur des Reiches hatte mit der Schnelligkeit der Expansion einfach nicht Schritt gehalten.

Aufstieg des Dareios

Den allgemeinen Unmut innerhalb der Bevölkerung und der persischen Stammesaristokratie nutzte ein wahrscheinlich von Kambyses in der Persis installierter medischer Mager (Priester), um zunächst die Untertanen durch populäre Maßnahmen auf seine Seite zu bringen und selbst den Thron zu besteigen. Ihm trat nach dem Tod des Kambyses eine Gruppe um den persönlichen Lanzenträger des Königs namens Dareios aus dem hochadligen Hause der Achaimeniden entgegen. Dareios konnte sich schließlich durchsetzen und das Reich nach weiteren Kämpfen gegen rebellierende Gebiete aus seiner bis dahin gefährlichsten Agonie befreien.

Mit Dareios hatte sich nun allerdings selbst ein Usurpator zum Großkönig erhoben, der seine Herrschaft letztlich dem militärischen Erfolg in einem großen Bürgerkrieg und dem Umstand zu verdanken hatte, dass die regierende Dynastie durch den Thronanspruch des Bruders geschwächt war. Die Situation ähnelt dem Aufstieg des Augustus. Wie dieser brauchte Dareios überzeugende Legitimationsformeln, um seine auf dem Schlachtfeld errungene Herrschaft zu rechtfertigen und dauerhaft zu sichern. Er fand sie zunächst darin, dass er gewissermaßen den Spieß umdrehte und seine Gegner im Kampf um den Thron als „Lügenkönige", d. h. als illegitime Thronanwärter, brandmarkte und im Gegenzug den Familienstammbaum seiner eigenen Familie der Achaimeniden mit der Linie der Teispiden (des Kyros) genealogisch zu verbinden suchte. Um die Bande sichtbar und unwiderruflich zu machen, heiratete er Atossa, eine Tochter des Kyros und Witwe des Kambyses (Wiesehöfer 2006c, S. 22; Rollinger 2006, S. 48). Die Anbindung an die großen Könige der Teispiden bedeutete aber auch, dass er sich an deren Erfolgen messen lassen musste. Deshalb führte Dareios nach der Etablierung seiner Herrschaft die Expansionserfolge des Kambyses und Kyros weiter und dehnte sie über die von ihnen erreichten „Weltgrenzen" in das Gebiet jenseits des Bosporus (und über die Donau) sowie in das Industal aus (ähnliches tat später Augustus in Germanien). Um dabei nicht erneut Spannungen mit der Stammesaristokratie heraufzubeschwören und die unter den Kriegslasten stöhnende Bevölkerung mit seiner Herrschaft auszusöhnen, förderte er einen den Achaimeniden loyalen, „persisch" dominierten Reichsadel, teilte das Reich in regionale Teilgebiete unter jeweils vom König eingesetzten „Statthaltern" (Satrapen) ein und reorganisierte die Finanzverwaltung. Die Bürgerkriegsgegner des Dareios hatten offenbar auch deshalb so viele Anhänger gefunden, weil sie zeitweise die Tributleistungen aussetzten. Dareios ließ daraufhin das Abgabensystem auf der Grundlage genauerer (und gerechterer) Erfassungen des Bodenbesitzes (Kataster) berechnen und suchte die Einnahmen zu steigern, indem er den jeweiligen Satrapen die Eintreibung der Tribute überantwortete und weitere Finanzquellen z. B. im Bereich der Zollerhebung erschloss, welche die Landbevölkerung nicht unmittelbar belastete. Gleichzeitig suchte er den Handel durch den Ausbau des Straßenwesens, die Anlage von Raststätten und Wachposten zum Schutz gegen das Räuberwesen zu fördern (Wiesehöfer 2007b, S. 33). Die Einführung einer neuen Goldmünze mit dem Portrait des Dareios (Dareikos) dürfte nicht nur der herrschaftlichen Selbstdarstellung, sondern auch der Stabilisierung von Währung und Wirtschaft gedient haben.

Außenpolitik und Maßnahmen im Inneren

3.4 Universaler Herrschaftsanspruch und außenpolitische Ziele

Der prachtvolle Ausbau der achaimenidischen Reichsresidenzen Susa und Persepolis begleitete die innere Konsolidierung und äußere Expansion. Sie waren steinerner Ausdruck einer ideologischen Reichskonzeption, die dem so schnell gewachsenen, ethnisch und kulturell heterogenen Herrschaftsraum und seiner eigenen Regentschaft gleichermaßen das „ideelle" Fundament

Ausbau der Residenzen

verschaffte. Erinnert auch diese letzte Maßnahme frappierend an die Pax Augusta der beginnenden römischen Kaiserzeit, so hat Dareios darüber hinaus eines erreicht, um das sich Augustus letztlich vergeblich bemühen sollte: Ihm gelang als Achaimenide die Begründung eines Herrscherhauses, das bis zum Ende des Perserreiches (im letzten Drittel des 4. Jahrhundert) unangefochten und ununterbrochen regierte. Dareios wurde so zum zweiten Gründer des Weltreiches und neben Kyros zum großen Vorbild universaler Herrschaft, eine Tatsache, die auch die Griechen im Westen tief beeindruckte.

Königsinschriften

Dargestellt hat Dareios seine Herrschafts- und Reichskonzeption auf mehreren monumentalen Inschriften sowie begleitenden bildlichen Darstellungen: Die berühmtesten sind der kurz nach der Machtergreifung entstandene dreisprachige „Tatenbericht" am Felsen von Bisutun (Behistun) (= DB, Quelle 3.5.1) und die Inschrift mit den jeweils dazu gehörigen großflächigen Bildreliefs an der Fassade der königlichen Grabanlage in Naqs-i Rustam bei Persepolis. Während Erstere die Erfolge des Dareios gegen die (als „Lügenkönige" bezeichneten) Kontrahenten um den Königsthron im Sinne des Siegers vorstellen und den Herrschaftsanspruch des neuen, aber „rechtmäßigen" Großkönigs erklären, also noch ganz der Bürgerkriegssituation verhaftet sind, zeigt das Relief an der Grabfassade den Großkönig als etablierten Herrscher über sein Weltreich. In beiden Inschriften beruft sich Dareios auf den „großen Gott Ahuramazda", der ihn zunächst zum König und Sieger über die „Lügenkönige" (DB § 13–14) und dann als König der Könige (Naqs-i Rustam) zum Universalherrscher „auf dieser großen Erde weithin" (Naqs-i Rustam § 2, Quelle 3.5.2) bestimmt habe. Auf die Aufzählung der untertänigen (= Tribut bringenden) Völker (ähnlich Bisutun col I, § 6) folgt am Ende noch einmal die Versicherung, dass Ahuramazda ihm, d. h. Dareios, die in Aufruhr geratene Erde (damit sind die durch die Lügenkönige entfachten Bürgerkriege gemeint) verliehen und Dareios diese dann wieder an seinen rechten Platz gesetzt habe.

Außenpolitik und Herrschaftsverständnis

Doch was kann man aus diesen offiziellen Zeugnissen über die außenpolitischen Ziele und das imperiale Selbstverständnis der Achaimeniden ableiten? Strebten sie wirklich nach einer Herrschaft über die Welt und muss man den Auftrag des Ahuramazda so verstehen, dass er Dareios dazu verpflichtet, durch fortlaufende Eroberung „die ganze Welt im Sinne einer gottgewollten Ordnung unter der Pax Persica zu einen" (Schmidt-Hofner 2016, S. 32)? Oder ist das eine Überinterpretation, die sich zu leichtgläubig auf das Zeugnis Herodots stützt, der behauptet, der Sohn des Xerxes habe nach einem Reich gestrebt, „das an Gottes Himmel grenzt" (Hdt. 7,8) und der möglicherweise ein Weltmachtstreben der Perser konstruierte, um den heroischen Abwehrkampf der Griechen in ein umso glanzvolleres Licht zu tauchen? Tatsächlich sprechen die offiziellen Dokumente nirgendwo explizit von einer göttlich geforderten Eroberung bisher nicht unterworfener Gebiete (Wiesehöfer 2007, S. 39), wie überhaupt der Duktus der Inschriften und die bildlichen Darstellungen weitgehend frei sind von dem triumphalen Stolz, fremde Völker besiegt, erniedrigt und bestraft zu haben, wie man es z. B. von den assyrischen Siegesreliefs her kennt (Waters 2014, S. 24). Die Bisutun-Inschrift listet in ihrem Hauptteil nur die 19 Schlachtenerfolge gegen die „Lügenkönige" auf, also gegen innerpersische Gegner, die durch ihre „erlogenen" Ansprüche auf den Thron die Welt in Aufruhr versetzt und die Ordnung des Reiches ins Wanken gebracht hatten. Dagegen sollen die auf den Inschriften genannten und in den Bildreliefs dargestellten Völker zwar einerseits den universalen Herrschaftsanspruch des Großkönigs dokumentieren, andererseits aber auch dessen Rolle als fürsorglicher Herrscher über die Völker, die bereits fester Bestandteil des Reiches sind (Wiesehöfer 2007b, S. 31). Indem er ihnen Frieden und Wohlstand bringt, sichert er sich ihre Loyalität und garantiert so nicht nur die Stabilität seines Reiches, sondern auch die (wiederhergestellte) Ordnung der Welt. Die Völker des Reiches tragen im wahrsten Sinne des Wortes – wie es das Bildrelief von Naqs-i Rustam zeigt sowie ein vergleichbares Relief einer Nordtür im Hundert-Säulen-Saal von Persepolis andeutet (Koch 2000, S. 140 f.) – den Perserkönig und seine Verbindung mit Ahuramazda. Wenn ihre Delegationen sich zur Audienz versammeln, ihre Gaben präsentieren und mit ihren Fertigkeiten und Rohstoffen zum Bau der Residenzen beitragen, dann tun sie das nach Aussage der großen Treppenreliefs von Persepolis nicht als erniedrigte Gefangene oder Unterworfene (wie dies in der assyrischen Kunst gezeigt wird), sondern freudig und als freie Männer (mit ihren Waffen! Vgl. Koch 2000, S. 120). Sie werden so zum integralen Bestandteil dieser Ordnung. Der Palast des Großkönigs ist Stein gewordener Beweis für die Kooperation zwischen Herrscher und Untertanen sowie gleichzeitig „Abbild des Reiches und damit der Welt" (R. Rollinger).

Völker des Reiches

Ein saturiertes Weltreich? Sind das nicht alles Zeugnisse für ein „saturiertes" Weltreich, das keine weiteren Eroberungen mehr benötigt, weil es aus seiner Sicht bereits alles erobert hat und nur dann über die Grenzen hinaus expandieren muss, wenn die von ihr garantierte Stabilität der Weltordnung gefährdet ist? Oder ist es an sich falsch, die reale Außen- und Militärpolitik, die sich ja immer auch an situativen Erfordernissen orientieren muss, an ideologischen Vorgaben zu messen? Antworten hierauf kann nur die Analyse der tatsächlichen Ereignisse geben, die schließlich auch die Griechen zu Kriegsgegnern des Perserreichs werden ließ.

3.5 Quellen und Vertiefung

3.5.1 Felsinschrift des Dareios I. unter und neben dem Relief von Bisutun (DB)

(altpersischer Teil. Übers. Schmitt 2009, S. 38–40; Copyright Dr. Ludwig Reichert Verlag Wiesbaden) § 5–8

§ 5 A Es kündet Dareios, der König:
    B Nach dem Willen Ahuramazdas
    C bin ich König;
    D Ahuramazda hat die Herrschaft mir verliehen.

§ 6 A Es kündet Dareios, der König:
    B Dies (sind) die Länder,
    C die mir zukamen/zuteil wurden;
    D Nach dem Willen Ahuramazdas
    E war ich ihr König;
    F Persien, Elam, Babylonien,
    G Assyrien, Arabien, Ägypten,
    H (die Völker) die am Meer (wohnen),
    I Lydien, Ionien, Medien, Armenien, Kappadokien,
    J Parthien, Drangiana, Areia, Chorasmien,
    K Baktrien, Sogdien, Gandara, Sakien,
    L Sattagydien, Arachosien, Mekran,
    M im ganzen 23 Länder.

§ 8 A Es kündet Dareios, der König:
    B In diesen Ländern –
    C der Mann, der loyal war,
    D den habe ich gut behandelt;

E	der treulos war,
F	den habe ich streng bestraft.
G	Nach dem Willen Ahuramazdas
H	haben diese Länder
I	mein Gesetz befolgt;
J	wie ihnen von mir gesagt wurde,
K	so pflegten sie zu tun.

3.5.2 Inschrift am Grab des Dareios bei Naqs-i Rustam (DNa DNb)

(altpersischer Teil. Übers. Schmitt 2009, S. 100–111; Copyright Dr. Ludwig Reichert Verlag Wiesbaden) DNa § 2–4, 6, DNb § 1–6, 11–12.

DNa § 2

A	Ich (bin) Dareios,
B	der große König,
C	der König der Könige,
D	König der Länder mit allen Stämmen,
E	König auf dieser großen Erde auch weithin,
F	des Hystaspes Sohn,
G	ein Archaimenide,
H	ein Perser (und) Sohn eines Persers,
I	ein Arier (Iranier), von arischer Abstammung.

§ 3

A	Es kündet Dareios, der König:
B	Nach dem Willen Ahuramazdas, –
C	dies (sind) die Länder,
D	die ich in Besitz genommen habe
E	außerhalb von Persien; (...)
G	mir brachten sie Tribut;
H	was ihnen von mir gesagt worden ist,
I	das taten sie;
F	das Gesetz, das mein (von mir) (ist), –
K	das hielt sie (fest):
L	Medien, Elam, Parthien, Areia,
M	Baktrien, Sogdien, Chorasmien,
N	Drangiana, Arachosien, Sattagydien,
O	Gandara, Indien, die amyrgischen Saken,
P	die spitzmützigen Saken,
Q	Babylonien, Assyrien,
R	Arabien, Ägypten,

S	Armenien, Kappadokien, Lydien,
T	Ionien, die Saken jenseits des Meeres,
U	Thrakien, die schildtragenden Griechen,
V	die Libyer, Nubier, Mekraner, Karer.

§ 4

F	ich bin König.
G	Nach dem Willen Ahuramazdas
H	habe ich sie (wieder) an den (rechten) Platz gesetzt;
I	was ich ihnen sagte,
J	das taten sie,
K	wie es mein Wunsch war.
L	Wenn du nun überlegen solltest:
M	„Wie viele (sind) jene Länder,
N	die Dareios, der König, in Besitz hatte?",
O	(so) betrachte die Abbilder (Stützfiguren),
P	die das Throngestell tragen;
Q	da wirst du erkennen,
R	da wird dir bewußt werden:
S	„Des persischen Mannes Lanze ist weit in die Ferne hinausgegangen";
T	da wird dir bewußt werden:
U	„Der persische Mann hat fernab von Persien
V	den Feind zurückgeschlagen."

§ 6

A	Mann!
B	Das Gebot Ahuramazdas, –
C	das erscheine dir nicht übel!
D	Den rechten Weg verlasse nicht!
E	Widersetze dich nicht!

DNb § 1

A	Der große Gott (ist) Ahuramazda,
B	der dieses Wundervolle erschaffen hat, das zu sehen ist,
C	der das Glück erschaffen hat für den Menschen,
D	der Geisteskraft und Tüchtigkeit
E	auf Dareios, den König, herniedergelassen hat.

§ 2

B	Nach dem Willen Ahuramazdas
C	bin ich solcherart,
D	daß ich dem Recht(en) freund bin,
E	dem Unrecht(en) (aber) nicht freund bin.
F	Nicht (ist) mein Wunsch,
G	daß der Schwache des Starken wegen unrecht (ungerecht) behandelt wird,

H (und) nicht (ist) dies mein Wunsch,
I daß der Starke des Schwachen wegen unrecht (ungerecht) behandelt wird.

§ 4
A Der Mann, der kooperiert, –
B gemäß der Zusammenarbeit – (so) umsorge ich ihn;
C der (aber) Schaden anrichtet, –
D gemäß dem (angerichteten) Schaden, – (so) bestrafe ich ihn.
E Nicht (ist) mein Wunsch,
F daß ein Mann Schaden anrichte;
G erst recht (ist) dies nicht mein Wunsch:
H Wenn er Schaden anrichten sollte,
I werde er nicht bestraft.

§ 5
A Was ein Mann über einen (anderen) Mann sagt,
B das überzeugt mich nicht,
C bis ich den Bericht (Aussage) beider höre.

§ 11
A Junger Mann!
B Mache (dir selbst) gar sehr bewußt,
C welcher Art du bist,
D welcher Art deine Fähigkeiten (sind),
E welcher Art dein Verhalten (ist).
F Nicht erscheine dir das am besten,
G was deinen Ohren (= dir in die Ohren) gesagt wird;
H höre auch das,
I was darüber hinaus (sonst) gesagt wird.

§ 12
A Junger Mann!
B Nicht erscheine dir das gut,
C was der xxxx macht;
D was der Schwache macht,
E auch auf das schaue!
F Junger Mann!
G Stelle dich nicht xxxx entgegen xxxx;
F ferner werde nicht vor Glück einer ohne überschäumende Rückschlagkraft!
I xxxx,
J nicht soll(en) xxxx!

3.5.3 Fragen und Anregungen

- Versuchen Sie, die Reihenfolge der in DB § 6 (Quelle 3.5.1) aufgeführten Länder zu erklären.
- Interpretieren Sie § 7 und § 8 mit Hilfe des Verfassertextes unter der Frage, warum hier Dareios so explizit und ausführlich das Verhalten der Völker beschreibt.
- Erklären Sie mit Hilfe von Wiesehöfer 1998, S. 53–55 die Herrschaftstitel des Dareios DNa § 2 (Quelle 3.5.2).
- Fassen Sie zusammen, wie Dareios sein Verhältnis gegenüber den unterworfenen Völkern sieht.
- Nennen und erklären Sie die in DNb (Quelle 3.5.2) erwähnten Eigenschaften und Verhaltensideale, an die sich Dareios orientiert. Nutzen Sie dazu die Hinweise bei Wiesehöfer 1998, S. 58 ff. und Koch 1992, S. 297 f. Was meint er und was sagt es über das Verhältnis zu den Untertanen aus, wenn es in § 12 heißt: „Junger Mann! Nicht erscheine Dir das gut, was der XXXX macht; was der Schwache macht, auch auf das schaue!"? Koch 1992, S. 298 ergänzt die Lücke XXXX mit „Mächtige".

3.5.4 Lektüreempfehlungen

Quellen   R. Schmitt, *Die altpersischen Inschriften der Achaimeniden. Editio minor mit deutscher Übersetzung*, Wiesbaden 2009 (*Maßgebliche jüngste Übersetzung der Inschriften ohne die babylonischen und elamischen Varianten und Zusätze (deshalb „editio minor") in zwei Spalten mit links dem transliterierten und rechts dem transkribierten Original und der Übersetzung. Leider ohne historischer Kommentar, der für die „Große Ausgabe" angekündigt ist*).

Forschungsliteratur   H.J. Nissen, *Geschichte Alt-Vorderasiens*, 2. Aufl. München 2012. (*Ausgezeichneter Überblick eines Kenners der Materie mit getrenntem Darstellungsteil und Forschungsüberblick, der auch die Persische Geschichte einbezieht*).

R. Rollinger, *Das teispidisch-achaimenidische Großreich. Ein ‚Imperium' avant la lettre?*, in: M. Gehler/R. Rollinger (Hg.), *Imperien und Reiche in der Weltgeschichte. Epochenübergreifende und globalhistorische Vergleiche, Teil 1: Imperien des Altertums, Mittelalterliche und frühneuzeitliche Imperien*, Wiesbaden 2014, S. 149–192. (*Souveräner Überblick über die Struktur und das imperiale Selbstverständnis des Perserreiches und seiner Herrscherdynastien*).

R. Rollinger, *Ein besonderes historisches Problem. Die Thronbesteigung des Dareios und die Frage seiner Legitimität*, in: Pracht und Prunk der Großkönige. Das Persische Weltreich. Herausgegeben vom Historischen Museum der Pfalz, Stuttgart 2006, S. 41–53 (*Vorstellung und Diskussion der Quellen und Forschungsprobleme, die mit der Usurpation des Dareios verbunden sind*).

R. Rollinger, *Dareios und Xerxes an den Rändern der Welt und die Inszenierung von Weltherrschaft. Altorientalisches bei Herodot*, in: B. Dunsch/K. Ruffing (Hg.), *Herodots Quellen. Die Quellen Herodots*, Wiesbaden 2014, S. 95–116 (*Erklärt die altorientalischen Traditionen der von Dareios und Xerxes an den Welträndern durchgeführten Ritualhandlungen und verbindet diese mit dem Anspruch auf Weltherrschaft, der aber „nicht mit dem Anspruch auf direkte Herrschaft verwechselt werden" darf*).

J. Wiesehöfer, *Der König erschließt und imaginiert sein Imperium: Persische Reichsordnung und persische Reichsbilder zur Zeit Dareios' I. (522–486)*, in: M. Rathmann (Hg.), *Wahrnehmung und Erfassung geographischer Räume in der Antike*, Mainz 2007, S. 31–40 (*Der Aufsatz beschreibt, wie die Königsinschriften – im Gegensatz zu Herodot – das eroberte Land und dessen Völker im Verhältnis zum universalen Herrscher (Dareios) konzeptionalisieren. Argumentiert dabei gegen göttlich sanktionierte Welteroberungspläne der Perser*).

J. Wiesehöfer, *Von Kyros dem Großen zu Alexander dem Großen. Eine kurze Geschichte des Achaimenidenreiches*, in: Pracht und Prunk der Großkönige. Das Persische Weltreich. Herausgegeben vom Historischen Museum der Pfalz, Stuttgart 2006, S. 21–27 (*Darstellung der Genese und Entwicklung des Perserreiches bis zur Eroberung durch Alexander auf der Höhe der Forschung und mit eigenen Interpretationen*).

4 Griechen und Perser im 6. Jahrhundert v. Chr.

4.1 Die Poliswelt am Vorabend der Perserkriege

Wie viel Jahre zählst Du, mein Bester?/ Wie alt warst Du, als der Meder kam"?
(Xen. 21 B 22 DK = 18D)

So oder ähnlich erkundigten sich griechische Aristokraten seit den 550er Jahren v. Chr. bei ihrem Gegenüber, wenn man sich in vertrauter Runde beim Weingenuss traf. Der Dichter Xenophanes, der die Frage in die lyrische Formel goss, deutet an, welchen Eindruck die Ankunft einer bis dahin unbekannten Macht in der Ägäiswelt machte. Um an vage Vertrautes anzuknüpfen, setzte man die Perser gerne mit den Medern gleich, doch jedem war schon bald klar, dass mit Kyros und seinen Nachfolgern ein Weltreich an den griechischen Siedlungsraum vorgerückt war, welches das für seinen Reichtum so bewunderte Lyderreich erobert und die vertrauten machtpolitischen Koordinaten des Nahen Ostens grundlegend verändert hatte. Wie verhielt man sich gegenüber dieser Herausforderung?

Dass es hierauf nicht eine, sondern unzählige, wechselnde und immer neu zu findende Antworten gab, zeigt eines der wesentlichen Charakteristika der griechischen Welt am Rande der großen orientalischen Reiche. Es war eine Welt ohne Monarchien und territoriale Herrschaftsbildungen, ohne glanzvolle Paläste und Reichsarmeen und ohne einen Reichsgott, auf den sich die Herrscher berufen konnten, wenn sie sich ein Weltreich eroberten. Stattdessen gab es eine Vielzahl kleiner, häufig nicht mehr als 4 000 Einwohner zählender Städte, die sich selbst regierten und auf ihre Unabhängigkeit pochten. Die Forschung hat sich deshalb daran gewöhnt, diese Gemeinden als Stadtstaaten zu bezeichnen, die Griechen selbst nannten sie Poleis (gr. Sing. *polis*). Sie waren das Ergebnis eines langen Prozesses, der bis auf die Endphase der spätbronzezeitlichen Umwälzung Ende des 2. Jahrtausends zurückreicht (vgl. Kap. 3), in der Mitte des 6. Jahrhunderts aber einen gewissen Abschluss gefunden hatte.

Sie alle hatten ähnliche gesellschaftliche Strukturen und Institutionen, die kommunale Entscheidungsprozesse ermög-

Stadtstaaten

lichten: Die Mehrzahl der Städte wurde von bäuerlichen Familien bewohnt, wie überhaupt der Ackerbau – mit ganz wenigen Ausnahmen – die Grundlage ihrer Existenz bildete. In fast allen Städten gab es eine aristokratische Oberschicht, die sich je nach Größe der Polis aus den reichsten Familien zusammensetzte und über größeren Grundbesitz verfügte. Darunter hatte sich eine recht breite Mittelschicht von Bürgern gebildet, die einen kleineren Landbesitz hatten und davon immerhin so gut leben konnten, dass sich die Männer eine teure Rüstung und Bewaffnung leisten und für ihre Stadt als Schwerbewaffneter (Hoplit) ins Feld ziehen konnten (vgl. Kap. 1). Je nach Lage der Stadt – am Meer oder mehr im Binnenland – kamen Händler, Handwerker und sonstige Spezialisten in die Poleis, die mitunter kleine Läden besaßen und ihre Fertigkeiten auf dem Markt oder am Hafen feilboten. Sie unternahmen nicht selten größere Reisen, um neue Kunden zu gewinnen oder nach besseren Verdiensten Ausschau zu halten. Am unteren Ende der sozialen Skala rangierten schließlich Menschen ohne Grundbesitz und Hauseigentum, die zwar ebenfalls das Bürgerrecht besaßen, aber meist als Tagelöhner oder saisonale Helfer bei der Landarbeit, im Hafen oder in den Werkstätten eingesetzt wurden. Von diesen wiederum sind die Sklaven zu unterscheiden, die häufig als Kriegsgefangene in den Besitz ihrer Herren gerieten und gar keine politischen Rechte hatten.

Alle in einer Stadt geborenen männlichen Einwohner konnten als Bürger zumindest passiv an den Entscheidungen ihrer Gemeinde mitwirken, indem sie zu den (meist regelmäßigen) Versammlungen des Volkes gingen, den adligen Rednern zuhörten und über die behandelten Themen abstimmten. Diese Themen wurden in der Regel von einem Gremium vorberaten. In vielen Poleis bestimmte nach wie vor der Rat der Ältesten, der von Mitgliedern der reichsten Familien besetzt wurde, die Politik. In manchen Städten hatte sich ein weiteres Gremium gebildet, in das auch nichtadlige Männer durch Wahl berufen wurden. Sie sprachen wichtige Themen und Aufgaben durch, die dann zur öffentlichen Diskussion und endgültigen Abstimmung der Volksversammlung vorgelegt wurden. Regelmäßig (meist einmal im Jahr) bestellte Funktionäre (in Athen Archonten genannt) führten die Entscheidungen aus, befehligten das militärische Aufgebot, organisierten die religiösen Zeremonien und sorgten für den ordnungsgemäßen Ablauf des politischen Lebens und seiner Institutionen.

Die griechischen Poleis waren im 6. Jahrhundert v. Chr. über weite Teile der mediterranen Küstengebiete und die Gestade des Schwarzen Meeres verteilt. Auch wenn jede zumindest formell über die drei klassischen Institutionen von Rat, Volksversammlung und Amtsträgern verfügte, so war das zwischen diesen Gremien bestehende Machtverhältnis recht unterschiedlich. Dort, wo die Adligen nach wie vor über den Rat die Politik bestimmten und sich ihre Beschlüsse durch die Volksversammlung lediglich bestätigen ließen, sprach man später (allerdings meist im abwertenden Sinne) von einer oligarchischen Verfassung; Beispiele für solche Städte mit einer politisch und wirtschaftlich dominanten Adelsschicht sind Sparta, Aigina und Korinth sowie viele in Kleinasien liegende und in den Kolonialgebieten gegründete Städte wie Syrakus oder Massilia. Gelang es dagegen, einen mit dem Adelsrat konkurrierenden „Volksrat" zu etablieren, und genoss die Redefreiheit des Bürgers in der Volksversammlung einen hohen Stellenwert, dann handelte es sich um eine isonome Ordnung (von *isonomia*, was so viel wie gleiche Verteilung der politischen Rechte bedeutet). Diese Form entwickelte sich erst im letzten Drittel des 6. Jahrhunderts vor allem im griechischen Mutterland und zum Teil in den Inselpoleis der Ägäis. Die bekanntesten Beispiele waren Athen und Eretria (auf Euböa). Schließlich gab es auch Gemeinden, in denen ein einzelner Adliger gegen den Willen seiner Standesgenossen, aber häufig mit Unterstützung verarmter und mittlerer Bauernschichten die Politik lenkte, indem er seine Verwandten in den Rat und auf wichtige städtische Amtsstellen brachte sowie opponierende Familien zur Auswanderung zwang. Diese in der Regel moderate Form der „Alleinherrschaft" nannte man (zunächst noch wertneutral) Tyrannis. Sie tauchte in verschiedenen Varianten auf der griechischen Halbinsel allerdings recht kurzzeitig auf und wird heute meist als Übergangsphase auf dem Weg in die isonome Entwicklung gedeutet; das gilt in jedem Fall für Athen. In den westlichen Kolonialgebieten konnte sie sich dagegen unter ganz anderen äußeren und inneren Bedingungen (hier gab es keine starke Hoplitenschicht) viel länger halten und auch in Kleinasien standen Tyrannen an der Spitze vieler Städte nicht zuletzt deshalb, weil sie von den Persern als direkte Ansprechpartner ihrer Herrschaft unterstützt oder sogar eingesetzt worden waren.

Marginalien: Oligarchie und Isonomie; Tyrannis

4.2 Beziehungen zu den Persern

Wenn man die Verfassungen der Poleis auf solche Typologien reduziert, so hilft das, die grundlegenden Strukturen der Politik zu ordnen und zu erkennen. In der Realität waren die Verhältnisse fluider, häufig im Übergang begriffen und selten völlig gefestigt. Allein die Entstehung von Tyranneis und die weitere Entwicklung zu isonomen Formen waren fast immer das Ergebnis adliger Machtkämpfe, die – verbunden mit dem Unmut der Bauernschaft über unfaire Gerichtsurteile und Besitzkonzentrationen – einen dauerhaften Unruheherd bildeten und häufig in gewaltsame, bürgerkriegsähnliche Konflikte zwischen mehreren Gruppen innerhalb der Polis mündeten (sog. *staseis*, Sing. *stasis*).

Staseis

Eine konsistente, langfristige Außenpolitik war unter diesen Umständen selten möglich, und entsprechend vielfältig gestalteten sich die Verbindungen, die man mit dem Perserreich pflegte. Dabei spielte natürlich immer auch die räumliche Distanz eine Rolle. So gab es an der kleinasiatischen Küste griechische Gemeinden wie jene der Phokaier (Foça), die sich der Eroberung durch Kyros nicht beugen wollten, sogar an einem Aufstand der Lyder (unter Paktyes) teilnahmen und schließlich, vertrauend auf ihre Handelsverbindungen und seemännische Erfahrung, ihre Stadt verließen und im Westen des Mittelmeerraums eine neue Heimat suchten, ohne gänzlich die Hoffnung auf Rückkehr aufzugeben. Demgegenüber hatte die Hafenstadt Milet ihre schon unter den Lydern errungene Sonderstellung in der Zeit der persischen Herrschaft – nicht zuletzt aufgrund der Unentbehrlichkeit ihres Hafens sowie ihrer Kriegs- und Handelsschiffe – hinüberretten können und erfreute sich einer beträchtlichen wirtschaftlichen Blüte unter einem perserfreundlichen Tyrannen. Andere Städte arrangierten sich ebenfalls mit dem neuen Regiment, auch wenn sie seit dem Aufbau der persischen Flotte vor dem Ägyptenfeldzug des Kambyses immer stärker für die Ziele des Großkönigs in Anspruch genommen wurden. Schließlich gab es aber auch solche Poleis wie die von Samos, deren Tyrann Polykrates ein undurchsichtiges Spiel trieb: Im Vertrauen auf die Insellage und seine berüchtigte Kaperflotte kündigte er angesichts des persischen Angriffes auf das Nilland sein Bündnis mit dem Pharao und schickte Kambyses 40 Schiffe zur Unterstützung, bemannte diese aber mit unzureichender und politisch unzuverlässiger Besatzung. Drei Jahre später wurde er nach Sardes in eine

Milet und Samos

Falle gelockt und hingerichtet. Samos und dessen Flotte gehörten ab diesem Zeitpunkt zum persischen Reich.

Welche enorme Wirkung der persische Vorstoß an die Ägäiswelt, Ägypten und (unter Dareios) die Kyrenaika an der nordafrikanischen Küste hatte, zeigt die Tatsache, dass selbst die weitentfernten Poleis Siziliens und Unteritaliens nicht unbeeinflusst blieben, auch wenn sie keine direkten politischen Kontakte pflegten oder keine persischen Angriffe zu fürchten hatten. Die Mittelmeerwelt war im 6. Jahrhundert durch ein so enges Netz von Handelsverbindungen und Kontakten zwischen den griechischen Gemeinden verbunden, dass jede Änderung an einem Ende des Netzwerkes zumindest aufmerksam verfolgt und wahrgenommen wurde. Mit dem rasanten Aufstieg des Perserreiches waren ja keineswegs nur Gefahren verbunden, vielmehr taten sich auch neue Chancen und Möglichkeiten auf, die auf unterschiedliche Weise genutzt werden konnten. So gelangte z. B. Demokedes aus der für seine Heilkunst berühmten unteritalischen Stadt Kroton über mehrere Zwischenstationen in Aigina und Athen an den königlichen Hof in Susa, wo er nach Aussage Herodots zum Leibarzt des Dareios aufstieg. Er sollte Vorbild für andere Griechen werden, die nicht nur als Ärzte in den persischen Residenzen reüssierten, sondern – einer langen Tradition folgend – im viel reicheren Osten der Welt auch als Ingenieure, Kunsthandwerker und Schiffbaumeister bessere Verdienste als in ihrer Heimat erzielten oder als Söldner und Kapitäne in den Dienst des Perserkönigs traten. Es gibt wohl kein antikes Imperium, das so aufgeschlossen war für die Fertigkeiten nichtpersischer Spezialisten aus aller Herren Länder wie das der Perser (Quellen 4.4.1–4.4.2). Natürlich schufteten an den persischen Residenzen und Satrapenhöfen auch die im Krieg verschleppten oder versklavten Menschengruppen. Doch nicht selten dürfte ihre Lage zumindest nicht schlechter, sondern immerhin sicherer und berechenbarer gewesen sein als in ihrer kargen und von den Dauerkämpfen der Adligen geschüttelten Heimat (Quelle 4.4.2). Wie offen der Perserkönig für fremde Experten war und diese auch fürstlich zu belohnen wusste, zeigt schließlich die große Zahl griechischer Exilanten, die am Königshofe zu gesuchten Ratgebern militärischer Expeditionen und diplomatischer Pläne wurden.

Marginalien: Sizilien und Unteritalien; Griechen am Perserhof

4.3 Persien als neuer Faktor im Spiel um die Macht – Athen und Sparta

Räumlich zwischen dem kleinasiatischen Siedlungsraum (Ionien) und den griechischen Kolonialgebieten des Westens lag die Poliswelt der griechischen Halbinsel. Auch für diese Gebiete hatte der Aufstieg des Perserreiches seit der Mitte des 5. Jahrhunderts insofern eine große Bedeutung, als es nicht nur das nahe und vertraute Lyderreich verdrängt hatte, sondern mit ihm auch ein neuer Faktor im innergriechischen Spiel um die Macht auftrat, der zumindest von den aufstrebenden Poleis nicht mehr zu ignorieren war.

Sparta

Sparta, die wohl ungewöhnlichste Polis des griechischen Siedlungsraums, stand in der Mitte des 6. Jahrhunderts auf dem Zenit ihrer Macht. Regiert von zwei „königlichen" Familien und einem Ältestenrat (Gerusia) hatte die Polis in teilweise langwierigen Kämpfen die Einwohner Lakoniens und Messeniens im Süden der Peloponnes zu rechtlosen Hörigen gemacht (Heloten), welche die Felder der reichen Spartiaten bewirtschafteten und ihren Herren viel Zeit für die militärische Ausbildung ihrer berühmt-berüchtigten Hoplitenphalanx ließen. Mit ihr besiegte man in den 540er Jahren die Konkurrenten Argos und die Arkader weiter im Norden und legte damit den Grundstein für die Bildung eines Bündnissystems, das zahlreiche Poleis im Bündnisfall zur Truppenstellung verpflichtete und Sparta endgültig zur unumstrittenen Führungsmacht (Hegemon) auf der Peloponnes machte (sog. Peloponnesischer Bund). Vor Kraft und Selbstbewusstsein strotzend richtete man sogar den Blick über das griechische Festland hinaus in jene Weltregionen, die mehr oder weniger zeitgleich den Aufstieg des Perserreiches erlebten.

Peloponnesischer Bund

So erbat der Lyderkönig Kroisos (reg. 560–546 v. Chr.) unmittelbar vor dem Krieg gegen Kyros ein Bündnis mit den Spartanern (Hdt. 1,69). Diese nahmen an, konnten den Lydern aber nicht rechtzeitig Hilfe zukommen lassen. Rund 20 Jahre später stach eine spartanische, durch korinthische Schiffe verstärkte Flotte in See, um die Aristokraten von Samos gegen den auf die Seite des Perserkönigs gewechselten Tyrannen Polykrates zu unterstützen (Hdt. 3,46; Welwei 2004, S. 101). Die Belagerung von Samos scheiterte zwar, doch auch den Persern muss spätestens jetzt klargeworden sein, dass sich auf der griechischen Halbinsel eine achtunggebietende

Macht entwickelt hatte, die in der Lage war, auch jenseits der Ägäis militärisch aktiv zu werden und die persische Ordnung zu stören.

Nach dem Samosunternehmen kam es jedoch – wie so häufig in der spartanischen Geschichte – zu einer Wende in der Außenpolitik, die wahrscheinlich von dem einflussreichen König Kleomenes initiiert und getragen wurde. Er konzentrierte die spartanische Machtentfaltung wieder auf die griechische Halbinsel und wandte sich westlich über den Isthmos von Korinth nach Attika, wo das bis dahin eher unbedeutende Athen zu einem ernstzunehmenden Konkurrenten aufgestiegen war. Um auch diese Stadt in das von Sparta kontrollierte Bündnissystem einzugliedern, vertrieb Kleomenes mit Militärgewalt im Jahre 510 den perserfreundlichen Tyrannen Hippias und unterstützte in den danach ausbrechenden innerathenischen Machtkämpfen einen Mann namens Isagoras, der als Wortführer des konservativen Adels galt und den Spartanern der geeignete Vertreter ihrer Interessen schien. Allerdings musste Kleomenes erneut in Athen einmarschieren, um die Gegner des Isagoras mit ihrem Wortführer Kleisthenes aus Attika zu vertreiben. Doch diesmal hatte er nicht mit dem Widerstandswillen der Athener Bürgerschaft gerechnet. Sie war nicht mehr bereit, sich von außen und mit militärischer Gewalt den Willen aufzwingen zu lassen und die adlige Restaurationspolitik des spartanischen Günstlings mitzutragen. So wurden in einer spektakulären Demonstration des Athener Bürgerwillens Isagoras und seine Anhänger sowie die spartanische Truppe unter ihrem ehrgeizigen König zunächst auf der Akropolis eingeschlossen und dann zum Abzug gezwungen.

Außenpolitik unter Kleomenes

Für manche Forscher bildet dieses Ereignis einen der wichtigsten Wendepunkte der athenischen Geschichte. Die Bürger hatten sich nicht nur gegen jede äußere Einmischung, sondern auch für einen innenpolitischen Weg entschieden, der von einer an Sparta orientierten oligarchischen Ordnung hin zu einer isonomen Verfassung führte. Kleisthenes, der Sieger der Auseinandersetzungen, setzte diesen Willen denn auch sofort konsequent um und leitete mehrere institutionelle Veränderungen ein, die den Einfluss der alten Adelsfamilien weiter zurückdrängten und im Gegenzug der Bürgerschaft eine unabhängigere Mitwirkung im politischen Geschäft einräumten. Kernstück seiner Neuordnung war die Einrichtung von lokalen Gemeinden (Demen; gr. Sing. *demos*) im gesamten Gebiet von Athen und Attika. Diese bildeten eine Schule der großen Politik, hier wurden die Gemeindeoberhäupter

Isonomie in Athen unter Kleisthenes

bestellt, lokale Angelegenheiten besprochen und die Kandidaten für den neu eingerichteten Rat der 500 gewählt, der Aufgaben des alten Adelsrates übernahm und eng mit der Volksversammlung zusammenarbeitete. Zusätzlich teilte Kleisthenes Athen und Attika in neue territoriale Einheiten (Phylen; gr. Sing. *phylé*) ein, die sich gleichmäßig aus Bürgern der Stadt, des Binnenlandes und der Küste zusammensetzten und damit an die Stelle der von den Adligen dominierten gentilizischen Ordnungen traten.

Kleisthenes hatte damit nicht nur die Voraussetzungen für eine stärkere Beteiligung der Bürgerschaft an der Politik geschaffen und eine der am weitesten entwickelten Isonomien begründet, sondern auch durch die Einführung des Demensystems die Effektivität der Rekrutierung des Bürgeraufgebotes und die militärische Schlagkraft Athens erheblich gesteigert – eine weitblickende Maßnahme, denn es war abzusehen, dass der Spartanerkönig Kleomenes die erlittene Schmach nicht auf sich sitzen lassen würde. Dramatisch wurde die Lage allerdings erst, als zusammen mit den Spartanern diesmal die Böoter und die Stadt Chalkis (auf Euböa) ihre Truppen mobilmachten, um vom Norden das durch die inneren Kämpfe vermeintlich geschwächte Athen anzugreifen; auch die Inselpolis Aigina stand bereit, um den Dauerkonkurrenten um die Macht im Saronischen Golf in die Knie zu zwingen.

Die Lage muss von den Athenern als so bedrohlich eingeschätzt worden sein, dass sie Zuflucht zu einer Macht suchten, die allein noch imstande schien, das Blatt zu wenden. 507 reiste eine athenische Gesandtschaft nach Sardes und bat den persischen Satrapen um ein Bündnis (Quelle 4.4.3). Dieser verstand das Athener Ansinnen getreu persischer Reichsideologie als Unterwerfungsangebot. Auch wenn die Volksversammlung später in Athen von einer solchen Unterwerfung nichts wissen wollte (die Umstände und Einzelheiten sind umstritten), allein die Nachricht von den Verhandlungen reichte offenbar aus, um den spartanischen Vormarsch auf Athen in der Ebene von Eleusis ins Stocken zu bringen (Zahrnt 2007, S. 71). Das spartanische Heer löste sich auf und Kleomenes musste unverrichteter Dinge abziehen. Wenig später besiegte die athenische Bürgerarmee die Böoter und Chalkidier. Im Schwunge des Erfolges dehnte man die Grenze zu Böotien weiter nach Norden hin aus und errichtete Bürgerkolonien (Kleruchien) auf dem Gebiet von Chalkis, ferner auf den Inseln Salamis vor der Küste Athens im Saronischen Golf sowie auf Lemnos und Imbros in der Nordägäis, die bereits vorher von dem Athener Miltiades erobert worden waren (Funke 2010, S. 135 f.).

Athen hatte sich mit einem Schlag neben Sparta zu einer der führenden Mächte Griechenlands mit einem für griechische Städte beispiellos großen Polisgebiet emporgeschwungen, und die Perser waren in gewisser Weise Schrittmacher dieser Entwicklung gewesen. Auch wenn Sparta bei seinem Versuch, nach Attika zu expandieren, einen Dämpfer erlitten hatte – es gab nun mindestens zwei selbstbewusste Poleis, die über ein beachtliches militärisches Potential verfügten. Wer konnte garantieren, dass sich dieses Potential nicht auch weiter gen Osten über die Ägäis hinaus entfalten würde? Die Gelegenheit dazu sollte schneller kommen, als viele erwartet hatten.

4.4 Quellen und Vertiefung

4.4.1 Burgbauinschrift („Foundation Charter") des Dareios I. (DSf)

(altpersische Fassung, §§ 7–14; Brosius Nr. 45)
Erstmals publiziert 1929, heute im Louvre, Teile im Archäologischen Museum in Susa. Der Bau des Palastes begann kurz nach der Thronbesteigung des Dareios, frühestens um 520 v. Chr.

> „Dies (ist) der Palast, den ich in Susa erbaut habe, von gar weit her ist das (Baumaterial herbei) gebracht worden; in die Tiefe wurde die Erde ausgegraben, bis ich den (nackten) Fels in der Erde erreichte; als der Aushub zu Ende gebracht war, darnach wurde Schotter aufgeschüttet, teils (einmal)
> 5 40 Ellen hoch, teils (ein andermal) 20 Ellen hoch; auf diesen Schotter wurde der Palast errichtet.
> Sowohl dass die Erde in die Tiefe ausgehoben wurde als dass auch Schotter ausgehoben wurde und dass das (Lehm-)ziegelwerk gestrichen wurde, – das babylonische Volk – das hat es gemacht.
> 10 Das Holz von dem Piniengewächs – das wurde – (es gibt da) ein Gebirge namens Libanon – von diesem (herbei)gebracht; das (as)syrische Volk – das hat es bis Babylon(ien) gebracht; von Babylon(ien) haben es Karer und Griechen nach Susa gebracht; das Jagh-Holz wurde von Gandara (herbei) gebracht und von Karmanien.
> 15 Das Gold wurde von Lydien und von Baktrien (herbei)gebracht, das hier verarbeitet worden ist; der graublaue Halbedelstein (Lapislazuli?) und der Karneol (?), der hier verarbeitet worden ist, – der wurde von Sogdien (herbei)gebracht; der dunkelblaue Halbedelstein (Türkis), – der wurde von Chorasmien (herbei)gebracht, der hier verarbeitet worden ist.

20 Silber und Ebenholz wurden von Ägypten (herbei)gebracht; das Farbmaterial, mit dem die Burgmauer geschmückt worden ist, – das wurde von Ionien (herbei)gebracht; das Elfenbein, das hier verarbeitet worden ist, (wurde) aus Kusch (Nubien) und aus Indien und aus Arachosien (herbei) gebracht.

25 Die steinernen Säulen, die hier bearbeitet (aufgestellt?) worden sind, – (es ist da) ein Ort namens Abiradusch in Elam – von dort wurden sie (herbei) gebracht.

Die Steinmetzen, die den Stein bearbeiteten, – die (waren) Ionier und Lyder; die Goldschmiede, die das Gold be-/verarbeiteten, – die (waren)
30 Meder und Ägypter; die Männer, die das Holz bearbeiteten, – die (waren) Lyder und Ägypter; die Männer, die das Ziegelwerk bearbeiteten, – die (waren) Babylonier; die Männer, die die Burgmauer schmückten, – die (waren) Meder und Ägypter.

Es kündet Dareios, der König: In Susa ist viel Wundervolles angeordnet
35 worden; viel Wundervolles errichtet worden; mich soll Ahuramazda schützen und Hystaspes, der mein Vater (ist), und mein Land."
(Aus: H.-J. Gehrke/H. Schneider, *Geschichte der Antike – Quellenband*, 2. Aufl. Stuttgart 2013, S. 15 f.)

4.4.2 „Ionier" in den Walltäfelchen von Persepolis (Persepolis Fortification Archive = PF)[1]

Yauna/Yawnap/Yaunap tauchen in den Schatzhaustäfelchen (492–458 v. Chr.) und Fortifikations- oder Walltafeln (509–494 v. Chr.) von Persepolis auf. Sie stehen für babylonische und assyrische „Yaunas" sowie für griechische Ionier.

PF 1224 (499 v. Chr., Rollinger/Henkelman, S. 333)

320 qts.[2] Gerste Zuweisung von Asbasuptis, ein haturmabattis[3] mit Namen Sedda, (in/bei) Persepolis, für den Abbateya verantwortlich ist, er erhielt (es). Frauen, die geboren haben, (in/bei) Persepolis, weibliche Griechen

---

[1] Übers. nach der englischen Version bei Rollinger/Henkelman 2009.
[2] Qts. = quarts. Mit diesem Maß bezeichnen die englischen Übersetzungen die originalen Mengenangaben. 1 (imp.) quart entspricht 1,1365 Liter (= 5 683 610 cm2). 320 qts. sind demnach ca. 363 Liter. Die Umrechnungen sind allerdings nur ungenaue Annäherungswerte.
[3] „Haturmabattis" ist ein hoher Priester.

(die sind) numakas-Leute-(Arbeiter)[4], für die Abbateya und Missabada verantwortlich sind, ihnen gab er (es) als Zugabe. 9 Frauen, die einen Jungen gebaren, erhielten 20 qts., 14 Frauen, die ein Mädchen gebaren, erhielten jeweils 10 qts. 12. Monat, 22. Jahr (Februar/März 499 v. Chr.).

PF 2072:84–5 (Henkelman/Rollinger, S. 334)

130 (qts.) Gerste, übergeben (in Übereinstimmung mit) einem besiegelten Dokument von Irsena. Griechische Arbeiter (kur-tas ia-u-na-ip ... 10. Monat 17. Jahr (504 v. Chr.).

NN 2261:33–4 (Henkelman/Rollinger, S. 334)

Eine/ein (Ziege/ Schaf) erhielt ein Mann namens Bakambama. Griechische Personen (uk-ku ia-u-na-ip) gab er (es). Sie kamen nach Persepolis: Er/sie trugen ein gesiegeltes Dokument (eine Reiseerlaubnis) von Bakabadus.

NN 2108 (Henkelman/Rollinger, S. 334)

2 qts. kudagina (getrocknete Pfirsiche u. ä.), Zuweisung von Ammamarda, ein Mann namens Uzilis erhielt sie; Griechen (i-u-nu-ia-ip) gab er es. Er trug ein gesiegeltes Dokument (Reiseerlaubnis) mit sich von Irdaparna.[5] Sie gingen zum König.

4.4.3 Die Athener erbitten ein Bündnis mit den Persern

Danach riefen die Athener Kleisthenes und die 700 Familien zurück, die von Kleomenes vertrieben worden waren, und schickten Boten nach Sardes, um mit den Persern ein Bündnis zu schließen. Sie hatten das Bewußtsein, daß sie mit den Spartanern und Kleomenes arg verfeindet seien. Als die
5 Boten in Sardes ankamen und ihren Auftrag ausrichteten, fragte der Satrap von Sardes, Artaphernes, der Sohn des Hystaspes, was für ein Volk es denn sei und wo es wohne, das da bitte, Bundesgenosse der Perser zu werden. Die Boten gaben ihm Bescheid. Da fertigte er sie kurz und bündig ab: Wenn die Athener dem König Dareios Erde und Wasser gäben, versprach er ihnen
10 ein Bündnis. Täten sie dies nicht, forderte er sie auf, sich zu entfernen. Da sagten die Boten auf eigene Verantwortung, sie gäben beides, weil sie doch

---

4 „Numakas" sind vielleicht Garnspinner oder Sklavinnen. Andere denken an Bewässerungsarbeiter (nav = Kanal, Aquädukt), was allerdings für aus weit entfernten Regionen stammende Sklavenmädchen unwahrscheinlich ist.
5 Irdaparna ist der Satrap von Sardes.

das Bündnis gern abschließen wollten. Als sie aber in ihre Heimat zurückkehrten, machte man ihnen deswegen schwere Vorwürfe.
(Hdt. 5,73, Übers.: J. Feix)

4.4.4 Die ionischen Tyrannen an der Donau

Während des Skythenfeldzuges soll es laut Herodot zu einer Diskussion unter den griechischen Tyrannen gekommen sein, ob man die Chance nutzen solle, die Brücke über die Donau abzubrechen und Dareios seinem Schicksal zu überlassen.

Als die Skythen bemerkten, daß die Perser noch nicht da seien, sprachen sie zu den Ioniern, die sie bei ihren Schiffen trafen: „Ionier, die verabredeten Tage sind um. Ihr tut nicht recht daran, wenn ihr noch länger wartet. Nur aus Furcht vor Dareios seid ihr bisher geblieben; so brecht jetzt
5 schnellstens die Brücke ab und kehrt heim, froh und frei und dankbar den Göttern und den Skythen! Euren bisherigen Gebieter aber werden wir so demütigen, daß er niemals wieder einen Feldzug gegen ein anderes Volk unternimmt."
Daraufhin hielten die Ionier Rat. Miltiades aus Athen, Feldherr und Gebie-
10 ter über die Chersonesbewohner am Hellespont, schlug vor, den Skythen zu gehorchen und Ionien zu befreien; Histiaios aus Milet war dagegen. Er wies darauf hin, sie alle hätten doch nur mit Hilfe des Dareios die Tyrannis über ihre Städte. Wenn das Reich des Dareios zusammenstürze, könne er selbst sich nicht in Milet und auch kein anderer irgendwo halten; denn jede
15 Stadt werde die Demokratie der Tyrannis vorziehen. Dieser Meinung des Histiaios traten sogleich alle bei, obwohl sie vorher dem Miltiades hatten zustimmen wollen.
(Hdt. 4, 136–137, Übers.: J. Feix)

4.4.5 Fragen und Anregungen:

- Welchen Eindruck seiner Herrschaft wollte Dareios mit der Aufzählung der am Bau beteiligten Völker und der von ihnen herangeschafften Materialien vermitteln (Quelle 4.4.1)? Vergleichen Sie den Text mit den Reliefs der Gaben bringenden Völker an der Apadanatreppe und den Trägern des Throns im Bildrelief von Naqs-i Rustam (Kap. 3).
- Erklären und interpretieren Sie die Walltäfelchen aus Persepolis (Quelle 4.4.2) mit Hilfe von Rollinger/Henkelman 2009,

S. 331–351 im Hinblick auf die Rolle und Funktion der erwähnten Griechen sowie die Organisationsprinzipien, in die sie eingebunden sind.
- Beschreiben Sie, wie Herodot (Quelle 4.4.3) die Haltung des Satrapen gegenüber der athenischen Gesandtschaft schildert.
- Diskutieren Sie die Frage des Satrapen nach der Herkunft der Athener. Ist das Nichtwissen des Artaphernes realistisch oder nur vorgetäuscht? Was wollte Herodot damit zum Ausdruck bringen?
- Interpretieren Sie Quelle 4.4.4 unter der Frage, inwieweit Herodot hier die grundsätzliche Lage griechischer Tyrannen unter persischer Herrschaft beschreibt.
- Begeben Sie sich mit Hilfe von http://www.persepolis3d.com auf einen virtuellen Rundgang durch Persepolis und erklären Sie, weshalb man die Apadana als „the most explicit and publicly accessible material expression of Achaimenid Persian imperial ideology" (Root 2007, S. 179) gedeutet hat. Nutzen Sie dazu auch die Erklärungen der Palastarchitektur bei Wiesehöfer 1998, S. 44–49.

4.4.6 Lektüreempfehlungen

Quellen

R. Schmitt, *Die altpersischen Inschriften der Achaimeniden*. Editio minor mit deutscher Übersetzung, Wiesbaden 2009.
Herodot, *Historien*. Deutsche Gesamtausgabe. Übersetzt von A. Horneffer. Neu herausgegeben und erläutert von H.W. Haussig, 4. Aufl. Stuttgart 1971.
Herodot, *Historien*. 2 Bde., hrsg. von J. Feix, 3. Aufl. München 1980.

Forschungsliteratur

M. M. Austin, *Greek Tyrants and the Persians, 546–479*, in: CQ 40,2 (1990), S. 289–306 (*Wendet sich gegen die verbreitete Vorstellung, die Perser hätten die Einsetzung von Tyrannen zum Kern ihrer Politik gemacht. Die Kooperation basierte vielmehr auf der Erwartung gegenseitiger Leistungen. Die Intensität der Beziehungen wuchs, als sich mit Dareios die Chancen für Griechen am Perserhof ausweiteten und dieser seine Aufmerksamkeit stärker dem Westen zuwandte*).
H. Koch, *Es kündigt Dareios der König... Vom Leben im persischen Großreich*, Mainz 1992 (*Aus den Verwaltungstäfelchen von Persepolis sowie den archäologischen Hinterlassenschaften erarbeiteter Überblick über wesentliche Bereiche der persischen Lebenswelt, von der Hierarchie und der bürokratischen Organisation am Hofe (auf die „letztendlich unsere heutige Bürokratie ... zurückzuführen" ist), über die Palastanlagen*

(besonders von Persepolis), Luxus- und Haushaltgegenstände, die Stellung der Frauen, das Heer bis zur Religion).

R. Rollinger, *Zu Herkunft und Hintergrund der in altorientalischen Texten genannten ‚Griechen'*, in: R. Rollinger/A. Luther/J. Wiesehöfer (Hg.), *Getrennte Wege? Kommunikation, Raum und Wahrnehmung in der Alten Welt*, Frankfurt am Main 2007, S. 259–330 *(Demonstriert an Hand detaillierter Quelleninterpretationen, auf welch unterschiedlichen Wegen und in welchen Funktionen Griechen bereits vor dem Perserkrieg mit den orientalischen Großreichen in Kontakt getreten waren).*

R. Rollinger/W. F. M. Henkelman, *New Observations on „Greeks" in the Achaemenid Empire According to Cuneiform Texts from Babylonia and Persepolis*, in: P. Briant/M. Chauveau (Hg.), *Organisation des pouvoirs et contacts culturels dans les pays de l'empire achéménide*, Paris 2009, S. 331–351 *(Hervorragender Überblick über die in den Täfelchen von Persepolis vorkommenden griechischen Namen mit instruktiven Einzelinterpretationen über Funktion, Rolle und Herkunft der Personen).*

M.C. Root, *Reading Persepolis in Greek: Gifts of the Yauna*, in: C. Tuplin (Hg.), *Persian Responses. Political and Cultural Interaction with(in) the Achaemenid Empire*, Swansea 2007, S. 177–224 *(Interpretiert die als Yauna identifizierte Gruppe Nr. 12 der Apadana-Reliefs aus der Sicht eines Besuchers aus Athen. Demnach werden die Yauna zwar in die persische Untertanenfamilie aufgenommen, doch mussten ihre Kleidung und Gaben (Wollballen, gefaltete Textilien etc.) von einem griechischen Betrachter ausschließlich der weiblichen Lebenswelt zugeordnet und als Symbole unkriegerischer Anpassung und Niederlage (nach der Zerstörung Milets?) verstanden werden).*

H. Klinkott, *„Dem König Erde und Wasser bringen". Persisches Unterwerfungsritual oder herodoteisches Konstrukt?* In: C. Binder/H. Börm/A. Luther (Hg.), *Diwan. Studies in the History and Culture of the Ancient Near East and the Eastern Mediterranean. Festschrift J. Wiesehöfer*, Duisburg 2016, S. 133–182 *(Deutet das lediglich von Herodot und für die Länder und Völker jenseits der Ägäis überlieferte Ritual als einen Akt, der die Übergabe von Gaben (baji) an den Großkönig symbolisieren soll und unter anderem die Verpflichtung implizierte, das königliche Heer bei dessen Durchzug zu versorgen).*

5 Der Ionische Aufstand (499–494 v. Chr.)

5.1 Ausgangslage

Das kleinasiatische Küstengebiet bildete seit der Eroberung des Kyros Ende der 540er Jahre einen strategischen und wirtschaftlichen Angelpunkt der persischen Herrschaft im Nordwesten ihres Reiches. Die griechischen Städte spielten dabei eine wichtige Rolle. Ohne ihre maritime Erfahrung wären der Aufbau und Einsatz der persischen Flotte in der Ägäis unmöglich gewesen. Umgekehrt profitierten die Küstenpoleis von dem Aufschwung des Überseehandels, der sich in Folge der Ausbreitung der persischen Herrschaft auf die Inseln und an die Küsten der Nordägäis und der Integration Kleinasiens in den Wirtschaftsraum des persischen Weltreiches einstellte.

Dennoch blieben erhebliche Spannungen, die sich zu Beginn des 5. Jahrhunderts Bahn brachen: 499 v. Chr. erhob sich Milet, die bedeutendste Hafenstadt der kleinasiatischen Griechen, gegen die persische Herrschaft und riss in der Folgezeit weitere Poleis der Ionischen Küste mit. Die Forschung spricht deshalb gemeinhin vom Ionischen Aufstand, ein Begriff, der die Realität jedoch nur ungenau abbildet. Weder beteiligten sich alle Griechen Kleinasiens (Ioniens), noch blieb die Rebellion auf Ionien beschränkt: 499/98 v. Chr. griff ein Expeditionskommando aus Athen und Eretria die Satrapenresidenz Sardes an. In der Folgezeit weitete sich der Aufstand auf die Regionen des Hellespont, Lykien, Karien und Zypern aus (vgl. Abb. 3). *Ausbreitung und Verlauf*

Spätestens jetzt drohte nicht nur die Westflanke des persischen Reiches auseinanderzufallen, sondern auch die für die Kontrolle der ostmediterranen Küsten so wichtige Seeherrschaft zusammenzubrechen – die Aufständischen waren im Besitz mindestens der Hälfte der unter persischem Kommando stehenden Seestreitkräfte. Entsprechend reagierte Dareios: Große Truppenverbände rollten die Positionen der Aufständischen von der Landseite auf, gleichzeitig drängten phönikisch-persische Geschwader die Griechen zurück. 494 v. Chr. besiegten sie die Flotte der Aufständischen in den Küstengewässern Milets bei der Insel Lade. Milet wurde eingenommen, die Überlebenden versklavt oder in das Innere Persiens verpflanzt. Binnen Jahresfrist eroberten die Perser die restlichen Widerstandsnester.

5.2 Die Ereignisse und ihre Quellengrundlage

So unstrittig die großen Ereignislinien sind, so bleibt doch vieles an der Erhebung unklar. Das liegt nicht nur daran, dass wir mit Herodot nur eine einzige griechische Quelle haben, die sich auf mündliche Informationen stützt und die Schilderung aus der Perspektive der griechischen Protagonisten entwickelt. Generell scheint das Geschehen auch nicht so recht in den Kontext der Zeit und das Bild der persischen Herrschaft zu passen. Aufstände waren an sich nichts Ungewöhnliches, doch traten diese vornehmlich bei oder kurz nach einem Wechsel des Regenten (s. o.) und vor allem in Gebieten wie Babylonien und Ägypten auf, die selbst auf eine lange Tradition unabhängiger Territorialherrschaft zurückblicken konnten und die persische Eroberung als echte Fremdherrschaft empfanden. Für Kleinasien gilt das nur bedingt. Den Poleis fehlte eine gemeinsame politische Identität und sie waren es gewohnt, sich mit den Königreichen Kleinasiens und des Nahen Ostens zu arrangieren. Wohl gab es von Anfang an Widerstände gegen die persischen Invasoren, doch niemals hatten sich diese zu einem solchen Flächenbrand ausgebreitet, wie es der Ionische Aufstand war.

Gleiches gilt für die Griechen jenseits der Ägäis. Selbst für Athen gab es an sich wenig Grund, sich am Kampf der Aufständischen zu beteiligen. Es wundert insofern nicht, dass die Frage nach den Ursachen des Ionischen Aufstandes zu den am intensivsten behandelten Problemen der Griechischen Geschichte gehört, und zwar nicht zuletzt deshalb, weil wir es gewohnt sind, in der Tradition Herodots in ihn den entscheidenden Auftakt für die Perserkriege zu betrachten. Dementsprechend nimmt der Ionische Aufstand in vielen Darstellungen eine aus der Kenntnis des späteren Verlaufs gewonnene historische Dimension an, die es kritisch zu hinterfragen gilt.

5.2 Die Ereignisse und ihre Quellengrundlage — 71

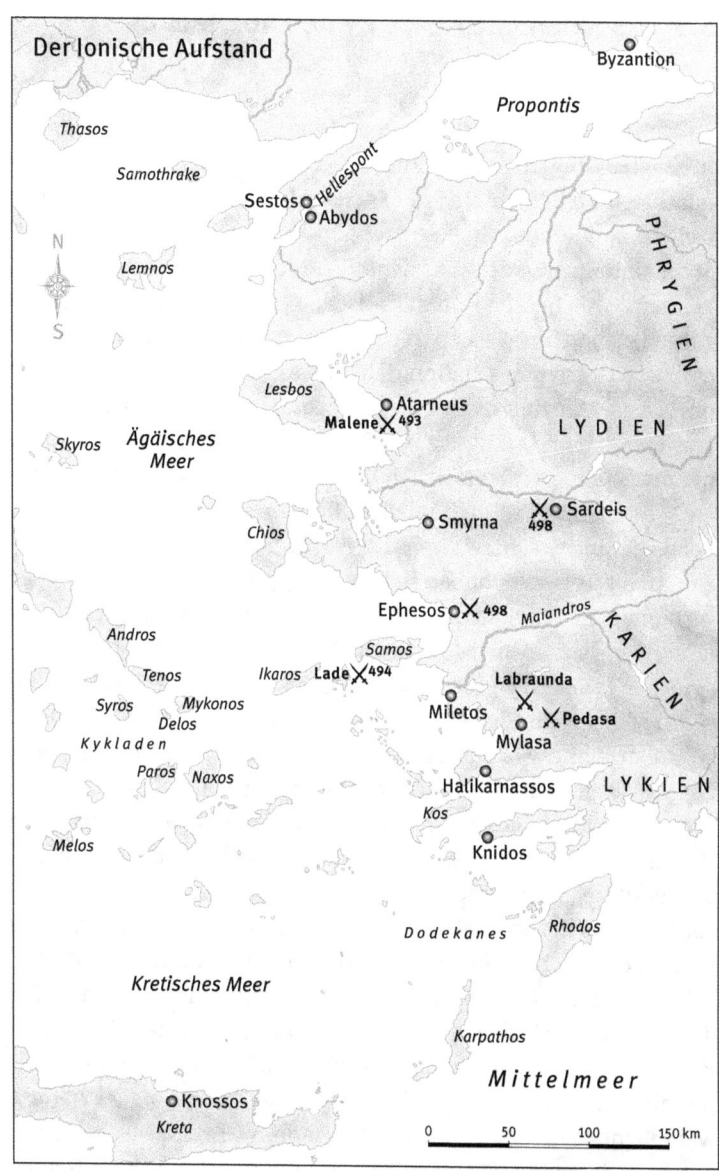

Abb. 3: Der Ionische Aufstand

5.3 Ursachen und Kontexte des Aufstandes

Herodot konzentriert das Geschehen auf das Handeln von Personen. Die eigentlichen Initiatoren sind die milesischen Tyrannen Aristagoras und Histiaios. Diese Sicht muss nicht grundsätzlich falsch sein, doch hat sich die Forschung hiermit selten begnügen wollen, sondern zusätzlich nach strukturellen Gründen gesucht. So meinte man wirtschaftliche Veränderungen ausmachen zu können, welche die kleinasiatischen Griechen zum Aufstand getrieben hätten: Die persische Inbesitznahme der Hellespontregion sowie Ägyptens hätten den Handel der Hafenstädte gestört oder sogar gänzlich zum Erliegen gebracht. Ferner sei im fernen Westen mit dem Untergang von Sybaris ein wichtiger Handelspartner ausgefallen und zusätzlich wären persische bzw. phönikische Zwischenhändler zu bedrohlichen Konkurrenten der griechischen Poleis herangewachsen (Welwei 1999, S. 28).

Ältere Thesen

All diese Thesen haben sich als wenig stichhaltig erwiesen. Sie verraten zum Teil anachronistische Übertragungen moderner Auffassungen, lassen sich in den Quellen nicht belegen oder widersprechen ihnen sogar (Cawkwell 2005, S. 73 f.). So sagt z. B. Herodot (5,28) selbst, Milet habe sich (unmittelbar vor dem Aufstand) „in so hoher Blüte wie nie zuvor und nachher" befunden. Jüngere Forschungen deuten denn auch viel eher auf eine wirtschaftliche Prosperität hin (ablesbar an der Münzzirkulation, den öffentlichen Bauten etc.), die mit der Ausweitung der persischen Herrschaft, der hierdurch gesicherten Stabilität, der Schaffung neuer Bedarfszentren und der intensivierten Ausbeutung z. B. der thrakischen und nordägäischen Minen (Thasos) verbunden war (Georges 2000, S. 3–10). Abgesehen davon ist auch nicht ersichtlich, weshalb sich die Milesier nach dem Wegfall eines Handelspartners im fernen Westen gegen die Perser hätten wenden sollen. Dass diese gezielt phönikische Händler gegenüber den Griechen bevorzugt hätten, wäre nicht nur historisch singulär, sondern wird inzwischen auch durch Dokumente einer Zollstation eines ägyptischen Hafens widerlegt (Briant 2002, S. 148).

Persische Maßnahmen nach dem Aufstand

Auf methodisch sichererem Boden bewegt man sich, wenn man gewissermaßen das Pferd von hinten aufzäumt: also zunächst von den Maßnahmen ausgeht, die laut Herodot die Perser nach dem Sieg über die Rebellen anordneten, und diese mit der Vorgeschichte und dem Verlauf des Aufstandes abgleicht. Denn die

Perser werden selbst am meisten daran interessiert gewesen sein, die Ursachen des Aufstandes genau zu analysieren und für die Zukunft zu beseitigen; dass sie dabei erfolgreich waren, bestätigt Herodot – sie hätten nämlich langfristig Frieden bewirkt (6,42) – und erhöht ihre Aussagekraft. Die Anordnungen der Perser waren zudem öffentlich sicht- und erfahrbar und sie passen in einen nachvollziehbaren historischen Kontext. So lässt die Anordnung des persischen Satrapen, „die einzelnen Gebiete" der ionischen Städte neu auszumessen und darauf fußend deren Abgaben neu festzulegen, darauf schließen, dass es unter den Griechen Unmut über die Tributentrichtung gab. Anders als die Lyder und wahrscheinlich noch Kyros und Kambyses forderte Dareios zur Finanzierung seiner Bauten und militärischen Unternehmungen regelmäßig Soldaten sowie Gold und Silber in einer nicht unerheblichen Gesamtsumme von 400 (Silber-)Talenten[6] (Hdt. 3,90,1; Lateiner 1982, S. 132). Die Kriegszüge des Dareios in Makedonien und jenseits der Donau dürften die Belastungen noch einmal gesteigert haben. *Finanzielle Forderungen*

Spannungen erwuchsen aber nicht allein und wohl auch nicht in erster Linie aus dem Umfang der Zahlungen (diese blieben nach dem Aufstand konstant, Hdt. 6,42), sondern aus der Praxis ihrer Erhebung. Die Neueinrichtung des Katasters zur Festlegung der Tribute lässt darauf schließen, dass es in den Jahren vor dem Aufstand Unregelmäßigkeiten bei der Erhebung gab, die von den für die Einsammlung der Tribute verantwortlichen Tyrannen und ihren persischen „Aufsehern" zum Nachteil innenpolitischer Konkurrenten oder anderer Bevölkerungsschichten betrieben wurde: etwa indem man eigene Besitzungen von der Erfassung freihielt, konfisziertes Land der Konkurrenten nicht angab und/oder persische Forderungen auf die mittleren und ärmeren Schichten abwälzte. Dies wäre eine Parallele zu anderen Unruheherden im Perserreich, z. B. in Judäa, wo 50 Jahre später ähnliche Verhältnisse bestanden, die zu erheblichen Spannungen innerhalb der Bevölkerung führten (Neh 5,1–3; Briant 2002, S. 152). Verschärft wurde die Situation noch dadurch, dass in den Jahren vor dem Ionischen Aufstand gerade die reichen Hafenstädte wie Milet mit dem dauerhaften Unterhalt der Kriegsschiffe und der kostspieligen Besoldung der Ruderer belastet wurden (während die Perser den Schiffskörper stellten; *Rolle der Tyrannen*

---

[6] Ca. 10.480 kg.

Kienast 2002, S. 6 f.), ohne dass sie autonom über deren Einsätze bestimmen konnten.

Als weitere persische Maßnahme nach der Niederschlagung des Aufstandes nennt Herodot (6,42) den Befehl an die ionischen Städte, untereinander Verträge abzuschließen, „um die Streitigkeiten sowie gegenseitige Plünderungen zu beenden." Hierbei handelt es sich offensichtlich um die Einrichtung von Schiedsgerichten, die in letzter Instanz unter Aufsicht des Satrapen standen. Sie sollten wohl Streitigkeiten vorbeugen, die mit der Neuerfassung und -festlegung der Bodenbesitzungen verbunden waren. Darüber hinaus zielten sie auf ein grundsätzliches Problem: Grenzstreitigkeiten, Plünderungen und Überfälle gehörten zum Alltag des Polislebens. Sie waren in den Jahrzehnten vor dem Aufstand besonders virulent und störten aus Sicht der Perser die Stabilität und Prosperität ihrer Untertanengebiete (Cawkwell 2005, S. 73), weil sie sich mit den Konkurrenzkämpfen der Adligen um Macht und Reichtum verbanden. Sie spalteten nicht nur die Bürgerschaft in Anhänger und Gegner und beschworen regelrechte Bürgerkriegsszenarien (Staseis) herauf; sie führten auch zu erbitterten Feindschaften zwischen den Poleis wie etwa die zwischen Aigina und Athen oder zwischen Samos und Milet.

Staseis

In Kleinasien wurde die Lage noch dadurch verkompliziert, dass mit den Persern ein neuer Machtfaktor aufgetreten war, der durch die Förderung loyaler Tyrannen das für die Griechen so wichtige freie Spiel der Kräfte störte. Die Entscheidung, sich auf Gedeih und Verderb der persischen Sache verschrieben zu haben, war für die Tyrannen Chance und Risiko zugleich; sie versprach Reichtum und konkurrenzlose machtpolitische Rückendeckung, allerdings auf Kosten ihrer aristokratischen Handlungsfreiheit. Politische Richtungsänderungen waren nur noch mit dem Einsatz um alles oder nichts zu haben. Die Rückendeckung der Perser verschaffte den Tyrannen zwar kurz- und mittelfristig einen Machtvorsprung gegenüber ihren Konkurrenten, und besonders die Regenten von Milet scheinen diese Rückendeckung genutzt zu haben, indem sie mit Billigung der Perser ihren Einfluss bis nach Thrakien (Myrkinos), den Pontos und auf die reichen Kykladeninseln (u. a. die Silberminen von Siphnos) auszudehnen suchten. Allerdings durften sie den Ehrgeiz nicht so weit treiben, dass er mit persischen Interessen kollidierte. Allzu offensichtliche Erfolge schufen gefährliche Neider, nicht nur innerhalb der Bürgerschaft, sondern auch

Tyrannen in Milet

auf Seiten der persischen Oberschicht. Schnell konnten sich so die Vorteile, die sich für einen Tyrannen mit der Anlehnung an Persien ergaben, gegen ihn wenden, wenn durch Misserfolge oder Verleumdungen die Rückendeckung schwand. In einer solchen Situation witterten innerstädtische Konkurrenten die Chance, ihre Anhänger auch mit dem Verweis auf die drückende Fremdherrschaft zu mobilisieren sowie den durch die finanziellen Belastungen angestauten Missmut der Bürgerschaft gegen den Tyrannen zu kanalisieren.

In einer solchen Konstellation befand sich offensichtlich Milet unmittelbar vor Ausbruch des Ionischen Aufstandes, und in gewisser Hinsicht wird die auf die Personen konzentrierte Darstellung dieser Lage auch gerecht (Quelle 5.6.1). Während der von den Persern eingesetzte Tyrann Histiaios am persischen Königshof weilte und sich gegen Verleumdungen rechtfertigen musste, nutzte sein Stellvertreter Aristagoras einen misslungenen Kriegszug gegen Naxos dazu, die Bürger gegen seinen Konkurrenten zu mobilisieren. Da er jedoch keine militärischen Erfolge vorweisen konnte, brauchte er ein überzeugendes innenpolitisches Programm, um seine Anhänger bei der Stange zu halten sowie Gegner und Unentschlossene auf seine Seite zu ziehen. Er fand es nach dem Vorbild des Kleisthenes, der in Athen gegen seinen – von Sparta unterstützten – Konkurrenten erfolgreich war, indem er eine Isonomie einführte (vgl. Kap. 4). Das war in Milet eine zugkräftige Parole: Zum einen hatten sich isonome Poleis als militärisch überraschend stark erwiesen, vor allem weil sie ihre Rekrutierungsressourcen breiter ausschöpften: Athen hatte sich gegen drei der mächtigsten Poleis Griechenlands behauptet, Naxos konnte sich der viermonatigen Belagerung durch die persisch-milesische Flotte erwehren. Zum anderen waren mit der Abschaffung der Tyrannis kurzfristig auch die finanziellen Verpflichtungen gegenüber den Persern aufgehoben und die Bürgerschaft konnte nun auf eine gerechtere Verteilung der Belastungen hoffen; politische und finanzielle Entscheidungen wurden auf eine breitere Basis gestellt.

Ruf nach Isonomie

Aristagoras konnte und musste diese Zugeständnisse machen, da er ohnehin damit rechnete, zeitnah wieder durch seinen Vetter Histiaios ersetzt zu werden, und weil die Isonomie ihm eine geeignete Handhabe bot, die übrigen Städte auf seine Seite zu ziehen und deren Tyrannen zu vertreiben. Ob sein Aufruf bereits jetzt die Freiheit aller Ionier propagierte, bleibt fraglich. Denn ein solches politisches Gemeinschafts- bzw. Freiheitsgefühl gegenüber der

Aristagoras und Histiaios

persischen Herrschaft gab es zu diesem Zeitpunkt wohl noch nicht. Auslöser des Widerstandes in Milet dürfte eine durch den „persischen Faktor" aufgeladene Stasiskonstellation (vgl. Kap. 4) gewesen sein, in der ein Adliger versuchte, seine ins Wanken geratene Machtstellung auch gegenüber seinen bei Dareios weilenden Konkurrenten zu behaupten. Er musste den Gehorsam gegenüber Persien aufkündigen und schnell Anhänger finden. Dabei dürfte er auch auf die einmalige Chance verwiesen haben, im Besitz einer 200 Einheiten starken Trierenflotte (des Naxos-Unternehmens) zu sein – die größte Armada, die jemals einer Polis gegen die Perser zur Verfügung stand. Dass er zunächst erfolgreich war und die meisten Städte ihre Tyrannen vertrieben, zeigt aber auch, wie groß der innerstädtische Widerstand gegen die Tyrannis auf Seiten der Bürgerschaft geworden war. Sie erwies sich aus persischer Sicht als ineffektives Herrschaftsinstrument, weil sie zu wenig Rückhalt unter der Bevölkerung besaß, die Gefahr von Staseis mehr beförderte als bannte und damit den entscheidenden politischen Kristallisationspunkt der Unzufriedenheit mit der persischen Herrschaft bildete. Das dürfte der Grund gewesen sein, weshalb der Nachfolger des Artaphernes nach der Niederschlagung des Aufstandes zumindest dort, wo es offensichtliche Unruheherde gegeben hatte, die Tyrannen absetzte und „Demokratien" (= Isonomien) installierte (Hdt. 6,43).

5.4 Das Eingreifen Athens und die Ausweitung des Aufstandes

Vor diesem Hintergrund erscheint der Ionische Aufstand zunächst als ein Phänomen, das aus Sicht der Perser ein spezifisches Problem der westlichen Satrapie darstellte. Eine neue Dimension entstand erst, als Aristagoras Hilfe bei den Poleis der griechischen Halbinsel suchte und diese in Athen und Eretria fand. Warum gerade diese beiden zusagten, ist ebenfalls unklar. Häufig wird argumentiert, Athen habe seit der Skythen-Expedition des Dareios und dem Naxos-Unternehmen des Aristagoras eine Ausweitung der persischen Herrschaft bis nach Mittelgriechenland gefürchtet. Doch der Skythenfeldzug sollte Thrakien und Makedonien sichern, und der Angriff auf Naxos war gescheitert; und weshalb sollten die Athener einen Mann wie Aristagoras unterstützen, der dieses Unternehmen

5.4 Das Eingreifen Athens und die Ausweitung des Aufstandes — 77

den Persern schmackhaft gemacht hatte? Ebenso wird die Weigerung der Athener, ihren nach Kleinasien geflüchteten Tyrannen Hippias auf Befehl des persischen Satrapen wiedereinzusetzen, kaum der alleinige Grund gewesen sein. Musste man nicht eher damit rechnen, dass erst ein Angriff auf Sardes entsprechende Maßnahmen der Perser provozierte? So spricht einiges dafür, dass das durch die Erfolge gegen Sparta, Böotien und Chalkis gewachsene Selbstvertrauen die Athener zum Eingreifen veranlasste. Hinzu kam die Aussicht auf Beute, Sardes galt als „reich an Gold". Aristagoras seinerseits wird gehofft haben, dass der Angriff auf die Satrapenresidenz das Fanal für die Ausweitung des Aufstandes abgeben würde, wie es auch geschah (Briant 2002, S. 154). Doch hätten Aristagoras und die Athener nicht wissen müssen, dass die Festung des Satrapen angesichts des Fehlens geeigneter Belagerungstechniken unangreifbar war – die Athener kannten die Festungsmauern seit ihrer Gesandtschaft von 507 – und die Plünderung der Stadt eine umso heftigere Gegenreaktion heraufbeschwor? Bezeichnenderweise erlitten die griechischen Angreifer auf ihrem Rückzug eine schwere Niederlage und die Athener hatten nichts Besseres zu tun, als sich zurückzuziehen und „die Sache der Ionier völlig fallen zu lassen" (Hdt. 5,103). Musste ein solches Verhalten nicht die Sache der Aufständischen eher schwächen als stärken? Hatte sich Aristagoras verrechnet oder steckte hinter dem Angriff auf Sardes noch ein anderes Kalkül?

Viele Analysen gehen von klaren Frontlinien zwischen den aufständischen Griechen, Zyprioten und Karern auf der einen und den Persern auf der anderen Seite aus. Erfahrungsgemäß dürfte die Situation in der Praxis komplexer gewesen sein, wie allein schon die verwirrenden Handlungen des Histiaios andeuten. 40 Jahre vorher hatten sich die Griechen am Befreiungskampf des von Kyros eingesetzten lydischen „Schatzmeisters" Paktyes beteiligt (s. Kap. 3). Tatsächlich mussten die persischen Könige nicht nur mit Aufständen der Unterworfenen, sondern auch mit Rebellionen in den eigenen Reihen besonders an den Satrapenhöfen rechnen. Dareios hatte wohlweislich Jahrzehnte vor dem Ionischen Aufstand die persische Führungsriege in Kleinasien durch loyale Anhänger und Verwandte ersetzt. Das schuf allerdings eine nicht geringe Zahl von Unzufriedenen, die zurück an die Macht strebten. Nicht selten überschnitten und verknüpften sich also innergriechische Konkur-

Angriff Athens und Eritreas

Rebellion an den Satrapenhöfen?

renzkämpfe mit innerpersischen Rivalitäten, über die wir selten im Detail unterrichtet sind, die aber mit ins Kalkül zu ziehen sind.

Immerhin erzählt Herodot (6,4), dass Histiaios über Mittelsmänner mit Persern in Sardes den „Abfall vom König besprochen" habe. Diese wurden allerdings von Artaphernes entlarvt und hingerichtet. Die Behauptung, Histiaios habe mit ihnen konspiriert, ist zwar angesichts der unzuverlässigen Gerüchte um den Milesier nicht belastbar. Dass es Mitwisser am Aufstand sowie ein innerpersisches „Komplott" an der Satrapenresidenz (gegen Dareios) gab, erscheint jedoch nicht nur angesichts der Lage nach den Maßnahmen des Dareios glaubhaft (Kienast 1994, S. 398). Es könnte sogar dem scheinbar so schlecht geplanten Angriff der Griechen auf Sardes einen tieferen Sinn geben. Auch Paktyes war seinerzeit mit Söldner auf Sardes marschiert (Waters 2014, S. 41). Vielleicht hofften die Aufständischen des Jahres 500, dass die persischen Verräter angesichts der wehrlosen Stadt ihre Chance nutzen würden, Artaphernes zu stürzen und mit den Griechen neue Abkommen zu schließen, die der Zeit vor dem Eingreifen des Dareios entsprachen. Diese hätten auch eine Revision der Tributforderungen beinhaltet (die Aufzeichnungen der Bodenbesitzungen lagerten in Sardes), die ein so wichtiger Grund für den Unmut gegenüber dem persischen Regiment waren.

5.5 Die Gründe des Scheiterns

Nach dem Abzug der athenischen Expeditionstruppe übernahmen die Poleis Zyperns die Initiative; auch Aristagoras taucht als Gesamtorganisator des Widerstandes nicht mehr auf. Nach anfänglichen Erfolgen scheiterten jedoch die Aufstände auf Zypern und in Karien, bis zum Schluss auch Milet erobert wurde. Die Gründe für die Niederlage sucht man meist in den überlegenen militärischen Ressourcen der Perser sowie in der Uneinigkeit der Griechen, zumal wenn es darum ging, die eigenen Kräfte zu koordinieren. Wohl gab es mit dem Ionischen Koinon, einem alten Bündnis von 12 ionischen Städten an der Westküste Kleinasiens, eine Institution, welche die Aktionen der Aufständischen diplomatisch zu leiten und zu finanzieren suchte; es gelang ihm jedoch nicht, eine klare militärische Führungsstruktur zu etablieren. Jedenfalls konnte auch das Koinon das Eigeninteresse der Poleis und ihrer Anführer nicht dauerhaft auf ein gemeinsames Ziel hin konzentrieren, was auch nicht verwundert, wenn man bedenkt, dass z. B. Milet und Samos, die stärksten Seemächte des Aufstandes, traditionell verfeindet, Chios und Samos Handelskonkurrenten waren und samische Piraten in der Vergangenheit die Handelsschiffe der Hafenstädte bedroht hatten. Dass sich vor diesem Hintergrund auch die Aktionen der beiden Hauptprotagonisten Histiaios und Aristagoras zunehmend verselbständigten und Poleis wie Samos während oder vor der Seeschlacht bei Lade ihre Einheiten zurückzogen, passt in das Bild.

Hinzu kommt ein anderer Faktor, der von den Akteuren selbst schon früh als wesentlich erachtet worden war, nämlich die Finanzierung der Flotte. Dass die Entscheidung auf See fallen musste und die Griechen hier die entscheidende, wenn nicht einzige Erfolgschance besaßen, hatte bereits der Milesier Hekataios erkannt. Tatsächlich konnten die Ionier bei Lade den Persern rund 380 Einheiten des modernsten Typs des Dreiruderers entgegenstellen. Doch abgesehen von der Schwierigkeit, sich auf das neue Kampfgerät einzustellen – laut Herodot bedurfte es eines siebentägigen „Crashkurses" (Hdt. 6,12) –, bleibt die Frage, wie diese durch Neubauten verstärkt und über sieben Jahre finanziert wurden. Die Ausbeutung thrakischer Silberminen, die Konfiskationen des Besitzes der geflohenen Tyrannen sowie die Einschmelzung von Tempelschätzen (Hdt. 5,26,3 ff.) werden geholfen haben. Doch aus der Sicht der Bevölkerung wurde die finanzielle Belastung, die unter Dareios vornehmlich mit der Bereitstellung der Kriegsschiffe verbunden war (s. o.), kaum gelindert; die vormaligen Tribute an die Perser dürften einfach umgelenkt und gerechter verteilt, aber nicht wirklich ausgesetzt worden sein. Damit blieb eine der wesentlichen Belastungen, welche die Ionier zum Aufstand bewog, bestehen. Verbindet man diese Probleme mit der Überlegenheit der persischen Landstreitkräfte, so war die Niederlage absehbar.

Finanzierung der Flotte

5.6 Quellen und Vertiefung

5.6.1 Das Naxosunternehmen des Aristagoras und dessen Folgen

> Jetzt aber ging von diesen beiden Städten neues Unheil über Ionien aus. Das kam so: Einige reiche Leute in Naxos wurden vom Volk verbannt und gelangten auf diese Weise nach Milet. Die Herrschaft in Milet behauptete

gerade Aristagoras, der Sohn des Molpagoras, Schwiegersohn und Vetter
5   des Histiaios, des Sohnes des Lysagoras, den Dareios in Susa festhielt. Histiaios war nämlich Tyrann von Milet und hielt sich zu dieser Zeit in Susa auf, als die Naxier, seine ehemaligen Freunde, eintrafen. Sofort nach ihrer Ankunft in Milet baten die Naxier Aristagoras, ob er ihnen eine Streitmacht gebe und sie so in die Heimat zurückkehren könnten. Aristagoras überlegte
10   sich, wie er möglicherweise die Herrschaft über Naxos gewinnen könnte, wenn sie mit seiner Hilfe in ihre Heimat zurückkehrten. Indem er ihre Gastfreundschaft mit Histiaios vorgab, brachte er ihnen folgenden Gedanken nahe: „Ich selbst kann nicht dafür bürgen, daß ich in der Lage sein werde, euch eine so große Streitmacht zur Verfügung zu stellen, die euch gegen
15   den Willen der Naxier, die die Stadt beherrschen, zurückführen kann; denn ich höre, daß die Naxier 8 000 Mann Soldaten und viele Kriegsschiffe besitzen. Ich will aber alles tun, was in meiner Macht steht. Ich stelle mir das so vor: Artaphernes ist mein Freund. Er ist des Hystaspes Sohn und der Bruder des Königs Dareios. Er gebietet über alle Völker und Städte an der
20   Küste Asiens. Er nennt ein starkes Heer und viele Schiffe sein eigen. Dieser Mann wird, glaube ich, ganz bestimmt tun, worum wir ihn bitten." Als die Naxier dies hörten, gaben sie dem Aristagoras den Auftrag, die Sache mit Nachdruck zu betreiben, und forderten ihn auf, Geschenke zu versprechen und Geldmittel für ein Heer, für die sie selbst aufkämen. Sie hofften
25   nämlich mit Sicherheit, die Naxier und die anderen Inselbewohner würden sich ihren Wünschen fügen, sobald sie vor Naxos erschienen. Damals stand noch keine einzige dieser Kykladeninseln unter der Herrschaft des Dareios. Als Aristagoras in Sardes ankam, erzählte er Artaphernes von der Insel Naxos: Sie sei zwar nicht groß, sonst aber schön und fruchtbar und Ionien
30   vorgelagert, auch reich an Gold und Sklaven. „Ziehe du in den Kampf gegen Naxos, führe die Verbannten in ihre Stadt zurück! Dir steht bei mir viel Geld dafür zur Verfügung, abgesehen von der Ausrüstung für das Heer; denn diese müssen billigerweise wir Führer beschaffen. Du wirst obendrein dem König außer Naxos selbst auch die Inseln unterwerfen, die Naxos unterste-
35   hen: Paros, Andros und die anderen sogenannten Kykladen. Von diesem Stützpunkt aus wirst du leicht einen Angriff auf Euboia wagen können, eine große, reiche Insel, nicht kleiner als Kypros und sehr einfach zu erobern. Hundert Schiffe genügen, um alle diese Inseln zu unterwerfen." Artaphernes antwortete ihm: „Deine Vorschläge bringen dem Königshaus Glück,
40   und auch darin rätst du in allem gut außer in der Zahl der Schiffe. Statt hundert werden dir im Frühjahr zweihundert zur Verfügung stehen; doch muß der König zu diesem Unternehmen erst seine Zustimmung geben."
Mit dieser Antwort kehrte Aristagoras froh nach Milet heim. Artaphernes schickte nach Susa und unterbreitete Dareios die Vorschläge des
45   Aristagoras; und als der König ihm ebenfalls seine Zustimmung gegeben hatte, rüstete er 200 Dreiruderer aus, dazu ein großes Heer von Persern und Bundesgenossen. Zum Feldherrn ernannte er den Megabates, einen Perser aus dem Geschlecht der Achaimeniden. Er war sein und des Dareios Vetter. Der Spartanerkönig Pausanias, der Sohn des Kleombrotos, hat
50   sich später, wenn an der Geschichte überhaupt etwas Wahres ist, um eine

seiner Töchter beworben, als ihn das Verlangen überkam, Alleinherrscher über ganz Griechenland zu werden. Mit diesem Megabates als Feldherrn schickte Artaphernes das Heer zu Aristagoras.

Megabates nahm Aristagoras aus Milet samt dem ionischen Heer und den
55 Naxiern bei sich auf und fuhr von Milet aus vorgeblich auf den Hellespont zu. Als er Chios erreicht hatte, hielt er auf Kaukasa zu, um von dort mit dem Nordwind nach Naxos zu segeln. Aber Naxos sollte diesem Heereszug nicht unterliegen; es geschah nämlich folgendes: Als Megabates bei den Schiffen die Runde machte, um ihre Wachen zu überprüfen, fand er
60 auf einem myndischen Schiff keinen Posten. Zornig befahl er seiner Leibwache, den Kapitän dieses Schiffes, der Skylax hieß, zu ergreifen und ihn durch ein Ruderloch des Schiffes zu schieben und so anzubinden, daß der Kopf draußen, der Körper aber drinnen stecke. Als man Skylax gefesselt hatte, meldete jemand dem Aristagoras, Megabates habe seinen Freund
65 Skylax aus Myndos binden und schmachvoll behandeln lassen. Aristagoras begab sich zu Megabates und legte Fürsprache bei dem Perser ein. Als er jedoch mit seinen Bitten nichts erreichte, ging er selbst hin und befreite Skylax. Als Megabates dies erfuhr, war er sehr verärgert und grollte dem Aristagoras. Der aber sagte: „Was ist mit dir und dieser Geschichte? Hat
70 Artaphernes dich nicht zu mir geschickt, damit du mir gehorchst und dorthin segelst, wohin ich befehle? Was mischst du dich ein?" So sprach Aristagoras. Megabates aber in seiner Wut schickte bei Einbruch der Nacht ein Schiff nach Naxos, um den Naxiern alle Vorgänge zu verraten.

Die Naxier hatten ganz und gar nicht daran gedacht, daß sich dieser Hee-
75 reszug gegen sie richte. Als sie jetzt aber die Nachricht erhielten, schafften sie sofort alles Hab und Gut vom Lande in die Stadt, bereiteten alles für eine bevorstehende Belagerung vor, sorgten für Lebensmittel und Getränke und besserten die Stadtmauer aus. So rüsteten sie, da ihnen der Krieg drohte. Als aber jene von Chios nach Naxos hinübersegelten, fanden sie
80 alles verrammelt und belagerten die Stadt vier Monate. Schon hatten sie das Geld verbraucht, das die Perser mitgebracht hatten; Aristagoras selbst hatte dazu noch große Summen aufgewendet. Trotzdem verschlang die Belagerung immer größere Summen; da bauten sie schließlich für die verbannten Naxier Befestigungen und entfernten sich nach großen Verlusten
85 auf das Festland.

So hatte Aristagoras dem Artaphernes sein Versprechen nicht erfüllen können. Dazu bedrückte ihn der Aufwand für das Heer, den man von ihm einforderte; und außerdem war ihm nicht wohl wegen der Mißerfolge des Heeres und seines Streites mit Megabates; er ahnte, daß es ihn seine Herr-
90 schaft über Milet kosten könnte. Aus allen diesen Befürchtungen heraus erwog er einen Abfall. Dazu war gerade damals auch jener Bote mit den Schriftzeichen auf dem Kopf aus Susa eingetroffen, den Histiaios geschickt hatte; der gab durch Zeichen zu verstehen, Aristagoras solle vom König abfallen. Histiaios sah nämlich kein anderes sicheres Mittel, Aristago-
95 ras zum Abfall zu ermutigen; denn alle Wege waren besetzt. Er ließ also seinem getreuesten Sklaven den Kopf glatt rasieren, Zeichen darauf schreiben, das Haar wieder wachsen und schickte ihn dann nach Milet. Er gab

ihm keinen anderen Auftrag als den, Aristagoras in Milet zu bitten, ihm das Haar scheren zu lassen und dann auf seinen Kopf zu sehen. Die Schriftzei-
100 chen aber forderten, wie ich schon vorher gesagt habe, zum Abfall auf. Das tat Histiaios, weil er in Susa festgehalten wurde und darüber sehr traurig war. Wenn es zu Unruhen käme, dürfte er mit Sicherheit hoffen, daß man ihn an die Meeresküste entlassen werde. Unternehme Milet aber nichts, so konnte er damit rechnen, niemals wieder ans Meer zurückzukehren."
(Hdt. 5,30–37, Übers.: J. Feix)

5.6.2 Fragen und Anregungen

- Gliedern Sie die Quelle in Sinnabschnitte.
- Interpretieren Sie das Naxos-Unternehmen vor dem Hintergrund der im Verfassertext gelieferten Informationen über die Stasis in griechischen Poleis. Nutzen Sie die Deutungen von Walter 1993 und Cawkwell 2005, S. 67–68.
- Orientieren Sie sich mit Hilfe einer Karte über die geographische Verteilung der Aufstandsbewegung und informieren Sie sich in der Forschungsliteratur darüber, wie man sich die Vertreibung bzw. Ablösung der perserfreundlichen Tyrannen vorzustellen hat.
- Herodot gibt in 6,3 an, dass Histiaios auf die Frage, warum er den Aristagoras zum Aufstand bewogen habe, antwortete, Dareios habe vorgehabt, die Phöniker nach Ionien und die Ionier nach Phönikien zu verpflanzen. Diese Aussage wird unterschiedlich interpretiert. Lesen Sie dazu Kienast 1994, S. 387–395, Walter 1993, S. 257–278 und Cawkwell 2005, S. 70 f. Diskutieren Sie die Argumente und formulieren Sie eine eigene Position.
- Versuchen Sie unter Berücksichtigung moderner Standardwerke eine historische Einordnung des Aufstandes. Welche Ziele verfolgten die Griechen und wie gefährlich war er für die Perser?

Vorschläge für begleitende und ergänzende Referate (max. 15 Minuten):
- Stellen Sie auf der Basis von Herodot und mit Hilfe der Forschungsliteratur den Verlauf des Aufstandes in Zypern und Karien vor.

– Geben Sie einen Einblick in die Münzprägung der Aufständischen und diskutieren Sie, inwiefern diese auf ein politisches Gemeinschaftsgefühl der Ionier hindeutet. Benutzen Sie dazu: Gardner 1911; Barron 1966; Lateiner 1982, S. 145 f.

5.6.3 Lektüreempfehlungen

Herodot, *Historien*. Deutsche Gesamtausgabe. Übersetzt von A. Horneffer. Neu herausgegeben und erläutert von H.W. Haussig, 4. Aufl. Stuttgart 1971.   Quellen
Herodot, *Historien*. 2 Bde., hrsg. von J. Feix, 3. Aufl. München 1980.

G. Cawkwell, *The Greek Wars. The Failure of Persia*, Oxford 2005, Kap. 4: The   Forschungsliteratur
Ionian Revolt, S. 61–86 (*Originelle Geschichte der persisch-griechischen Auseinandersetzungen vom Beginn des 5. Jahrhunderts bis zum Alexanderzug, welche die Kritik zum Darstellungsprinzip erhebt*).

P. Georges, *Persian Ionia under Dareios: the Revolt Reconsidered*, in: Historia 49 (2000), S. 1–39 (*Argumentiert für eine wirtschaftliche Blüte Ioniens unter der persischen Herrschaft und analysiert danach die Rolle der Tyrannen vor und während des Aufstandes*).

D. Lateiner, *The failure of the Ionian Revolt*, in: Historia 31 (1982), S. 126–160 (*Diskutiert die Haltung der Poleis des Mutterlandes und führt das Scheitern des Aufstandes vor allem auf Rivalitäten zwischen den ionischen Hafenpoleis zurück*).

D. Kienast, *Die Auslösung des Ionischen Aufstandes und das Schicksal des Histiaios*, in: Historia 63 (1994), S. 387–399 (*Wendet sich gegen Hyperkritik an der Darstellung Herodots und zeichnet die Rolle des Histiaios am Aufstand nach; hilfreich sind die Bemerkungen zu den Verschwörern in Sardes*).

D. Kienast, *Bemerkungen zum Ionischen Aufstand und zur Rolle des Artaphernes*, in: Historia 51 (2002), S. 1–31 (*Deutet das Naxos-Unternehmen als persische Initiative zur Erweiterung ihres Machtbereiches und gibt im zweiten Teil instruktive Hinweise auf die Organisation, das Selbstverständnis und die Ziele der Aufständischen*).

U. Walter, *Herodot und die Ursachen des Ionischen Aufstandes*, in: Historia 42 (1993), S. 257–278 (*Legt die Problematik der Überlieferung offen, auf die Herodot zurückgriff, lotet die Möglichkeiten der Rekonstruktion aus und bietet eine eigene historische Interpretation*).

6 Die Feldzüge der Perser im Norden der Ägäis und über die Kykladen – Die Schlacht von Marathon (492–490 v. Chr.)

Abb. 4: Rekonstruktion des Marathonschlachtgemäldes in der *Stoa Poikile*.

Im zweiten Drittel des 5. Jahrhunderts errichteten die Athener an der Nordostecke der Agora (des Versammlungsplatzes) eine langgestreckte Säulenhalle (Stoa), in der man Gemälde berühmter athenischer Künstler ausstellte (deshalb wurde das Gebäude auch „Bunte Halle"/*Stoa Poikile* genannt). Eines davon zeigte die Schlacht von Marathon, in der sich die Hopliten Athens gegen die persischen Angreifer behauptet hatten.[1] Hier sah man die (vom Betrachter aus) von rechts angreifenden Athener (zum Teil in heroischer Nacktheit), angeführt von Miltiades sowie Kallimachos, der mit anderen Hopliten bereits im Kampf in der Mitte oder weiter links gegen Datis und die auf die Schiffe zurückweichenden Perser verwickelt ist. Götter und Heroen beobachten von oben wohlwollend das Geschehen. Für die Athener wurde der Abwehrerfolg zu einem Gründungsmythos bürgerlicher Tapferkeit und Sieghaftigkeit, bei der die Götter und Halbgötter mitgeholfen hatten. Wie kam es zu

---

[1] Eine bequem einsehbare großflächige Reproduktion unter: http://digi.ub.uni-heidelberg.de/diglit/hwpr1895/0131/scroll?sid=3db4cc5d345e5646fd1fd38ea76e86e1

dieser unerwarteten Niederlage der Perser und welche Ziele verfolgten sie, als sie in der Ebene von Marathon landeten?

6.1 Die Ziele der Perser nach dem Ionischen Aufstand

Die Beteiligung Athens am Ionischen Aufstand – so sah es Herodot (vgl. Kap. 5: Ionischer Aufstand) – brachte die persische Militärmaschinerie ins Rollen, die sich unter Dareios noch gebremst, dann unter seinem Nachfolger Xerxes mit voller Wucht über den Hellespont gen Westen auf die griechische Halbinsel wälzte. Aus der Rückschau der Ereignisse erscheint diese Rekonstruktion plausibel, da sie die Etappen der militärischen Ereignisse in eine nachvollziehbare Abfolge bringt. Doch wie so oft weckt die suggestive Logik einer allzu glatten historischen Rekonstruktion Zweifel. Tatsächlich ergeben sich bei genauerem Hinsehen mehr Fragen als eindeutige Antworten, wenn es darum geht, die Entwicklung nach dem Ionischen Aufstand zu erklären.

Forschungsdiskussion

Die Diskussion konzentriert sich auf zwei Fragenkomplexe. Erstens: Welche Ziele verfolgten die Perser nach der Niederschlagung des Aufstandes im Westen? Hatten ihre Feldherren den begrenzten Auftrag, verlorenes Terrain in Thrakien und Makedonien wiederzugewinnen sowie Athen und Eretria zu bestrafen? Oder bereiteten sie – wie Herodot an mehreren Stellen andeutet – Größeres vor und zielten auf eine vollständige Eroberung Griechenlands im Sinne einer längst geplanten, durch den Aufstand der Ionier unterbrochenen Westexpansion? Oder hat umgekehrt erst das Übergreifen der Athener nach Kleinasien während des Aufstandes die Perser zum Eingreifen provoziert? Sahen sie sich gar zu einem Präventivschlag gezwungen, um die Angriffsgelüste der Athener im Keime zu ersticken, bevor sie eine noch unkalkulierbarere Gefahr für die nordwestlichen Satrapien wurden?

Das zweite Diskussionsfeld konzentriert sich auf die Analyse der beiden Kriegszüge des Mardonios in Thrakien und des Datis, der direkt über die Ägäis führte und in die Schlacht von Marathon mündete. Der persische Direktangriff auf Athen hat – was das Interesse der Forschung angeht – das Mardonios-Unternehmen weit in den Schatten gestellt und eine Vielzahl von Fragen provoziert: Wie konnten die Athener, deren Expeditionstruppen zehn Jahre zuvor bei Ephesos noch so schmählich besiegt worden waren, jetzt die persische Invasionsarmee zurückschlagen? Lag es am Genius ihres Feldherrn und am Mut der um ihre Heimat kämpfenden Bürgersoldaten? Oder muss man den Sieg an strategischen Plänen der Perser messen, von denen Herodot gar nichts wusste und die nur durch glückliche Umstände erfolglos blieben?

6.2 Der Feldzug des Mardonios in Thrakien

Nur ein Jahr benötigten die Perser nach ihrem Sieg bei Lade, um ihre Herrschaft in Karien sowie in der Hellespontregion wiederherzustellen (Hdt. 6,31–33). Im Sommer 492 überquerte der neue persische Befehlshaber Mardonios mit starken See- und Landstreitkräften den Hellespont. Offensichtlich sollte die während des Ionischen Aufstandes geschwächte Autorität der Perser in Thrakien und Makedonien gestärkt werden. Beide Gebiete waren nicht nur als Vorposten gegen skythische Überfälle und zur Kontrolle der kleinasiatischen Gebiete, sondern auch als Rohstofflieferanten von zentraler Bedeutung. Makedonien lieferte Bauholz für Kriegsschiffe, die Minen des thrakischen Pangaiongebirges versorgten die Satrapen mit Silber und Gold, Thrakien selbst bot ein unerschöpfliches Reservoir an Sklaven, von denen die persischen Residenzen nicht genug bekommen konnten; Thrakien bildete seit dem Skythenfeldzug des Dareios eine eigene Satrapie; das makedonische Königshaus war durch ein Heiratsbündnis an die persischen Interessen gebunden und besaß den Status eines „Vasallenkönigtums" (Hdt. 5,17–18).

Makedonien und Thrakien

Dass Mardonios als eine der ersten Griechenstädte die Insel Thasos unterwarf (Quelle 6.6.1), verwundert nicht. Die Polis verfügte über reiche Silber- und Goldbergwerke, die laut Herodot in guten Zeiten einen Ertrag von 300 Talenten[2] abwarfen (der Gesamtbetrag der ionischen Tribute lag bei 400 Talenten[3]). Angesichts der Tributausfälle während des Ionischen Aufstandes und der strategischen Bedeutung der Insel war es nur logisch, auch sie fester in den Reichsverband einzufügen. Darüber hinaus gelang es Mardo-

---

2 Ca. 7 860 kg.
3 Ca. 10 480 kg.

Untergang der persischen Flotte

nios – wenn auch unter erheblichen Verlusten –, von Makedonien aus die Bergstämme der Bryger zu unterwerfen. Dagegen geriet die um die Athosinsel entsandte Flotte in einen heftigen Sturm. Laut Herodot gingen 300 Schiffe und über 20 000 Mann verloren. Dennoch konnte der Befehlshaber seine Armee geordnet in den Osten zurückführen.

Weitere Ziele der Perser?

Die Frage, ob Mardonios damit seinen Auftrag erfüllt hatte oder – wie Herodot behauptet – der Verlust der Flotte verhinderte, Athen und Eretria zu bestrafen, entzündete sich in der Vergangenheit vor allem an dem Zeitpunkt und dem Zweck bzw. der Richtung der Athosumschiffung (Quelle 6.6.1). Erfolgte diese auf der Hinfahrt zu weiteren Unternehmungen oder auf der Rückfahrt aus Makedonien? Im ersten Fall hätte nur der Sturm ein weiteres Vordringen der Perser verhindert; im zweiten Fall stand dieses gar nicht zur Debatte; der Untergang der Flotte hätte lediglich einen längst beschlossenen Rückzug verzögert. Andere argumentieren, dass die gescheiterte Umsegelung des Athosgebirges, selbst wenn diese im Herbst, d. h. gegen Ende der üblichen Feldzugssaison, erfolgte, nichts über weitere Ziele aussagt (Zahrnt 1992, S. 244). Denn eine Rückfahrt könnte den Plan verfolgt haben, die Flotte in sicheren Häfen überwintern zu lassen, um sie im folgenden Jahr wieder nach Süden (gegen Eretria und Athen) zu schicken. Grundsätzlich wird man sich freilich fragen, ob eine so konsequente Alternative (Beschränkung auf Makedonien und Thrakien oder zusätzliche Bestrafung Athens und Eritreas) überhaupt den Aussagen Herodots und der Praxis persischer Außenpolitik gerecht wird. Mardonios wird vom König die Erlaubnis erhalten haben, die primären Kriegsziele je nach Entwicklung der Dinge selbst auszuweiten. Dass dies nach dem Verlust der Flotte nicht mehr vorgenommen werden konnte, lag in der Natur der Sache, spricht aber nicht gegen die grundsätzliche Option.

6.3 Der Feldzug des Datis und Artaphernes über die Ägäis

Abb. 5: Griechenland zur Zeit der Perserkriege.

Im Frühjahr 490 nahm eine neue Flotte unter dem Oberbefehlshaber Datis und Artaphernes, dem Sohn des Satrapen, von Samos aus Kurs auf die griechische Halbinsel. Auch wenn unklar bleibt, ob dieses Unternehmen nur als Ersatz bzw. Folge des nicht zu Ende geführten Mardonioszuges fungierte oder unabhängig von ihm geplant war (Instinsky 1962 vs. Meister 1997, S. 32), ist sein Ziel weitgehend unstrittig. Der Feldzug sollte zunächst das nachholen, was seinerzeit Aristagoras misslungen war: Naxos und die Kykladen zu unterwerfen sowie in einer zweiten Phase Eretria und Athen für ihre Teilnahme am Ionischen Aufstand zu bestrafen bzw. endgültig zu Untertanen des Großkönigs zu machen. Zu diesem Zweck weilte der aus Athen vertriebene Tyrann Hippias an Bord, vermutlich sollte er

_{Bestrafung Athens und Eretrias}

pro-persische Kräfte in seiner Heimatstadt mobilisieren; sicherlich hoffte er auf eine Wiedereinsetzung als Tyrann.

Dass Dareios mit dem Datisfeldzug dagegen erste Schritte zur Eroberung ganz Griechenlands plante (Cawkwell 2005, S. 88 und Krentz 2010, S. 89), erscheint den meisten Gelehrten unwahrscheinlich. Die hierfür häufig ins Feld geführte Notiz Herodots (6,48), Xerxes habe vor dem Unternehmen Gesandte nach Griechenland geschickt und Wasser und Erde als Zeichen der Unterwerfung gefordert, wird als eine von Herodot integrierte Dublette, d. h. als eine schon in einem anderen Zusammenhang verwendete Erzählversion, aus der Zeit des Xerxes verstanden. Abgesehen davon ist der Begriff „Hellas" viel zu vage, um hieraus im persischen Verständnis auf die gesamte Halbinsel schließen zu können. Welche Vorteile – so könnte man sich grundsätzlich fragen – konnte Dareios überhaupt aus der Eroberung weiträumiger Territorien in einem so rohstoffarmen Gebiet wie der griechischen Halbinsel ziehen?

Herrschaft über die Ägäis?

Wahrscheinlicher scheint, dass er die „Bestrafung" Athens und Eretrias mit einem Ziel zu verbinden suchte, das der griechische Historiker Thukydides besser erfasste als Herodot: nämlich der Herrschaft über die Ägäis und ihre Inselwelt (Briant 2002, S. 159, Thuk. 1,16,1; vgl. Isaiah 41,5: „Die Inseln sahen es und fürchteten sich."). Hierzu passen die sorgfältigen Vorbereitungen des Datiszuges. Jede für den Erfolg des Unternehmens wichtige Polis erhielt die Gelegenheit, zu entscheiden, ob sie auf die persische Seite trat und sie unterstützte (oder zumindest Neutralität wahrte); tat sie es nicht, fühlten sich die Feldherren legitimiert, Gewalt anzuwenden. Dieses Kalkül erwies sich vor allem im Hinblick auf Aigina, mit der sich Athen in der Zeit des Datisfeldzuges im Krieg befand, als klug berechnet. Datis konnte mit einem Brückenkopf „vor der Haustür Athens" und mit militärischer Unterstützung rechnen.

6.4 Das „Rätsel" von Marathon

Die diplomatische Vorbereitung, die Stärkung pro-persischer Kräfte sowie die militärische Ausstattung des Expeditionsheeres mit Reiterei erklären, warum die erste Phase der Operation über die Ägäis und die Kykladen so reibungslos verlief. Umso überraschender mutet der Ausgang des Unternehmens an (Quelle 6.6.2). Die auf Rat des Hippias gewählte Landung in der Ebene von Marathon führte nicht zum gewünschten Erfolg. Die am Rand der Ebene postierte und vom Athener Miltiades befehligte Bürgerarmee konnte die Perser zurückschlagen, und sie benötigte dazu – darauf waren die Athener besonders stolz – nicht einmal die zugesagte Unterstützung der Spartaner; lediglich 800 Hopliten aus Plataiai hatten sich im letzten Augenblick angeschlossen. Allerdings waren die Perser nicht soweit dezimiert, dass sie ihr eigentliches Ziel aufgaben. Stattdessen segelten sie mit dem Großteil der Flotte um Kap Sunion und schickten sich an, die mutmaßlich von Verteidigern entblößte Stadt nun von der für einen Reitereinsatz geeigneten Küste (Phaleron) aus zu erstürmen. Doch auch dieser Versuch scheiterte oder wurde gar nicht erst unternommen, obwohl Athens damals nicht sehr achtunggebietende Wehrmauer kein Hindernis für die persischen Techniker gewesen wäre und man mit der Unterstützung Aiginas hätte rechnen können. Offenbar war der Eindruck der eilends nach Hause marschierten Bürgerhopliten nach dem Erfolg von Marathon so groß, dass die persischen Oberbefehlshaber ein zweites Aufeinandertreffen scheuten – für viele Forscher ein zusätzliches Indiz dafür, dass Dareios keine größeren territorialen Eroberungspläne in Griechenland verfolgte (Briant 2002, S. 160).

<small>Das „Scheitern" der Perser</small>

Rätselhaft bleibt, weshalb es den Athenern überhaupt gelang, die als unbesiegbar geltende persische Armee zurückzuschlagen. Erklärungen sind so schwer zu finden, weil Herodot seinen Bericht über die Schlacht extrem verkürzt hat und als wenig kompetent auf militärischem Gebiet gilt. Nicht selten sucht man die Probleme durch eine ingeniöse Umdeutung der persischen Pläne zu umgehen. Die kühnste ist sicherlich die, dass das eigentliche strategische Ziel der Perser gar nicht darin bestanden habe, die Athener Hoplitenarmee bei Marathon zu besiegen, sondern sie von ihrer Heimatstadt wegzulocken. Dieses Ziel sei erreicht worden, wenn auch unter Inkaufnahme eigener Verluste; doch hierbei waren die Perser wenig zimperlich, wenn der Zweck die Mittel heiligte. Die Perser scheiterten nach dieser These nicht an einer einkalkulierten, begrenzten Niederlage, sondern daran, dass die Bürgersoldaten früher als die persische Flotte nach Athen zurückkehrten und sich die in anderen Fällen (Eretria) realisierte Hoffnung, Kollaborateure würden in Abwesenheit der Milizen die Tore öffnen, nicht erfüllte.

<small>Gründe für die persische Niederlage</small>

Diese Deutung könnte erklären, warum die Perser offenbar nach dem Bericht Herodots (andere Erklärungen bei Krentz 2010,

<small>Fehlende Reiterei</small>

S. 139 ff.) in Marathon auf den Einsatz ihrer Reiterei verzichteten und sich damit einer ihrer schärfsten Waffen auf einem Terrain beraubten, das eigentlich für diesen Zweck ausgewählt worden war. War die Reiterei woanders im Einsatz, wie eine spätere Quelle (Suda s.v. *Khoris hippeis*) meint, und sollte sie die Verbindungswege nach Athen sichern und den Hopliten den Rückzug versperren (Briant 2002, S. 160; Krentz 2010, S. 140 f.)? Oder war sie gar nicht erst ausgeschifft worden bzw. zum Zeitpunkt des Athener Angriffes schon wieder an Bord, um auf dem Seeweg vor die Athener Mauern transportiert zu werden (Schulz 2013, S. 66)?

6.5 Mythisierung der Schlacht und persische Fehlkalkulationen

Die Athener selbst haben sich von diesen Erwägungen nicht beirren lassen und aus ihrem Erfolg einen grandiosen Sieg gemacht. Die Heroisierung der Marathonkämpfer begann unmittelbar nach der Schlacht, indem man über der Asche der gefallenen Athener einen monumentalen Grabhügel (*Soros*) errichtete, der noch heute sichtbar ist. Grabsteine listeten die Toten auf dem Schlachtfeld auf, weitere Grabsteine wurden auf dem öffentlichen Gräberfeld von Athen errichtet. Die Schlacht nahm epische Ausmaße an, sie wurde zum Mythos des athenischen Freiheitswillens gegenüber der persischen Übermacht. Dass man dabei die Mithilfe der Plataier unterschlug, versteht sich von selbst.

Die Realität sah sicherlich anders aus. Die Zahl der kampffähigen persischen Soldaten dürfte die der Athener Hopliten nicht wesentlich überschritten haben, musste man doch auf den Schiffen ausreichend Platz nicht nur für die Pferde, sondern auch für das nautische Personal reservieren. Vielleicht lag hierin die entscheidende Fehlkalkulation der Perser. Man wog sich in der Sicherheit der bisherigen Erfolge, erinnerte sich an das Scheitern der athenischen Expeditionsarmee während des Ionischen Aufstandes (vgl. Kap. 4) und rechnete damit, dass die Freunde des Hippias die Tore öffnen würden (so wie es Adlige in Eretria getan hatten; Hdt. 6,100). Offenbar hatte man zu wenige Soldaten mitgenommen, weil man eine Feldschlacht und den geschlossenen Widerstand der Bürgerhopliten für völlig unwahrscheinlich hielt.

Fehlkalkulation der Perser

Aufs Ganze gesehen konnten die persischen Planer dennoch zufrieden sein. Große Teile der ägäischen Inselwelt einschließlich des südlichen Euböa und des Saronischen Golfes hatten sich der persischen Autorität gebeugt. Wenn es tatsächlich das vordringliche Ziel des Dareios gewesen war, die Ägäis zu einem *mare Persicum* zu machen und zusätzliche Einnahmen über Tribute, Zölle und Minenerträge zu generieren, dann war er diesem Ziel ein großes Stück nähergekommen. Die Niederlage bei Marathon dürfte unter diesem Aspekt zu verschmerzen gewesen sein.

Was man jedoch zu wenig beachtete, war die moralische Wirkung der Niederlage. Aus Sicht der Athener hatte sich zum ersten Mal ein griechisches Bürgerheer auf offenem Gelände gegen eine Armee des Weltreiches behauptet und eine drohende Eroberung verhindert. Das hatte es vorher und vor allem während des Ionischen Aufstandes nicht gegeben, und diese Erfahrung musste das Selbstbewusstsein nicht nur der Athener, sondern auch anderer Poleis stärken. Es taten sich Optionen auf, die man kaum erwogen hatte. Mit Glück und politischer Einigkeit konnte man dem Anspruch des Großkönigs auf Unterwerfung widerstehen. Umgekehrt war den Persern klar, dass eine Expansion auf die griechische Halbinsel auf erheblichen Widerstand stoßen würde und einen größeren Einsatz verlangte.

Moralische Wirkung

6.6 Quellen und Vertiefung

6.6.1 Der Zug des Mardonios nach Thrakien und Makedonien

Doch dienten diese beiden Städte nur als Vorwand für das Unternehmen; in Wirklichkeit wollten die Perser so viele griechische Städte wie nur eben möglich unterwerfen. Zunächst überwanden sie zur See Thasos, das nicht einmal die Hände gegen sie erhoben hatte. Zu den Ländern, die sie schon
5 unterworfen hatten, machten sie mit dem Landheer noch Makedonien untertan; denn alle Völker östlich der Makedonen waren ihnen bereits unterworfen. Von Thasos aus gingen sie nach dem Festland hinüber und fuhren an der Küste entlang bis Akanthos; von dort wollten sie weiter um den Athos herumsegeln. Aber während der Umsegelung brach ein gewal-
10 tiger Nordsturm über sie herein, gegen den kein Mittel half; er spielte ihnen übel mit. Zahlreiche Schiffe wurden gegen die Felsen des Athos geworfen. 300 Schiffe und über 20 000 Menschen sollen dabei den Untergang gefunden haben. Das Meer am Athos ist nämlich sehr voll von Ungeheuern, von denen viele Menschen ergriffen und in die Tiefe gezogen wurden.

15 Einige wurden gegen die Felsen geschleudert, wieder andere konnten nicht schwimmen und ertranken, manche erfroren. So übel erging es der Flotte. Mardonios aber und sein Landheer, das in Makedonien lagerte, griffen nachts die thrakischen Bryger an. Sie mordeten viele von ihnen hin; Mardonios selbst wurde verwundet. Trotzdem entgingen auch sie nicht der
20 Unterwerfung durch die Perser. Denn Mardonios zog nicht eher aus dieser Gegend ab, bis er sie bezwungen hatte. Aber nach ihrer Unterwerfung führte er das Heer zurück. Die Landstreitkräfte hatten durch die Bryger, die Flotte am Athos zu große Verluste erlitten. So war dieses Unternehmen ein jämmerlicher Mißerfolg; es blieb nur der Rückzug nach Asien.
25 Zwei Jahre später schickte Dareios zunächst einen Boten an die Thasier – Thasos wurde von seinen Nachbarn beschuldigt, es plane einen Abfall – und befahl, die Mauern niederzureißen und die Schiffe nach Abdera zu schaffen. Denn die Thasier hatten nach der Belagerung ihrer Stadt durch Histiaios von Milet ihre reichen Einkünfte benutzt, um Kriegsschiffe zu
30 bauen und eine stärkere Mauer um die Stadt zu errichten. Ihre Einkünfte stammten vom Festland und von den Bergwerken. Aus den Goldgruben von Skapte Hyle kamen ihnen insgesamt etwa 80 Talente ein. Aus den Werken in Thasos selbst erhielten sie etwas weniger, jedoch soviel, daß die Thasier nicht nur frei von Abgaben an Feldfrüchten waren, sondern alles
35 in allem eine jährliche Einnahme von 200 Talenten vom Festland und den Bergwerken hatten, in guten Jahren sogar 300.
(Hdt. 6,44–45, Übers.: J. Feix)

6.6.2 Marathon

Die Feldherrn der Athener waren untereinander nicht einig: Die einen sprachen sich gegen einen Kampf mit den Medern aus, weil sie zu schwach dafür seien; die andern aber, darunter auch Miltiades, forderten die Schlacht. In diesem Zwiespalt setzte sich die schlechtere Meinung durch.
5 Aber noch ein elfter Mann hatte seine Stimme abzugeben, der Polemarchos nämlich, der durch das Bohnenlos gewählt war – seit alters galt dieser Polemarchos bei den Athenern mit seiner Stimme ebensoviel wie die Feldherrn – ; der damalige Polemarchos war Kallimachos aus Aphidnai. Miltiades ging zu ihm und sprach: „Bei dir, Kallimachos, liegt jetzt die
10 Entscheidung, ob du die Athener zu Sklaven machen oder befreien willst und dir damit ein Denkmal ewigen Ruhmes sicherst, den nicht einmal Harmodios und Aristogeiton besitzen. Seit Athen besteht, schwebte es nie in so großer Gefahr wie jetzt. Unterliegen die Athener den Medern, dann liegt auf der Hand, was sie unter Hippias leiden müssen. Wenn aber unsere
15 Stadt siegt, dann kann sie die mächtigste in Griechenland werden. Wie das möglich ist, und warum gerade von dir die Entscheidung abhängt, will ich dir nun erklären: Wir zehn Feldherrn sind in unserer Meinung nicht einig; die einen raten zum Kampf, die anderen sind dagegen. Wagen wir aber

jetzt die Schlacht nicht, dann, fürchte ich, wird große Zwietracht hereinbrechen und das klare Denken der Athener verwirren; sie werden sich den Medern annähern. Wenn wir aber kämpfen, noch ehe ein Riß unter weiteren Athenern sich auftut, dann können wir bei unparteiischer Haltung der Götter als Sieger aus dem Kampf hervorgehen. Alles das liegt jetzt bei dir und hängt von dir ab. Wenn du dich meiner Meinung anschließt, dann ist dein Vaterland frei, und Athen wird die erste Stadt in Griechenland. Trittst du aber auf die Seite derer, die von der Schlacht abraten, dann wirst du das Gegenteil von all dem Guten, das ich aufzählte, erleben."

Mit diesen Worten gewann Miltiades den Kallimachos für seine Idee. Als dann die Stimme des Polemarchos hinzukam, war der Kampf beschlossen. Die Feldherrn, die für die Schlacht gestimmt hatten, überließen nun sämtlich die Entscheidungsgewalt dem Miltiades, wenn ihr Tag des Oberbefehls an der Reihe war.

Der nahm sie an, ließ es aber noch nicht zur Schlacht kommen, bevor er nicht mit dem Oberbefehl an der Reihe war. Als aber die Reihe der Befehlsgewalt an ihn kam, stellten sich die Athener in folgender Weise zum Kampfe auf: Der Polemarchos Kallimachos hatte das Kommando auf dem rechten Flügel. Damals bestand nämlich bei den Athenern noch die Sitte, daß der Polemarchos den rechten Flügel zu führen hatte. Seiner Führung folgten dann die Phylen in fester Zahlenfolge. Endlich schlossen die Plataier auf dem linken Flügel die Front ab. Seit dieser Schlacht betet der Herold in Athen bei den Opfern, die an den fünfjährigen Festen dargebracht werden, zugleich für das Heil der Athener und der Plataier. Als die Athener sich bei Marathon zur Schlacht aufstellten, geschah folgendes: Ihre Frontlinie zeigte die gleiche Länge wie die der Meder. Allerdings war sie in der Mitte nur wenige Reihen tief; dort war das Heer am schwächsten. Die beiden Flügel aber waren an Truppen verstärkt.

Als die Aufstellung beendet war und die Schlachtopfer günstig ausfielen, stürmten die Athener auf Kommando im Laufschritt gegen die Barbaren vor. Die Entfernung zwischen den beiden Heeren betrug nicht weniger als acht Stadien. Die Perser sahen sie im Laufschritt herankommen und rüsteten sich, sie aufzuhalten. Sie warfen den Athenern Wahnsinn vor, völlig verderblichen Wahnsinn, als sie die kleine Schar heranstürmen sahen und dazu im Laufe, wobei weder Reiterei noch Bogenschützen als Deckung vorhanden waren. In solchen Gedanken bewegten sich die Barbaren. Sobald aber der Haufe der Athener auf das Feindheer stieß, kämpften sie beachtlich tapfer. Als erste von allen Griechenstämmen, von denen wir etwas wissen, griffen sie im Laufschritt an, als erste hielten sie den Anblick medischer Kleidung und medischer Krieger aus. Bis dahin war es Griechen ein Schrecknis, auch nur den Namen der Meder zu hören.

Der Kampf bei Marathon dauerte lange. In der Mitte der Front siegten die Barbaren dort, wo die Perser selbst und die Saken aufgestellt waren. An dieser Stelle also gingen die Barbaren siegreich hervor, durchbrachen die Linie der Feinde und verfolgten sie landeinwärts. Auf beiden Flügeln aber waren die Athener und Plataier siegreich. Trotz ihrer Überlegenheit ließen sie die geworfenen Gegner fliehen und wandten sich mit vereinigten

Flügeln gegen die, welche in der Mitte durchgebrochen waren. Auch hier siegten die Athener. Dann folgten sie den fliehenden Persern und trieben sie unter großem Gemetzel bis ans Meer. Dort verlangten sie Feuer und suchten die Schiffe in Brand zu setzen."
(Hdt. 6,109–113, Übers.: J. Feix)

6.6.3 Pausanias über Marathon (1,32,4)

Und dann ist da das besondere Denkmal eines Mannes, des Miltiades, des Sohnes des Kimon, dessen Tod später fiel, nachdem er bei Paros gescheitert und deshalb von den Athenern vor Gericht gezogen worden war. Hier hört man jede Nacht Pferde wiehern und Männer kämpfen.
(Übers.: E. Meyer)

6.6.4 Fragen und Anregungen

- Interpretieren Sie mit Hilfe des Verfassertextes und der Forschungsliteratur Herodots Erzählung über den Mardoniosfeldzug (Quelle 6.6.1). Diskutieren Sie die von Herodot formulierten Ziele des Dareios.
- Inwieweit hat Herodot bei der Schilderung der Diskussion der Athener Feldherrn vor der Schlacht (Quelle 6.6.2) zeitgenössische Stimmungen oder anachronistische Wertungen übernommen? Nutzen Sie dazu auch die Forschungsliteratur.
- Vergleichen Sie den Bericht Herodots über Marathon mit den Hinweisen des Pausanias (Quelle 6.6.3) über Grabmäler der Marathonkämpfer und ein Gemälde, das um 460 v. Chr. in der *Stoa poikile* (Bunten Halle) auf der Agora in Athen aufgestellt wurde (Abb. 4)
- Stellen Sie Unterschiede fest und suchen Sie diese mit Hilfe der Forschungsliteratur (Cawkwell 2002, S. 88 f., Krentz 2010, S. 139–142) zu erklären.
- Referieren Sie das Leben und die politischen Aktivitäten des (jüngeren) Miltiades mit Hilfe der Forschungsliteratur und Lexikonartikeln.

6.6.5 Lektüreempfehlungen

Herodot, *Historien*. Deutsche Gesamtausgabe. Übersetzt von A. Horneffer. Neu herausgegeben und erläutert von H.W. Haussig, 4. Aufl. Stuttgart 1971.   Quellen
Herodot, *Historien*. 2 Bde., hrsg. von J. Feix, 3. Aufl. München 1980.
L. Scott, *Historical Commentary on Herodotus Book 6*, Leiden/Boston 2005 (*Ausführlicher historischer Kommentar mit wertvoller Einleitung (zum Ionischen Aufstand) und Diskussion einzelner Probleme in den Appendices*).

E. B. Harrison, *The South Frieze of the Nike Temple and the Marathon Painting in the Painted Stoa*, in: American Journal of Archaeology 76 (1972), S. 353–378 (*Erkennt in dem Südfries des Niketempels eine Szene der Marathonschlacht und deutet hieran anschließend die Elemente und den Aufbau des Schlachtgemäldes von der Stoa Poikile. Lehrreich besonders wegen der Kombination archäologisch-kunstgeschichtlicher und quellenkritischer Interpretation*).   Forschungsliteratur
H.-U. Instinsky, *Herodot und der erste Zug des Mardonios gegen Griechenland*, in: W. Marg (Hg.), *Herodot. Eine Auswahl aus der neueren Forschung*, Darmstadt 1962, S. 471–496 (*Plädiert für eine Bestrafung Athens und Eretrias als Ziel des Mardonios-Zuges und argumentiert gegen die Annahme, die Flotte der Perser sei bereits auf der Rückfahrt am Athos zerschellt*).
P. Krentz, *The Battle of Marathon*, New Haven und London 2010 (*Jüngste englischsprachige Monographie zu Marathon aus der „Kagan-Schule", die unter Berücksichtigung sämtlicher geographischer, topographischer und archäologischer Rahmendaten die literarischen Quellen erst dann verwirft, wenn diese innere Widersprüche aufweisen oder keine befriedigende Lösung bieten, S. 14 f.*).
M.A. Vasilev, *The Policy of Darius and Xerxes towards Thrace and Macedonia*, Leiden/Boston 2015 (*Dichte Beschreibung vor allem des Mardonios-Feldzuges mit Klärung zahlreicher topographischer und ethnographischer Details. Spricht sich für eine auf Makedonien und Thrakien begrenzte Zielsetzung der persischen Politik aus*).
M. Zahrnt, *Der Mardonioszug des Jahres 492 v. Chr. und seine historische Einordnung*, in: Chiron 22 (1992), S. 237–279 (*Das Mardonios-Unternehmen wird als Teil der Maßnahmen gedeutet, mit denen die Perser ihren Machtverlust während des Ionischen Aufstandes wieder auszugleichen suchten.*

7 Der „Reichsfeldzug" des Xerxes und das Flottenprogramm des Themistokles (489–482 v. Chr.)

Abb. 6: Ostraka des Kallias Kratiou

Im Athener Stadtteil Keramaikos hat man über 11 000 Tonscherben (*ostraka*) mit eingeritzten Namen von Bürgern sowie dem Namen des Vaters und mitunter dem zugehörigen Demos gefunden – Zeugen eines Abstimmungsverfahren, das man heute gemeinhin als Scherbengericht (Ostrakismos) bezeichnet. Einige wenige Scherben verbinden Namen prominenter Politiker mit Beiwörtern wie „Der Perser" oder suchen über Ritzzeichnungen dessen perserfreundliche Gesinnung zu suggerieren. Die abgebildeten Scherben etwa diffamieren Kallias Kratiou („Sohn des Kratios"), als „Meder" (*medos*) und stellen ihn als persischen Bogenschützen dar.

Wie ernst das wirklich genommen wurde, ist heute umstritten, doch deuten diese Zeugnisse in jedem Falle daraufhin, dass in den Jahren nach Marathon heftig darüber diskutiert wurde, wie man sich gegenüber den Persern unter ihrem neuen König Xerxes verhalten sollte, und dass dabei schwierige Richtungsentscheidungen zu fällen waren. Die wichtigste war der Entschluss zum Ausbau der Flotte, der mit dem Namen des Themistokles verbunden ist. Wie kam es dazu und welche Folgen hatte die von Themistokles initiierte Politik?

7.1 Die Rüstungen des Xerxes und die Lage in Athen

Maßnahmen des Xerxes

Nach dem Erfolg der Athener bei Marathon begannen sich die griechische und die persische Geschichte immer stärker zu verschränken. Laut Herodot „rüstete Dareios noch eifriger zum Krieg gegen Hellas" (Hdt. 7,1) und ordnete Mobilisierungen an, die „ganz Asien drei Jahre in Bewegung" hielten. Doch dann verzögerten Aufstände in Babylonien und Ägypten die Vorbereitungen, ein Jahr später starb der Großkönig. Sein Sohn Xerxes (reg. 486–465) unterdrückte mit Heeresmacht die Rebellion und intensivierte dann die Vorbereitungen für den Kriegszug auf die griechische Halbinsel. Diesmal sollte eine kombinierte Invasion zu Lande und zu Wasser über Thrakien und Makedonien erfolgen. An den Dardanellen wurden Pontonbrücken gebaut und in Makedonien Versorgungsdepots angelegt, beides Hinweise auf den gegenüber den früheren Expeditionen erheblich gewachsenen Umfang des Invasionsheeres. Um der Flotte das Risiko einer erneuten Athosumsegelung zu ersparen, befahl der Großkönig, einen Kanal quer durch die Halbinsel zu graben.

Die meisten Poleis ließen sich von den Vorbereitungen des Xerxes beeindrucken und gaben den erneut nach Griechenland entsandten persischen Boten „Erde und Wasser" als Zeichen der Unterwerfung oder zumindest der Unterstützung eines persischen Angriffes. Das militärische Renommee, das sich Xerxes bei der Niederschlagung des ägyptischen Aufstandes erworben hatte, wird für viele mehr gewogen haben als der Sieg der Athener bei Marathon, zumal diesmal die persische Gefahr vom Norden der griechischen Halbinsel aus drohte. Doch weiter im Süden der Halbinsel war man nicht so schnell bereit, die Waffen zu strecken, obwohl die politische Lage in den Poleis gewohnt kompliziert war.

„Erde und Wasser"

So hatte der Erfolg bei Marathon die Athener nicht etwa geeint und zusammengeschweißt, sondern eher das Gegenteil bewirkt. Kaum war das Expeditionsheer abgezogen, setzten die Konkurrenzkämpfe mit neuer Härte ein, und der „persische Faktor" wirkte dabei wie ein Katalysator: Allein der Verdacht, eine pro-persische Politik zu favorisieren oder gar mit den Persern zu kollaborieren (Medismos), reichte aus, um den innenpolitischen Gegner als Feind des Volkes und potentiellen Tyrannen zu brandmarken. Wie sehr die Kämpfe eskalierten, zeigt die erste Anwendung eines (nach antiker Tradition) von Kleisthenes geschaffenen, aber erstmals im Jahre 488/87 angewandten Verfahrens zum unblutigen politischen Konfliktaustrag, das es (außer in Syrakus) nur in Athen gab, des sog. Ostrakismos (von *ostrakon*, „Tonscherbe"). Das ein Mal im Jahr stattfindende „Scherbengericht" sah vor, dass die Volksversammlung über allzu mächtig gewordene Politiker abstimmte, indem die Stimmberechtigten den Namen desjenigen, den man am gefährlichsten hielt, auf eine Tonscherbe einritzte. Wer bei mindestens 6000 Teilnehmern die meisten Stimmen erhielt, musste die Stadt für zehn Jahre verlassen, er behielt aber sein Vermögen und seine Ehre und hatte damit die Chance, nach seiner Rückkehr wieder politisch aktiv zu werden. Der Ostrakismos sollte demnach keineswegs die Karriere adliger Politiker zerstören (denn man brauchte ihre Erfahrung in Athen), sondern das sich aufstauende Konfliktpotential dadurch entschärfen, indem man einen der Hauptprotagonisten aus der Kampfszene entfernte, bis sich die Atmosphäre beruhigt hatte.

Medismos in Athen

Ostrakismos

Zwischen 487 und 482 wurde der Ostrakismos jedes Jahr angewandt. Dass das Verfahren von der Volksversammlung anstelle des Rates der 500 durchgeführt wurde und diese Verschiebung der

Zuständigkeiten in die Zeit nach Marathon fiel, deutet darauf hin, dass die Perserkriege zumindest indirekt auch die Weiterentwicklung der Isonomie beeinflussten. Die gesamte Bürgerarmee hatte bei Marathon gesiegt, und dass nun die Volksversammlung, in der die Hopliten vertreten waren, größere Aktivitäten z. B. bei der Durchführung des Ostrakismos entwickelte, war nachvollziehbar.

Neuordnung der militärischen Führung

Ebenfalls auf die Erfahrung von Marathon ging wohl die Neugestaltung der militärischen Führungsebene zurück. Wurde vor Marathon ein Oberbefehlshaber (*Polemarchos*) des Gesamtaufgebotes gewählt, so traten jetzt an dessen Stelle zehn von der Volksversammlung gewählte Strategen, während sämtliche Archonten aus einem von den Demen nominierten Kandidatenpool erlost wurden. Das Wahlamt stärkte und verbreitete die militärische Führungsebene und es erlaubte fortan den Inhabern, gleichzeitig an mehreren Kriegsschauplätzen aktiv zu werden. Da ein Stratege auch mehrmals wiedergewählt werden durfte, konnte er fortan auch in der Innenpolitik großen Einfluss gewinnen. Dass die Strategenreform im gleichen Jahr wie die Wiedereinführung des Ostrakismos stattfand, belegt einmal mehr den durch Marathon erzeugten Veränderungsdruck. Innen- und Außenpolitik, Verfassungsentwicklung und Krieg, innere Konflikte und militärische Operationen waren Felder, die beständig miteinander konvergierten.

7.2 Die Parosexpedition und das Ende des Miltiades

Symptomatisch für diesen Zusammenhang ist das sog. Parosabenteuer des Marathonsiegers Miltiades (Quelle 7.6.1). Im Frühjahr 489 v. Chr., also ein Jahr nach Abwehr des persischen Angriffs, forderte er laut Herodot (6,132) „siebzig Schiffe und ein Heer und Geld von den Athenern" mit dem Versprechen, sie ohne größere Mühe reich zu machen. Offensichtlich verfing die Aussicht auf große Beute noch genauso wie seinerzeit beim Zug gegen Sardes. Das konkrete Angriffsziel nannte er diesmal angeblich nicht (von Welwei 1999, S. 41 bezweifelt), doch schnell wurde klar, dass die Kykladeninsel Paros auserkoren war, die seit dem Datiszug unter persischer Kontrolle stand. Ging es demnach nur um materiellen Gewinn oder gar um persönliche Rachemotive, wie Herodot meint? Oder steckte hinter dem Kriegszug ein strategisches Konzept, das auf die Wie-

Ziel des Miltiades

dergewinnung der Kykladeninsel zielte und an Expansionspläne anknüpfte, die Miltiades und die Mehrheit der Athener Bürger bereits vor dem Ionischen Aufstand anvisiert hatten (vgl. Welwei 1999, S. 39)? Oder war das Ganze doch nicht mehr als eines der üblichen Abenteuer eines ehrgeizigen Adligen, der den Schwung des Sieges bei Marathon nutzte, um sich zu bereichern und seinen innenpolitischen Einfluss zu vergrößern? Für diese letzte These könnte die Tatsache sprechen, dass Miltiades ganz nach Art archaischer Raubfahrten das Ziel des Unternehmens zunächst nicht benannte und nach dem Scheitern der Eroberung von Paros von einem gewissen Xanthippos wegen Täuschung der Athener angeklagt und zu einer hohen Geldstrafe (von angeblich 50 Talenten) verurteilt wurde (Hdt. 6,136).

7.3 Die Marinepolitik Athens und der Konflikt mit Aigina

Auffällig ist, dass die Volksversammlung immerhin eine Flotte von 70 Kriegsschiffen zur Verfügung stellen konnte; während des Ionischen Aufstandes waren nur 20 Einheiten mobilisiert worden. Auch wenn es sich dabei wohl kaum um den modernen Typ des Dreiruderers handelte, verfügte Athen damit unmittelbar nach Marathon über die wahrscheinlich stärkste Flotte der griechischen Halbinsel, die nun, wenn auch noch nicht in den Besitz, wohl aber in die Verfügungsgewalt der Volksversammlung übergangen war.

Athens Flotte

Ein treibender Faktor dürfte dabei gar nicht in erster Linie die Persergefahr gewesen sein, sondern der Dauerkonflikt mit Aigina. Die Inselpolis war mit Persien verbündet und Athen hatte wohl nur mit Hilfe spartanischer Intervention eine Art Stillhalteabkommen mit ihr erreicht. Dieses ging jedoch nach Abzug der Perser schnell in die Brüche und die üblichen Konflikte lebten wieder auf. In diesem Kontext werden die Athener auch die Flotte aktiviert haben. Doch auch diesmal scheiterten die Athener daran, die feindliche Inselpolis zu erobern und dem Dauerkonflikt ein Ende zu bereiten. Offensichtlich hinkte man der technischen und taktischen Ent-

Konflikt mit Aigina

wicklung des Seekrieges hinterher, weil man immer noch auf die alten Fünfzigruderer[1] setzte.

Themistokles

Initiator der so dringend notwendigen Veränderungen wurde nach Aussage der Quellen ein Mann namens Themistokles, der bereits als Archon des Jahres 493/2 vor der Volksversammlung den Ausbau eines Kriegshafens im Piräus an Stelle des alten Landungsplatzes Phaleron vorgeschlagen hatte (Thuk. 1,92), aber durch die Erfolge der Landarmee bei Marathon in seinen Bemühungen gebremst worden war. Dass er schon damals auch für den Ausbau der Flotte eingetreten war, liegt auf der Hand. Denn welchen Zweck sollte der Ausbau des Hafens und der maritimen Infrastruktur sonst haben? Allerdings war eine Umstellung auf den modernen Dreiruderer nicht nur mit erheblichen Mehrkosten verbunden; sie erforderte auch eine weitaus größere Zahl an einzuübenden Ruderern. Wo sollte man beides hernehmen und wer sollte das neue Kriegsinstrument kontrollieren? Und würde nicht die so starke Verlagerung des Kriegspotentials auf die Marine zu Lasten der Landarmee das gesellschaftliche Gleichgewicht ins Wanken bringen und den Ruhm der Marathonkämpfer schmälern?

7.4 Das Flottenprogramm des Themistokles

Es war für Themistokles ein Glücksumstand, dass auf der Höhe der Auseinandersetzungen in den Bergwerken von Laureion nahe Athen neue Silberlagerstätten entdeckt wurden. Mit den zu erwartenden Erträgen und Mehreinnahmen konnte man das Argument der Gegner, der Aufbau einer Trierenflotte sei zu teuer, widerlegen. Und so brachte er 483 v. Chr. in der Volksversammlung den Antrag durch, mit Hilfe der Mehrerträge von 100 Talenten 200 Trieren für den Krieg gegen Aigina bauen zu lassen (Quellen 7.6.2–7.6.4).

---

1 Ein Fünfzigruderer (Pentekontere) wurde auf jeder Seite von je 25 Ruderern angetrieben; das Schiff war das Standardmodell der archaischen Seekriege und Kolonisationsunternehmungen. Die Triere besaß dagegen (in der Regel) 170 Ruderer, die auf drei Ebenen oder Ruderreihen (deshalb auch „Dreiruderer) saßen. Die mit einem Rammsporn ausgestattete Triere war schlanker und schneller als der Fünfzigruderer und vornehmlich für die Seeschlacht konzipiert.

Die Gründe für den Erfolg des Antrages, die politischen Umstände und Folgen sowie die Motive des Themistokles sind bis heute Gegenstand einer intensiven Forschungsdiskussion. Ausgangspunkt ist die widersprüchliche Quellenlage. Manche Forscher meinen, dass die von Herodot genannte Zahl von 200 Trieren für einen Krieg gegen Aigina zu hoch gewesen sei und Themistokles in Wirklichkeit mit der Erfahrung der Datisexpedition und eines erneut drohenden Angriffes argumentiert habe; die Rüstungsaktivitäten des Xerxes dürften auch in Athen bekannt geworden sein (Funke 1999, S. 38 f.). Andere kritisieren die Zahl selbst und gehen von nur 100 aktuell beantragten Neubauten aus, eine Größe, die wiederum für einen Einsatz gegen Aigina plausibel gewesen wäre. Und wieder andere schlagen einen Kompromiss vor, vermuten die wirkliche Zahl in etwa der Mitte zwischen diesen Angaben (Meister 1997, S. 97) und/oder folgen einer späteren Überlieferung (Plutarch), wonach Themistokles nur aus taktischen Gründen mit dem Krieg gegen Aigina argumentierte, in Wirklichkeit aber längst die Persergefahr als eigentlichen Grund angesehen habe.

Gründe für den Erfolg

Die Diskussion wird dadurch verkompliziert, dass viele Forscher die Rolle des Themistokles als eines vorausschauend genialen Wegbereiters der großen Flottenrüstung hinterfragen und vermuten, hinter der Konzentrierung allen Geschehens auf einzelne Personen seien – wie im Falle des Ionischen Krieges – breitere politische Kräfte wirksam gewesen, ohne die ein so gewichtiges Projekt wie das Flottenprogramm nicht hätte durchgesetzt werden können. Grundlage ihrer Rekonstruktionen sind die in der Aristotelischen *Athenaion Politeia* und bei Plutarch (bzw. Platons *Nomoi* 706c) tradierten Überlegungen über die möglichen Konsequenzen der Flottenrüstung (vgl. Funke 1999, S. 39), doch ist unklar, inwieweit diese Überlegungen bereits so in der Diskussion der damaligen Zeit geäußert wurden oder Rückprojektionen späterer Auseinandersetzungen aus der Zeit der entwickelten Seemacht Athens (Mitte des 5. Jahrhunderts v. Chr.) sind.

Rolle des Themistokles

Unzweifelhaft ist, dass Themistokles nur mit Unterstützung von politischen Freunden und Anhängern erfolgreich sein konnte, während seine Gegner ihre Verbündeten mobilisierten. Ob aber diese Bündnisse auch stabile politische Lager repräsentierten oder sich nicht vielmehr ad hoc und jeweils für bestimmte Agenden zusammenfanden, ist genauso umstritten wie die durch die Quellen suggerierte Vermutung, Themistokles sei die Stimme der fortschrittlichen, dem Meer gegenüber aufgeschlossenen, aber politisch wenig einflussreichen Teile der Gesellschaft gewesen, während seine Gegner sich um den Politiker Aristeides und die Reihen der Marathonkämpfer scharten, die sich durch die Umrüstung auf die Flotte um ihren Ruhm und Einfluss sorgten. Fraglich ist überhaupt, ob man damals die langfristigen innen- und verfassungspolitischen Folgen der Flottenpolitik voraussehen und mit ihnen argumentieren konnte. Einerseits wird man den Athenern durchaus ein Gespür für die politischen und gesellschaftlichen Konsequenzen einschneidender Veränderungen wie die eines staatlichen Flottenbauprogrammes zutrauen können. Andererseits wirkt vieles an der Überlieferung so pauschal und im Hinblick auf die Funktion des Flottengesetzes als Katalysator einer „Demokratisierung der Verfassung" konstruiert, dass man in ihnen eher die Interpolation späterer verfassungstheoretischer und politischer Diskussionen vermuten möchte.

7.5 Athen am Vorabend der Invasion des Xerxes – Wer fürchtet wen?

Konsens in der Außenpolitik

Möglicherweise wird man der Realität ohnehin gerechter, wenn man weniger auf die innenpolitischen Konkurrenz- und Richtungskämpfe blickt, als vielmehr auf den die Tagespolitik übergreifenden Konsens, der die Athener zumal dann einte, wenn es um den Ruhm der Stadt und ihre militärische Stärke ging. Egal ob die Flottenrüstung auf einen einzigen Volksversammlungsbeschluss zurückging oder Endpunkt einer Entwicklung war, die viel früher einsetzte – ohne die Zustimmung des Volkes und einer Mehrheit der Adligen ist so eine einschneidende Entwicklung schwer vorstellbar. Dass über die politischen Lager und gesellschaftlichen Traditionen hinweg Einigkeit darüber bestand, den außenpolitischen Einfluss Athens zu mehren und die militärische Stärke zu erhöhen, zeigten schon der Zug des Marathonsiegers Miltiades zu den Kykladen sowie die langjährigen Kämpfe gegen Aigina. Immerhin wurde auch Aristeides später selbst ein wichtiger Wegbereiter der Athener Seemachtspolitik (vgl. Kap. 11). In dieser Hinsicht dürfte es wenig Dissens gegeben haben, so dass die Vermutung, die maritime Aufrüstung sei letztlich das Werk der Athener Oberschicht gewesen (Schmidt-Hofner 2016, S. 57), viel für sich hat.

Nicht das Ziel war umstritten, sondern der Weg dorthin sowie die Frage, wie schnell und mit welchen Mitteln man vorgehen sollte. Vielfach wird man nicht deshalb gegen Anträge opponiert haben, weil man sie sachlich für falsch hielt, sondern weil man fürchtete, dass der Antragssteller zu mächtig wurde (Meier 1995, S. 274). Dass am Ende Themistokles in den Quellen als der strahlende, aber auch recht einsame Held einer letztlich erfolgreichen Machtpolitik hervortritt, ist auch der Dramaturgie antiker Quellen geschuldet und täuscht nur allzu leicht darüber hinweg, dass gerade Marinepolitik in großem Stil ohne einen breiten gesellschaftlichen Rückhalt nach aller historischen Erfahrung kaum denkbar ist.

<small>Verzerrung der Quellen</small>

Vor dem Hintergrund dieser Verhältnisse drängt sich denn auch eine Frage auf, die in jüngerer Zeit vor allem von dem holländischen Gelehrten H.T. Wallinga wieder ins Spiel gebracht wurde (Wallinga 2005, S. 7–31): Athen wurde mit dem Bau einer zunächst 100 und dann 200 Einheiten umfassenden Trierenflotte zu der mit Abstand stärksten Seemacht der Ägäis außer den Persern selbst. Die Flotte entsprach derjenigen, mit der Aristagoras seinerzeit den Ionischen Aufstand mehrere Jahre erfolgreich gestalten konnte. Ohne Zweifel blieb das Flottenprogramm den Persern nicht verborgen – es gab genügend Sympathisanten des Hippias unter den Athenern und allein der benötigte Nachschub an Bauholz aus Makedonien wird nach Susa gemeldet worden sein. Wenn dem so ist, mussten sich dann nicht eher die Perser durch das Flottenprogramm des Themistokles zumindest im Hinblick auf die Sicherheit ihrer ägäischen Herrschaft bedroht fühlen – Miltiades hatte gezeigt, wohin die Athener Stoßrichtung zielte –, als dass umgekehrt die Athener sich um eine persische Invasion sorgten? Ist womöglich der Feldzug des Xerxes als ein Präventivschlag zu verstehen, der verhindern sollte, dass die neugebaute Flotte der Athener die westlichen Satrapien in Aufruhr versetzte?

<small>Persischer Präventivschlag?</small>

7.6 Quellen und Vertiefung

7.6.1 Das Paros-Unternehmen des Miltiades

> 132. Nach der Katastrophe bei Marathon wurde der Ruhm des Miltiades noch größer, obwohl er bei den Athenern schon vorher in hohem Ansehen stand. Er forderte von den Athenern 70 Schiffe, ein Heer und Geld. Er

sagte ihnen aber nicht, gegen welches Land er ziehen wolle, sondern
nur, er werde sie sehr reich machen, wenn sie ihm folgten. Er werde sie
nämlich gegen ein solches Land führen, aus dem sie ohne Mühe Gold in
Fülle davontragen könnten. Mit diesem Hinweis forderte er die Schiffe. Die
Athener wurden dadurch hochgemut und bewilligten sie ihm.

133. Nachdem Miltiades das Heer übernommen hatte, segelte er gegen
Paros. Als Kriegsgrund gab er an, die Parier hätten vorher an dem persischen Zug gegen Marathon mit einem Dreiruderer auf Seiten der Perser
teilgenommen. Das war aber nur ein Vorwand, den er aussprach. In Wirklichkeit hegte er Groll gegen Paros wegen des Lysagoras, des Sohnes des
Teisias, der aus Paros stammte und ihn bei dem persischen Feldherrn Hydarnes verklagt hatte. Als er an seinem Ziel mit dem Heere ankam, schloß
Miltiades die Stadt ein und belagerte sie. Er schickte einen Herold hinein
und forderte 100 Talente. Gleichzeitig ließ er sagen: Wenn die Parier diese
Summe nicht zahlten, werde er sein Heer nicht früher wegführen, bis er
die Stadt erobert habe. Die Parier aber dachten gar nicht daran, Miltiades
das Geld zu geben. Ihr einziger Gedanke galt der Verteidigung der Stadt.
Sie richteten sich also auf die Belagerung ein und brachten während der
Nacht jeweils den Teil der Mauer, der am meisten gefährdet war, auf die
doppelte Höhe.

134. Bis dahin berichten alle Griechen das gleiche; den weiteren Verlauf
aber erzählen die Parier selbst so: Als Miltiades sich keinen Rat mehr
wußte, kam eine kriegsgefangene Frau, eine Parierin, zu ihm. Sie hieß
Timo und war eine dienende Priesterin der unterirdischen Gottheiten. Sie
trat vor Miltiades und riet ihm: Wenn er auf die Eroberung von Paros Wert
lege, solle er das tun, was sie ihm rate. Sie beschrieb nun, was er tun solle.
Darauf schlich Miltiades auf den vor der Stadt liegenden Hügel und sprang
über den Zaun des Tempels der Demeter Thesmophoros, weil er das Tor
nicht öffnen konnte. Darauf betrat er das Allerheiligste, um dort irgend
etwas zu tun. Ich weiß nicht, ob er von den unberührbaren Dingen drinnen
eines fortnehmen wollte oder sonst etwas vorhatte. Aber schon an der Tür
überkam ihn ein Schauder. Er eilte den gleichen Weg zurück, aber beim
Herabspringen von der Mauer verrenkte er sich die Hüfte. Andere berichten, er habe sich am Knie verletzt.

135. Da kehrte Miltiades krank mit der Flotte nach Athen zurück. Er brachte
keine Schätze heim und hatte auch Paros nicht unterworfen, nachdem er
es 26 Tage belagert und die Insel verwüstet hatte.

(Hdt. 6,132–135, Übers.: J. Feix)

7.6.2 Das Flottenprogramm des Themistokles: Herodot 7, 141–144

141. Auf diese Worte verkündete die Oberpriesterin beim zweiten Mal folgendes: „Pallas Athene vermag den Olympier nicht zu versöhnen, Mag sie auch flehend ihm nahn, wortreich mit verständigem Rate. Doch dir sag ich ein anderes Wort, wie Stahl fest gegründet: Ist das übrige alles von Feinden
5 genommen, was Kekrops' Grenze umschließt und die Schluchten des heiligen Berges Kithairon, Dann gibt die Mauer aus Holz der Tritogebornen weitschauend Zeus unbezwungen allein, dir und deinen Kindern zu Nutze. Doch erwarte du nicht der Reiter Schar und das Fußvolk ruhig auf festem Boden! Entweiche dem drohenden Angriff, Wende den Rücken ihm zu!
10 Einst wirst du ja dennoch sie treffen. Salamis, göttliche Insel, die Kinder der Frauen vertilgst du, sei es zu Demeters Saat oder sei es zum Zeitpunkt der Ernte."

142. Dieser Spruch schien ihnen milder zu sein als der erste; er war es auch wirklich. Sie schrieben ihn auf und zogen heim nach Athen. Als die Boten
15 zu Hause eintrafen und der Gemeinde berichteten, gab es viele verschiedene Meinungen unter denen, die den Sinn des Orakels suchten. Besonders aber diese Meinungen standen gegeneinander: Einige von den Älteren sagten, für sie hätte es den Anschein, als hätte der Gott die Erhaltung der Burg geweissagt; denn die Burg in Athen war seit alten Zeiten mit einer
20 Dornhecke umgeben. Diesen Zaun hielten sie für die hölzerne Mauer. Andere sagten wieder, der Gott meine die Schiffe, und gaben ihnen den Befehl, sie sollten die Flotte instandsetzen und alles andere lassen. Diejenigen aber, die meinten, die Schiffe seien die hölzerne Mauer, wurden irre an den beiden letzten Versen der Pythia: „Salamis, göttliche Insel! Die
25 Kinder der Frauen vertilgst du, sei es zu Demeters Saat oder sei es zum Zeitpunkt der Ernte." An diesen Worten stießen sich die Meinungen derer, die behaupteten, die Schiffe seien die hölzernen Mauern. Denn die Orakeldeuter erklärten die Worte so, als sollte Athen bei Salamis unterliegen, wenn es zu einer Seeschlacht rüste.

30 143. Unter den Athenern lebte ein Mann, der erst seit kurzem zu großem Ansehen gekommen war: Themistokles, er hieß Sohn des Neokles. Er behauptete, die Orakeldeuter legten nicht alles richtig aus, und fügte hinzu, wenn dieses Wort sich wirklich auf die Athener bezöge, wäre der Spruch, wie er glaube, nicht so milde ausgefallen, sondern etwa folgender-
35 maßen: „Schreckliches Salamis!" statt „Göttliches Salamis", wenn wirklich die Bewohner im Kampf darum sterben sollten. Der Spruch sei gegen die Feinde gerichtet, nicht auf die Athener, wenn man ihn richtig verstehe. So riet er ihnen denn, sich zum Kampf mit Schiffen zu rüsten; denn diese seien die hölzernen Mauern. Diese Erklärung des Themistokles hielten die
40 Athener für viel annehmbarer als die Auslegung der Orakeldeuter, die von der Rüstung zum Seekrieg abrieten und sagten, man solle die Hand überhaupt nicht gegen den Feind erheben, sondern Attika verlassen und sich in einem andern Land ansiedeln.

144. Schon früher hatte Themistokles einen anderen glücklichen Antrag eingebracht: Die Athener hatten viel Geld im Staatsschatz, das ihnen aus den Bergwerken von Laurion einging. Dieses Geld sollte unter die Bürger verteilt werden, zehn Drachmen auf den Mann. Damals überredete Themistokles die Athener, mit dieser Verteilung aufzuhören und von dem Geld 200 Schiffe für den Krieg zu bauen, und zwar, wie er sagte, gegen Aigina. Dieser Krieg, der damals ausbrach, rettete ganz Griechenland; denn er zwang die Athener, ein Seevolk zu werden. Die Schiffe wurden für den damaligen Zweck gebaut, aber nicht mehr gebraucht. Nun kamen sie in der Not ganz Griechenland zustatten; die Schiffe, die die Athener früher gebaut hatten, waren also bereits vorhanden, und man brauchte nur noch andere dazuzubauen. Als sie sich nach dem ergangenen Götterspruch berieten, beschlossen sie, dem Gotte gehorsam, dem Angriff des Feindes auf Griechenland mit aller Macht zur See zu begegnen, zusammen mit allen Griechen, die dazu bereit seien.
(Hdt. 7,141–144, Übers.: J. Feix)

7.6.3 Plutarch, Themistokles 3–4.

Man glaubte ja auch ganz allgemein, mit der Niederlage der Perser bei Marathon habe der Krieg sein Ende gefunden, Themistokles jedoch sah in dieser Schlacht nur das Vorspiel zu größeren Kämpfen. Er ahnte lange voraus, was kommen werde, und bereitete zum Wohl von ganz Griechenland sich selber und seine Vaterstadt für den neuen Waffengang aufs beste vor. (4) Er fing damit an, dass er mit einem Vorschlag vor die Volksversammlung trat, wie ihn sonst niemand gewagt hätte: Die Athener sollten die Einkünfte aus den Silberbergwerken im Laureion nicht wie bisher unter sich verteilen, sondern diese Mittel zum Bau von Trieren für den Krieg gegen Aigina verwenden. Dieser wurde eben zu jener Zeit in Griechenland mit größter Heftigkeit geführt, und die Aigineten beherrschten mit ihrer mächtigen Flotte das Meer. So fiel es Themistokles nicht schwer, die Athener für den Plan zu gewinnen. Er drohte ihnen nicht mit dem Schreckgespenst des Dareios und der Perser, denn diese waren weit weg, und die Furcht, sie könnten wieder kommen, saß gar nicht tief; vielmehr benutzte er im richtigen Augenblick den Hass und die Eifersucht seiner Mitbürger gegen die Aigineten, um seine Rüstungspläne durchzuführen. Aus den Geldern wurden hundert Trieren gebaut, die dann auch im Kampf gegen Xerxes zum Einsatz kamen. Von nun an führte Themistokles seine Vaterstadt Schritt für Schritt dem Meer zu. Er ließ sich dabei von der Überzeugung leiten, dass das Landheer nicht einmal den Grenznachbarn gewachsen sei, während Athen mit einer Seemacht die Barbaren im Schach halten und die Herrschaft über Griechenland erringen könnte. So machte er, wie Platon sagt, aus standfesten Hopliten Matrosen und Seeleute, was ihm den Vorwurf eintrug, er habe seinen Mitbürgern Schild und Speer aus der Hand genommen und das Athenervolk an die Ruderbank gefesselt. Nach

Stesimbrotos' Bericht stemmte sich Miltiades der Vorlage entgegen, allein Themistokles trug den Sieg über ihn davon und konnte sich durchsetzen. Ob er mit seinem Vorgehen gegen den Sinn und Wortlaut der Verfassung
30 verstieß, muss einer genaueren Untersuchung vorbehalten bleiben; dass aber das Meer den Griechen die Rettung brachte, dass jene Trieren Athen aus Schutt und Asche wieder aufrichteten; dafür ist Xerxes der beste Zeuge.
(Übers.: K. Ziegler)

7.6.4 Aristoteles, Der Staat der Athener 22,7

Im dritten Jahr danach, im Archontat des Nikodemos (483/482), als die Silberminen in Maroneia entdeckt wurden und der Polis aus deren Ausbeutung hundert Talente zuflossen, gaben einige den Rat, das Silber an das Volk zu verteilen. Themistokles verhinderte das, wobei er nicht preisgab,
5 wozu er das Geld verwenden werde; vielmehr drang er darauf, jedem der hundert reichsten Athener ein Talent als Darlehen zu geben; wenn dann diese Verwendung Gefallen fände, dann solle die Ausgabe zu Lasten der Polis gehen; wenn aber nicht, solle man das Geld von den Darlehensnehmern wieder einziehen. Nachdem er unter diesen Bedingungen das Geld
10 übernommen hatte, ließ er davon hundert Trieren bauen, wobei jeder der hundert Darlehensnehmer für den Bau einer Triere verantwortlich war; mit diesen Schiffen schlugen sie die Seeschlacht bei Salamis gegen die Barbaren. Ostrakisiert wurde zu diesem Zeitpunkt Aristeides, Sohn des Lysimachos.
(Übers.: M. Dreher)

7.6.5 Fragen und Anregungen

- Fassen Sie die Motive des Miltiades, die Herodot für das Paros-Unternehmen angibt (Quelle 7.6.1) zusammen und interpretieren Sie diese mit Hilfe der Forschungsliteratur (Link 2000; Welwei 1999, S. 39–41).
- Diskutieren Sie die Ziele der Paros-Expedition. Hatte es Miltiades nur auf schnelle Beute abgesehen oder wollte er mit Zustimmung der Volksversammlung den Einflussbereich Athens über die Kykladeninsel ausdehnen? In welchem Zusammenhang stände das mit der persischen Politik vor und nach Marathon?
- Die Forschung sieht häufig in der Paros-Expedition den Widerstreit von zwei politischen Entwicklungen vor dem Hintergrund der Perserkriege: einerseits den alten Machtanspruch

der Adligen, andererseits das wachsende politische Selbstbewusstsein der Volksversammlung. Nehmen Sie zu dieser These Stellung und erläutern Sie sie.
- Interpretieren Sie mit Hilfe der Forschungsliteratur (u. a. Welwei 1999) die Rolle des Themistokles bei der Durchsetzung des Flottenprogramms und erklären Sie die Funktion der Orakelsprüche (Quellen 7.6.2–7.6.4).
- Diskutieren Sie, inwieweit die Anwendung des Ostrakismos „ein Mittel zur Beförderung der Einheitlichkeit der attischen Politik" (Meier 1995, S. 268) war und in welchem Zusammenhang diese Funktion mit der Flottenpolitik Athens stand.

7.6.6 Lektüreempfehlungen

Quellen (mit Kommentar)

Aristoteles, *Der Staat der Athener*. Übersetzt und herausgegeben von M. Dreher, Stuttgart 1993.

F. J. Frost, *Plutarch's Themistocles. A Historical Commentary*, Princeton/New Jersey 1980.

Herodot, *Historien*. Deutsche Gesamtausgabe. Übersetzt von A. Horneffer. Neu herausgegeben und erläutert von H.W. Haussig, 4. Aufl. Stuttgart 1971.

Herodot, *Historien*. 2 Bde., hrsg. von J. Feix, 3. Aufl. München 1980.

Plutarch, *Große Griechen und Römer*, Bd. 1, eingeleitet und übersetzt von K. Ziegler, Zürich/Stuttgart 1954, S. 365–404 (Biographie des Themistokles).

Forschungsliteratur

W. Blösel, *Das Flottenbauprogramm des Themistokles und der Beschluss der Athener zur Seeverteidigung gegen Xerxes (Hdt. 7,140–144)*, in: B. Bleckmann (Hg.), *Herodot und die Epoche der Perserkriege. Realitäten und Fiktionen*, Köln/Weimar/Wien 2007, S. 53–65 (*Sieht die Entstehung der großen, von Themistokles beantragten Trierenflotte als Ergebnis eines seit den frühen 480er Jahren einsetzenden Prozesses und langfristiger Planungen, die ursprünglich gegen Aigina gerichtet waren*).

W. Blösel, *Themistokles bei Herodot. Spiegel Athens im fünften Jahrhundert. Studien zur Geschichte und historiographischen Konstruktion des griechischen Freiheitskampfes 480 v. Chr.*, Stuttgart 2004 (*Detaillierte Analyse des Themistoklesbildes bei Herodot, die bekannte und weniger bekannte Zusammenhänge unter die Lupe nimmt. Wichtig v. a. für die Vorgeschichte der Salamisschlacht*).

S. Link, *Das Paros-Abenteuer des Miltiades*, in: Klio 82 (2000), S. 40–53 (*Methodisch vorbildlicher Aufsatz, der die Suche nach Beute als zentralen (aristokratischen) Antriebsfaktor der Beteiligung Athens am Ionischen Aufstand, des Paros-Unternehmens und überhaupt der athenischen Außenpolitik herausarbeitet und weitergehende politische Konzepte ausschließt*).

H. T. Wallinga, *Ships and Sea-Power before the Great Persian War. The Ancestry of the Ancient Trireme*, Leiden/London/Köln 1993, Kap. VI: The trireme in Hellas: Themistokles' navy bill and the Persians, S. 130–164 (*Zeichnet die historische Entwicklung der Triere mit zum Teil originellen Thesen nach. Diskutiert in diesem Zusammenhang ausführlich auch das Flottenprogramm des Themistokles, das zunächst 100 Einheiten umfasste, S. 148–164*).

H. T. Wallinga, *Xerxes' Greek Adventure. The Naval Perspective*, Leiden/Boston 2005 (*Nimmt die in dem früheren Buch (1993, S. 161) geäußerte These auf, dass erst der Flottenbau des Themistokles, obwohl er eigentlich gegen Aigina gerichtet war, von den Persern als Bedrohung ihrer ägäischen Hegemonie empfunden wurde und sie zum Eingreifen in Griechenland veranlasste. Die letzten Kapitel widmen sich der Seeschlacht von Salamis und ihren taktischen Implikationen*).

8 Die Bildung des Hellenenbundes und die Schlachten bei den Thermopylen und Salamis (481–480 v. Chr.)

Abb. 7: Sog. Lenormant-Relief mit Darstellung einer athenischen Triere (4. Jahrhundert v. Chr., Marmor (Fragment), 0,55 × 0,4 m. Gefunden 1880 auf der Akropolis; Athen, Akropolismuseum).

Das nach dem Finder benannte Relief zeigt den Seitenausschnitt eines Dreiruderers (Triere), der die Seekriegsführung vom späten 6. bis zum 4. Jahrhundert v. Chr. dominierte. Auch die persischen und griechischen Flotten, die im Herbst 480 in der wohl berühmtesten Seeschlacht der Antike bei Salamis aufeinandertrafen, bestanden aus diesem Schiffstyp. Gegenüber der früher gebräuchlichen Pentere (oder „Fünfzigruderer") besaß die Triere eine zusätzliche dritte Ruderreihe, die – wie das Relief zeigt – oberhalb auf einer überdachten Galerie positioniert war. Die beiden anderen Rudergänge befanden sich versetzt darunter hinter der Bordwand (deshalb sieht man dort die Ruderer selbst nicht, sondern nur die ins Wasser reichenden Ruder). Der geballte Einsatz von geübten Ruderern verlieh dem schlanken Schiff bei gutem Training eine erhöhte Geschwindigkeit und machte es selbst zur tödlichen Waffe, wenn es dem Kapitän gelang, den vorderen Rammsporn (auf dem Relief nicht abgebildet) mit großer Wucht in die Flanke des Gegners zu bohren. Die Trieren des Hellenenbundes waren mit dieser Taktik in der ersten Phase der Salamisschlacht sehr erfolgreich. Am Ende des Tages musste sich die Flotte des Großkönigs unter großen Verlusten zurückziehen. Weshalb hatte er es überhaupt so weit kommen lassen, wo er doch zu Lande jeden griechischen Widerstand (auch den der 300 Spartaner an den Thermopylen) gebrochen und sogar Athen besetzt hatte? Und wie war es den abwehrbereiten Griechen gelungen, trotz der Rückschläge zu Land gegen den Gegner eine so kampfstarke Trierenflotte aufzubieten?

8.1 Sparta und die Bildung des Hellenenbundes

Sparta blieb während der persischen Angriffe und der Entwicklungen in Athen merkwürdig passiv. Den kleinasiatischen Rebellen hatte man die Unterstützung verweigert. Das den Athenern bei Marathon zugesicherte Hilfscorps von 2000 Hopliten kam zu spät. Die einzige, indirekt gegen die Perser gerichtete Aktion bestand darin, dass man die perserfreundlichen Aiginaten auf Bitten der Athener zwang, Geiseln zu stellen, die dann zur Sicherheit nach Athen gebracht wurden. In diesem Zusammenhang war es zum Streit zwischen den beiden Königen gekommen, in dessen Verlauf Demaratos, der angeblich die Aiginaten zur Verweigerung der Geiselstellung aufgefordert hatte, an den Hof des Dareios floh (Hdt. 6,67–69).

Haltung Spartas

Aus alldem könnte man schließen, dass der persische Faktor ähnlich wie in Athen und zuvor in Kleinasien nun auch die spartanische Innenpolitik erreicht hatte und die internen Machtkämpfe forcierte. Gleichzeitig nahm man institutionelle Veränderungen vor, die zum einen auf eine stärkere Integration und Kontrolle der Könige als Oberfeldherren hinausliefen und zum anderen die Wehrkraft stärkten, indem man offenbar erstmals eine Truppe von 5000 Hopliten aus den Periökengemeinden neben den Spartiaten aufstellte. Manche Forscher sehen besonders in Letzterem eine –

dem Athener Flottenbauprogramm vergleichbare – Reaktion auf den bevorstehenden persischen Angriff (Welwei 2011, S. 193).

Doch davon abgesehen, hüteten sich die Spartaner, die Perser in irgendeiner Form zu provozieren. Die Intervention in Aigina lässt sich auch nach den üblichen Kriterien innergriechischer Machtpolitik erklären: Sparta wollte seinen Einfluss in einer Inselpolis stärken, die schon länger zur spartanischen Interessensphäre zählte (Welwei 2004, S. 119). Tatsächlich bestimmten nach wie vor die Sicherung und Ausweitung der Hegemonialstellung auf der Peloponnes die Außenpolitik. Hier waren es vor allem der Dauerkonflikt mit Argos sowie die stete Gefahr eines Aufstandes der Heloten, die alle Kräfte zu beanspruchen schienen. Manche Forscher vermuten deshalb, dass nicht etwa eine religiöse Feier, sondern ein Helotenaufstand das rechtzeitige Erscheinen der spartanischen Hopliten bei Marathon verhinderte (Baltrusch 2010, S. 49).

Sicherung der Peloponnes

Insofern überrascht es, dass nach Aussage der Quellen (Pausanias) gerade die Spartaner, nachdem sie angeblich als erste Nachrichten über die bevorstehende Invasion des Xerxes erhalten hatten, einen Kongress nach Sparta einberiefen, um über die Abwehr der Perser zu beraten. Unmittelbar vorher oder danach hatte der Perserkönig Boten nach Griechenland geschickt, die Erde und Wasser als Zeichen der Unterwerfung forderten. Athen und Sparta wurden ausgenommen, was bedeutete, dass beide Poleis eindeutig als Rebellen und Feinde gebrandmarkt wurden und mit der härtesten Bestrafung zu rechnen hatten (Hdt. 7,133). Dies mag die zunächst noch latent perserfeindliche Haltung Spartas zusätzlich bestärkt haben. Denn nun war klar, dass Xerxes die spartanische Hegemonie auf der Peloponnes und damit die entscheidende Existenzgrundlage des spartanischen Stadtstaates nicht mehr dulden würde.

Im Herbst 481 kamen so erneut Gesandte rund 30 griechischer Poleis wohl auf Einladung Spartas am Isthmos von Korinth – vermutlich in einem Heiligtum des Poseidon – zusammen und schlossen unter Eid ein Militärbündnis (*symmachia*), das allen griechischen Gemeinden, die sich kampflos den Perser anschlossen, eine an den delphischen Apoll zu entrichtende Strafzahlung des Zehnten androhte. Das bedeutete in der Praxis die Auslöschung jeder perserfreundlichen Polis, denn mit dem Zehnten war offenbar der Erlös gemeint, der aus der Zerstörung und Plünderung der

Zusammenkunft am Isthmos von Korinth

Städte sowie dem Verkauf ihrer Bewohner in die Sklaverei zu erwarten war (Will 2010, S. 66). Die Härte dieser Drohung offenbart das eigentliche politische Ziel: nämlich möglichst viele Poleis für den Kampf gegen Persien zu gewinnen, auch wenn der Gegner nicht ausdrücklich genannt wurde.

<small>Hellenenbund</small>

Die Forschung bezeichnet dieses Verteidigungsbündnis gemeinhin als „hellenische Eidgenossenschaft" oder als „Hellenenbund" bzw. „Hellenischen Bund". Sie greift damit die Tatsache auf, dass sich die Aufforderung zum gemeinsamen Kampf laut Herodot an alle „Hellenen" richtete, die Strafandrohung gegen die Verweigerer im Namen der „Hellenen" erfolgte und sich die Verbündeten selbst offenbar als „Hellenen" bezeichneten (Kienast 2003, S. 49). Demgegenüber waren die bisherigen Kampfbündnisse im Namen der jeweiligen Poleis gebildet worden. Kontrovers diskutiert werden bis heute der völkerrechtliche und politische Charakter sowie die hiermit verbundene Dauer des Bündnisses. Handelt es sich um eine zweiseitig zwischen Sparta und den Bundesgenossen beschlossene Erweiterung (oder eine Art Ableger) des Peloponnesischen Bundes (vgl. Kap. 4: Griechen und Perser; Baltrusch 2008, S. 47; 2010, S. 50) oder um ein neues, von allen Anwesenden *gemeinsam* geschlossenes und beeidigtes Bündnis, bei dem Sparta als stärkster militärischer Macht die Führungsrolle übertragen bzw. eingeräumt wurde (u. a. Welwei 2004, S. 134, Welwei 2011, S. 193)? Kann man angesichts der gemäß Herodot auf ganz Hellas ausgerichteten Wirkungsabsicht erstmals von einem „panhellenischen" Vertragswerk (vgl. Meister 1997, S. 34) sprechen oder war es letztlich doch nur ein „unpolitisches" Zweckbündnis (Schmidt-Hofner 2016, S. 59), das möglichst viele Mitkämpfer (*symmachoi*) zu gewinnen suchte und „auf die spartanische Vormacht zugeschnitten war" (Baltrusch 2008, S. 48)?

<small>Griechischer Partikularismus</small>

Letztlich kreisen alle diese Thesen um die klassische Frage, inwieweit erst die unmittelbare Gefahr einer persischen Invasion wesentlich dazu beitrug, den Partikularismus und das Eigeninteresse der griechischen Poleis zumindest für eine bestimmte Zeit zu überwinden, und ob der erste wirklich nennenswerte Versuch, „das griechische Volksbewusstsein" zu aktivieren (A. Heuß, Hellas, S. 228), erfolgreich war. Das Fazit der modernen Forschung fällt durchweg skeptisch aus, und diese Skepsis wird schon durch die unmittelbaren Ereignisse nach dem Vertragsschluss bestätigt: Wohl gelang es, einige wichtige Mittelstaaten wie die Thebaner zunächst von ihrem pro-persischen Kurs abzubringen sowie Inseln wie Aigina auf die Seite der Verteidiger zu ziehen und dessen Dauerkonflikt mit Athen auf Eis zu legen. Doch alle übrigen Gesandtschaften an so bedeutende griechische Mächte wie Argos, die Poleis auf Kreta, Kerkyra und an Gelon, den mächtigen Tyrannen von Syrakus, blieben erfolglos oder wurden mit inakzeptablen Gegenforderungen zunichte gemacht. Meist ging es den ablehnenden Poleis bei diesen Entscheidungen nicht wirklich um die Frage, ob man gegen die Perser kämpfen wollte, sondern darum, inwieweit man von der Persergefahr im innergriechischen Konkurrenzkampf profitieren und Positionsgewinne erzielen könnte. In der Regel siegte der Pragmatismus des egoistischen Machtkalküls über die Programmatik hellenischer Solidarität, wie er von den Befürwortern des gemeinsamen Verteidigungskampfes formuliert worden war. Die Perser waren erfahren und geschickt genug, diese Uneinigkeit für ihre Zwecke zu nutzen (Will 2010, S. 66). Und dass sich auch das delphische Orakel, die so wichtige religiöse Instanz aller Griechen, nicht zu einer Unterstützung des Abwehrkampfes aufraffen konnte, dürfte die Zögerlichen zusätzlich verunsichert haben.

Pragmatismus vor Solidarität

8.2 Der Kampf an den Thermopylen

Doch selbst innerhalb des Hellenenbundes blieben alte Spannungen bestehen. Sie entzündeten sich immer wieder an der Frage des militärischen Oberbefehls, dessen Klärung zwar im Sinne eines koordinierten und effektiven Handelns unbedingt notwendig, aber für das selbstbewusste Unabhängigkeitsstreben der Poleis eine schwere Belastung war. Hinzu kam, dass die innerhalb der Poleis bestehenden Meinungsverschiedenheiten über das richtige militärische und politische Vorgehen durch den Eid ihrer Mitglieder nicht einfach aufgehoben wurden, sondern unter der Oberfläche der formalen Einigkeit weiter brodelten. Das alles erschwerte die Formulierung und Durchsetzung einer klaren Abwehrstrategie gegen die von Makedonien aus zu Wasser und zu Lande vorrückenden Invasoren. Koordinationsprobleme ergaben sich bezeichnenderweise vor allem auf dem Gebiet des Landkrieges, bei dem Sparta nicht nur formell, sondern auch faktisch den Oberbefehl besaß, während man zur See klugerweise Kompetenzen an die Athener und Korinther abgab.

Spannungen innerhalb des Hellenenbundes

Zunächst beschloss man, die griechischen Streitkräfte im Tempetal im Norden Thessaliens zu postieren, um die nach Thessalien führenden Verbindungswege zu blockieren. Schnell gab man jedoch die Stellung wieder auf, weil man gewahr wurde, dass sie im Westen leicht zu umgehen war und die Thessaler sich als unzuverlässig erwiesen (Schmidt-Hofner 2016, S. 59). Jeder moderne Betrachter fragt sich, ob man das nicht vorher hätte in Erfahrung bringen können. Danach sandte man 7000 spartanische Hopliten in den offenbar besser zu verteidigenden, weil nur 15 Meter breiten Thermopylenpass, während die griechische Flotte am nahe gelegenen Kap Artemision im Norden Euböas Stellung bezog. Zwei Tage konnten die Spartaner und ihre Verbündeten den Pass halten, dann wurden sie im Rücken umgangen und eingekreist. Ein Großteil des Heeres konnte sich im letzten Augenblick zurückziehen, doch der spartanische König Leonidas harrte mit den restlichen 1000 Hopliten – unter ihnen 300 Spartiaten – aus. Die ganze Truppe wurde bis auf den letzten Mann niedergemacht.

Motive des Leonidas

Unendlich hat man darüber spekuliert, warum Leonidas sich und seine Soldaten in den sicheren „Heldentod" geschickt hat. Doch bis heute hat sich keine befriedigende Lösung herauskristallisiert und sie wird sich angesichts des unzureichenden Quellenmaterials wohl auch nie finden lassen. Unbestritten ist die Tatsache – und die spätere Heroisierung der 300 Spartiaten überdeckt das nur unzureichend –, dass der Hellenenbund eine erste verlustreiche Niederlage einstecken musste, wobei unklar bleibt, welche strategischen Ziele die Verteidigung des Passes mit einer so relativ kleinen Abwehreinheit eigentlich verfolgte. Das mitunter vermutete Konzept, Zeit zu gewinnen und den griechischen Trieren am Artemision den Rückzug freizuhalten, ist schon allein deshalb zu verwerfen, weil dieser Rückzug bereits beschlossen war, bevor Nachrichten von den Thermopylen die griechischen Schiffe erreichten (Will 2010, S. 80). Und auch die von Herodot angeführte Auffassung des Leonidas, dass ein Rückzug mit dem spartanischen Ehrenkodex nicht vereinbar sei, widerspricht der Realität früherer und späterer Kampfhandlungen (Welwei 2004, S. 145; Will 2010, S. 77; Schmidt-Hofner 2016, S. 61). Es bleibt demnach die für die Beurteilung der griechischen Abwehrpolitik entscheidende Frage unbeantwortet,

Kleine Expeditionsarmee

warum der Hellenenbund überhaupt eine so kleine und angesichts der bekannten Stärke des Perserheeres unzureichende Expeditionsarmee zu den Thermopylen in ein solches Himmelfahrtskommando geschickt hat. Waren es innerspartanische Konkurrenten und politische Neider oder die stets misstrauischen Ephoren (spartanische Aufsichtsbeamte), die dem König die ursprünglich versprochene Hilfe einer nachrückenden Entsatzarmee verweigerten (Will 2010, S. 82)? Verhinderte zusätzlich das alte Sicherheitsdenken der Spartaner, die Peloponnes nicht schutzlos den zum Aufstand bereiten Heloten (das hatte wahrscheinlich schon die Absendung des spartanischen Hilfskorps nach Marathon verhindert!) und/oder den auf jede Chance wartenden Argeiern schutzlos preiszugeben, die Abkommandierung weiterer Verbände? Oder waren die Spartaner und ihre Verbündeten logistisch nicht auf eine so weit im Norden verlagerte Operation vorbereitet? Konnten sich die übrigen Mitglieder des Hellenenbundes angesichts der schwachen Resonanz auf ihre Unterstützungsaufrufe sowie der Bemannung der rund 270 Kriegsschiffe am Artemision eine weitere Abstellung von Kämpfern nicht leisten?

8.3 Die Reaktion Athens und das Themistoklesdekret von Troizen

Viele Erklärungen stimmen darin überein, dass die militärischen Operationen schlecht vorbereitet und durchdacht waren sowie von politischen Spannungen begleitet wurden, die durch die Eidesleistung der Hellenen von 481 nur vordergründig überdeckt worden waren. Sie brachen spätestens dann auf, als deutlich wurde, dass der Aufruf, weitere Bündner für die eigene Sache zu gewinnen, erfolglos blieb. Die Niederlage an den Thermopylen dürfte die Probleme verstärkt haben, auch wenn man am Artemision den persischen Schiffen hatte Paroli bieten können und die gegnerische Flotte durch Stürme erheblich reduziert worden war. Nach dem Verlust Mittelgriechenlands stellte sich umso dringender die Frage, wo man eine neue Verteidigungslinie errichten sollte. Diese Frage war vor allem für Athen existentiell. Die Mehrheit der Bündner sprach sich für den Rückzug auf den Isthmos aus. Das hätte aber bedeutet, Athen den Persern preiszugeben. Laut Herodot waren die Athener von dieser Entwicklung völlig überrascht, „sie hatten nämlich die ganze peloponnesische Streitmacht in Böotien in Erwartung der Barbaren zu finden gehofft, fanden aber nichts dergleichen." (Hdt. 8,40) So blieb ihnen nach der Niederlage der

Räumung der Stadt   Spartaner an den Thermopylen nichts anderes übrig, als ihre Stadt vor den anrückenden Persern zu räumen. Doch kann man dieser Version trauen? Mussten nicht die Athener mit einem Durchbruch der persischen Truppen bei den Thermopylen rechnen und war die Kommunikation unter den Verbündeten wirklich so schlecht, dass die Athener nicht einmal wussten, wo die restlichen Landtruppen des Hellenenbundes standen? Könnte es sein, dass Herodot ganz bewusst die einsame Notlage der Athener überzeichnet hat, um ihren Widerstandwillen in einem umso helleren Glanz erstrahlen zu lassen (hierfür spräche auch der sog. Athenerpassus Herodots, in dem er die besonderen Leistungen Athens würdigt, 7,138 f.; Meister 1997, S. 133)?

Dekret von Troizen   Das Misstrauen der Forschung schien sich zu bestätigen, als man im Jahre 1959 in dem Ort Troizen auf der nordöstlichen Peloponnes eine Inschrift fand, in der ein Volksbeschluss Athens auf Antrag des Themistokles aufgezeichnet war. Demnach hätten die Athener bereits vor den Seekämpfen am Artemision (und somit auch vor dem Ende der Schlacht an den Thermopylen) nicht nur ihre Flotte bemannt, sondern auch die Evakuierung der Stadt beschlossen (Quelle 8.5.2). Die Authentizität des Antrages ist jedoch hoch umstritten, und es sind nach wie vor keine Möglichkeiten erkennbar, die Frage nach dem historischen Wert des Dokumentes endgültig zu entscheiden. Dennoch oder gerade deshalb ist die Beschäftigung mit der Thematik lehrreich im Hinblick auf die methodischen Probleme, die mit der Interpretation solcher Funde im Kontext der Perserkriege verbunden sind. Die Diskussion bewegt sich dabei auf zwei Ebenen, nämlich einer philologischen und einer historischen. Die Verknüpfung beider Ebenen macht den Kern des Problems aus.

Probleme der Interpretation   Einigkeit besteht darin, dass der Text des Volksversammlungsbeschlusses aufgrund der Buchstabenform und einiger verwendeter Begriffe (wie z. B. τὴν Σαλαμῖνα, Z. 42–43 oder βάρβαρον Z. 45; vgl. Johansson 2001) nicht aus der unmittelbaren Zeit der Perserkriege selbst stammen kann, sondern in die Zeit des späten 4. Jahrhundert v. Chr. zu datieren ist. Heißt das aber, dass wir von einer Fälschung ausgehen müssen, mit der die Einwohner von Troizen anlässlich eines uns nicht bekannten Ereignisses ihre guten Beziehungen zu Athen dokumentieren wollten? Oder sind die dem 4. Jahrhundert zugehörigen stilistischen Veränderungen damit zu erklären, dass man einen tatsächlich vorliegenden Text aus der Perserkriegszeit dem Zeitgeschmack angepasst hat? Im ersten Fall wäre das Dekret nur als historische Quelle für die Geschichte Troizens im späten 4. Jahrhundert ergiebig, im zweiten Fall hätte man immer noch im Kern ein authentisches Dokument vor sich, das lediglich oberflächlich modifiziert wurde.

Das Beispiel zeigt, dass inschriftliche Quellen nicht per se eine höhere Authentizität als literarische Quellen für sich beanspruchen können. Wie steht es aber mit den inhaltlichen Aussagen des Dekrets? Passen sie in den unmittelbaren Kontext der Thermopylen- und Artemisionschlachten oder ergeben sich offenkundige und nicht auflösbare Widersprüche? Ist es zum Beispiel plausibel anzunehmen, die Athener hätten tatsächlich bereits vor den beiden Schlachten die Evakuierung der Bevölkerung beschlossen? Damit hätte man, ohne die militärische Entscheidung abzuwarten, öffentlich dokumentiert, dass man einen griechischen Erfolg für sehr unwahrscheinlich, ja im Prinzip für ausgeschlossen hielt. Andere stoßen sich an der von Herodot überlieferten Version eines erst danach angekündigten Evakuierungsbeschlusses, weil die Zeit der dann ja nachweislich erfolgten Ausführung aus praktischen Gründen viel zu knapp bemessen gewesen wäre. So stehen sich historische und logisch-kontextuale Argumente gegenüber, und je nach Ausrichtung neigen die jeweiligen Vertreter dazu, auch die philologischen Pro- und Kontraargumente für ihre Auffassung zu benutzen.

Inhalt des Dekrets

8.4 Salamis

Was man immerhin aus der bis heute nicht abgeschlossenen Diskussion ableiten kann – und das passt zum bisherigen Verlauf der Abwehrorganisation –, ist die Tatsache, dass es offensichtlich schon in der griechischen Rückschau auf die Ereignisse verschiedene Versionen und Deutungsmuster gab, die den Protagonisten Athen und Sparta unterschiedliche Rollen zuzuweisen suchten. Die einen betonen den heroischen Abwehrkampf Athens auf Kosten Spartas, die anderen sehen eher den Geist gemeinsamer Handlungen. All das sind Indizien dafür, dass es selbst in der so dramatischen Lage nach dem Durchbruch der Perser in Mittelgriechenland Meinungsverschiedenheiten und Konkurrenzkämpfe gab. Dramatisch war die Situation in Athen. Attika stand den Persern offen, und da die übrigen Verbündeten dazu neigten, sich auf die dritte und letzte Verteidigungslinie am Isthmos zurückzuziehen, gab es praktisch keine reellen Chancen mehr, die Stadt und ihr Land vor der persischen Invasion zu verteidigen.

Was blieb, war die Flotte, und so rang man sich nach der Auslegung entsprechender Orakelsprüche auf Anraten des Themistokles dazu durch, Alte, Frauen und Kinder auf die nahen Inseln zu evakuieren und die wehrfähigen Männer auf die nach wie vor intakte Trierenflotte zu verlegen. Es war ein Spiel um Alles oder Nichts, doch war der Plan des Themistokles keineswegs tollkühn. Seine Zuversicht speiste sich aus zwei Umständen: Zum einen war die gegnerische Flotte durch die Stürme und Gefechte am Artemision erheblich dezimiert worden; die Zahl der kampffähigen persischen Trieren dürfte zwar die der knapp 400 einsatzbereiten griechischen Einheiten noch um einiges übertroffen haben. Doch von einer erdrückenden Übermacht konnte auf keinen Fall mehr die Rede sein. Zweitens neigte sich die Jahreszeit dem herbstlichen Ende der Schifffahrtssaison entgegen. Wenn demnach Xerxes eine Entscheidung zur See erzwingen wollte – und die Versorgungslage seines riesigen Heeres sprach dafür –, dann musste er schnell handeln. Zeitdruck sowie das sichere Gefühl der Unbesiegbarkeit führen nicht selten zu gravierenden Fehlentscheidungen. Nachdem die Perser Athen ohne größere Widerstände besetzt hatten und gewahr wurden, dass sich die Griechen auf ihre im Sund von Salamis ankernden Schiffe retteten, mussten sie zur Überzeugung gelangen, dass sich ihre Gegner auf die Flucht nach Süden auf die Peloponnes vorbereiteten. Themistokles tat alles, um diesen Eindruck zu verstärken und den Gegner in die Falle zu locken und zu dem schlimmsten Fehler zu verleiten, den die Perser in der damals eigentlich recht komfortablen Situation begehen konnten. Um den Griechen den vermeintlichen Fluchtweg gen Südwesten aus der Bucht von Salamis abzuschneiden, teilte der Perserkönig seine Armada und beorderte eine Flottenabteilung nach Süden, wodurch die gleichzeitig im Morgengrauen in den Sund von Westen einlaufende Flotte der Perser zahlenmäßig nicht mehr überlegen war. Sicherlich wird der persischen Führung bewusst gewesen sein, dass in den engen Gewässern von Salamis die eigenen Schiffe ihre taktische und nautische Überlegenheit nur schwer ausspielen konnten, doch wähnte man ja den Gegner auf der Flucht und nicht gefechtsbereit.

Beide Fehleinschätzungen wurden mit hohen Verlusten in der ersten Phase des Kampfes bezahlt, als die griechischen Einheiten in die Linie der zum Kampf noch ungeordneten phönikischen Trieren stießen und dem Gegner hohe Verluste beibringen konnten. Im Laufe des Gefechtes stabilisierten die phönikischen Kapitäne ihre Positionen, doch vermochten sie nicht, ausreichende Verstärkungen in den schmalen Sund hinzuzuziehen, um das Blatt gänzlich zu wenden. Auch der Rückzug in den Saronischen Golf gestaltete sich wegen der Enge des Fahrwassers und der zum Teil nachrückenden Restflotte schwierig. Am Ende gelang es der persischen Führung immerhin, mindestens die Hälfte der eingesetzten Einheiten unversehrt zurückziehen.

8.5 Quellen und Vertiefung

8.5.1 Der Hellenenbund von 481/480

Als sich nun die Griechen, die für ihr Vaterland die bessere Gesinnung hegten, an einem Orte versammelten und sich ein Treuebündnis gelobten, hielten sie es in ihrer Beratung für richtig, vor allen Dingen Fehden und Feindschaft untereinander zu unterbinden. Darin waren mehrere andere
5 Griechenstaaten verwickelt, die schlimmste aber war die der Athener und Aigineten. Als sie danach erfuhren, Xerxes sei mit seinem Heere in Sardes, beschlossen sie, Männer nach Asien zu schicken, die die Macht des Königs erkunden sollten. Außerdem sollten Boten nach Argos gehen, um ein Waffenbündnis gegen den Perser zu schließen, und wiederum andere zu
10 Gelon nach Sizilien, dem Sohn des Deinomenes, und nach Kerkyra mit der Aufforderung, Griechenland zu Hilfe zu kommen, andere nach Kreta. Sie hatten dabei den Gedanken, ob wohl Griechenland zu einer Einheit werde und in gemeinsamer Sache alle zu gleichem Handeln sich entschlössen, da doch allen Griechen die gleiche Gefahr drohe. Die Macht Gelons aber – so
15 hieß es – sei groß, weit größer als sonst eine griechische Macht.
(Hdt. 7, 145, Übers.: J. Feix)

Zu denen, die dies zugestanden, gehörten folgende Griechenstämme: Die Thessaler, Doloper, Enienen, Perrhaiber, Lokrer, Magneten, Malier, die Achaier in Phthia, die Thebaner und die übrigen Boioter außer den Thespiern und Plataiern. Gegen diese Stämme und Städte schlossen die übrigen
5 Griechen, die den Krieg gegen die Barbaren aufnahmen, unter Eidschwur einen Bund. Darin wurde festgelegt: Alle Griechen, die sich ohne Not und selbst in einer günstigen Lage den Persern ergäben, sollten dem Gott in Delphi den Zehnten entrichten. Das war der Vertrag der Griechen.
(Hdt. 7, 132, Übers.: J. Feix)

Bereits am Anfang, noch ehe man daran dachte, auch nach Sizilien mit der Bitte um Beistand zu schicken, war die Rede davon, man müßte die Seemacht eigentlich den Athenern anvertrauen. Da die Bundesgenossen aber dagegen Einspruch erhoben, hatten die Athener nachgegeben, weil ihnen
5 die Rettung Griechenlands am Herzen lag und sie wohl wußten, daß Griechenland im Streit um den Oberbefehl zugrunde gehen müsse. Das war ein richtiger Gedanke; denn Zwietracht im Innern ist um so viel schlimmer als ein einmütig geführter Krieg, wie Krieg schlimmer ist als Friede. Eben aus diesem Grund widersetzten sie sich nicht, sondern fügten sich, solange sie
10 jene ganz nötig brauchten, wie sie später bewiesen. Denn als sie den Perser zurückgeschlagen hatten und nunmehr um deren Land kämpften, nahmen sie den Lakedaimoniern den Oberbefehl weg, indem sie die Überheblichkeit des Pausanias als Grund vorschützten. Das geschah aber erst später.
(Hdt. 8,3, Übers.: J. Feix)

Aber die Athener merkten, daß sie nicht im Guten heimgeschickt wurden, sondern irgendein Verdacht vorlag; empört, weil sie das von den Spartanern nicht verdient hätten, gaben sie gleich nach ihrer Rückkehr das gegen Persien mit ihnen geschlossene Bündnis auf und gingen ein neues ein mit
5 Argos, Spartas Feindin, und beide verbanden sich unter gleichen Eiden und Bestimmungen auch mit Thessalien.
(Thuk. 1,102, Übers.: G.P. Landmann)

8.5.2 Das sog. Themistoklesdekret von Troizen

Fundkontext: Marmorstele aus Troizen in der Argolis (Peloponnes) den Buchstabenformen nach datiert die Inschrift aus der ersten Hälfte des 3. Jh. v. Chr. Es bleibt umstritten, ob es sich bei diesem Dekret um die Wiederaufzeichnung eines authentischen athenischen Volksbeschlusses oder um eine Fälschung aus dem 4./3. Jh. v. Chr. handelt.

[θεοί.]
ἔδοξ[εν] τῆι βουλῆι καὶ τῶι δήμωι·
Θεμις[τοκλ]ῆς; Νεοκλέους Φρεάρριος εἶπεν·
τὴ[μ] μὲν πό[λιν παρ]ακαταθέ]σθαι τῆι Ἀθηνᾶι τῆι Ἀθηνῶ-
5 μ [μεδεο]ύ[σηι] κ[αὶ τοῖς ἄλλ]οις θεοῖς ἅπασιν φυλάττει-
ν κα[ὶ] ἀμ[ύνειν τὸμ βά]ρβαρ[ο]ν ὑπέρ τῆς χώρας· Ἀθηναίου-
[ς δ' ἅπ]α[ντας καὶ τοὺς ξένο]υς τοὺς οἰκοῦντας Ἀθήνησι
[τὰ τέκ]ν[α καὶ τὰς γυναῖκ]ας ε[ἰς] Τροιζῆνα καταθέσθαι
τ[. . . . . 20 . . . .] τοῦ ἀρχηγέτου τῆς χώρας· τ-
10 [οὺς δὲ πρεσβύτας καὶ τὰ] κτήματα εἰς Σαλαμῖνα καταθ-
έ[σ]θ[αι· τοὺς δὲ ταμίας καὶ τ]ὰς ἱερέας ἐν τῆι ἀκροπόλε-

[ι μένειν φυλάττοντας τὰ τῶ]ν θεῶν· τοὺς δὲ ἄλλους Ἀθη-
[ναίους ἅπαντας καὶ τοὺς ξέ]νους τοὺς ἡβῶντας εἰσβαί-
νειν ε[ἰς τὰς ἑτοιμασθ]ε[ί]σ[α]ς διακοσίας ναῦς καὶ ἀμύ-
15 νεσ[θαι] τ[ὸμ βάρβαρον ὑπὲρ τῆ]ς ἐλευθερίας τῆς τε ἑαυ-
τῶν [καὶ τῶν ἄλλων Ἑλλήνων] μετὰ Λακεδαιμονίων καὶ Κο-
ριν[θίων] καὶ Αἰγινητῶν] καὶ τῶν ἄλλων τῶμ βουλομένω-
[ν] κοινω[νήσειν τοῦ κινδύνο]υ· καταστῆσαι δὲ καὶ τριη-
[ρ]ά[ρχους διακοσίους ἕνα ἐπὶ] τὴν ναῦν ἑκάστην τοὺς [σ]-
20 τρατη[γ]οὺ[ς ἀρχομένους τ]ῆι αὔριον ἡμέραι ἐκ τῶν κ[εκ]-
τημέν[ω]ν γ[ῆν] τ[ε κ]αὶ [οἰκί]αν Ἀθ[ή]νησι καὶ οἷς ἂμ παῖδ[ες]
ὦσι γνή[σιοι μὴ πρεσβυτέρο]υς πεντήκοντα ἐτῶν κα[ὶ ἐ]-
πικλ[ηρῶσαι αὐτ]οῖς [τ]ὰς ναῦς· υ υ καταλέξαι δὲ καὶ ἐπ[ι]-
βάτας [δ]έκα [ἐφ᾽ ἑκάστη]ν ναῦν ἐκ τῶν ὑπὲρ εἴκοσιν ἔτη [γ]-
25 εγονότω[ν μέχρι τριά]κοντα ἐτῶν καὶ τοξότας τέτταρ-
ας· δια[κληρῶσαι δὲ κ]αὶ τὰς ὑπηρεσίας ἐπὶ τὰς ναῦς ὅτ-
αμπερ κ[αὶ τοὺς τριηράρ]χους ἐπικλήρωσιν· ἀναγράψα-
ι δὲ κα[ὶ τοὺς ἄλλους κατὰ] ναῦν τοὺς στρατηγοὺς εἰς λ-
ευκώ[ματα, τοὺς μὲν Ἀ]θηναίους ἐκ τῶν ληξιαρχικῶν γρ-
30 αμματεί[ων, τοὺς] δὲ ξ[έν]ους ἐκ τῶν ἀπογεγραμμένων πα-
[ρ]ὰ τῶι [πολε]μ[άρχ]ω[ι·] ἀναγράφειν δὲ νέμοντας κατὰ τάξεις [ε]ἰς διακοσίας ἀ[ν]ὰ ἑκατὸν ἀριθμὸν καὶ ἐπιγράψα-
ι τῆι [τάξ]ει ἑκάστηι τῆς τριήρους τοὔνομα καὶ τοῦ τρι-
ηράρχου καὶ τῆς ὑπηρε[σί]ας ὅπως ἂν εἰδῶσιν εἰς ὁποί-
35 αν τριήρη ἐ[μ]βήσεται ἡ [τ]άξις ἑ[κ]άστη· ἐπειδὰν δὲ νεμη-
θῶσιν ἅμα[σ]αι αἱ τάξεις καὶ ἐπικληρωθῶσι ταῖς τριή-
ρεσι πληροῦν ἁ[π]άσας τὰς διακοσίας ναῦς τὴμ βουλὴν
καὶ τ[ο]ὺστρατηγοὺ[ς θύ]σαντας ἀρεστήριον τῶι Διὶ τῶι
Παγκρατεῖ καὶ τῆι Ἀθηνᾶι καὶ τῆι Νίκηι καὶ τῶι Ποσει-
40 δῶνι τῶι Ἀσφα[λ]είωι· υ υ ἐπειδὰν δὲ πεπληρωμέναι ὦσιν
αἱ νῆες, τα[ῖ]ς μὲν ἑκατὸν αὐτῶν βοηθεῖν ἐπὶ τὸ Ἀρτεμίσ-
[ι]ον τὸ Εὐβοϊκόν, ταῖς δὲ ἑκατὸν αὐτῶν περὶ τὴν Σαλαμῖνα καὶ τὴν ἄλλην Ἀττικὴν ναυλοχεῖν καὶ φυλλάτειν
τὴν χώραν· ὅπως δ᾽ ἂν καὶ ὁμονοοῦντες ἅπαντες Ἀθεναῖοι
45 ἀμύνωνται τὸμ βάρβαρον, τοὺς μὲν μεθεστηκότας τὰ [δ]-
[έκα] ἔτη ἀπιέναι εἰς Σαλαμῖνα καὶ μένειν αὐτοὺς ἑ[κε]-
[ῖ ἕως ἄν τι τῶι δήμ]ωι δόξηι περὶ αὐτῶν· τοὺς δὲ [ἀτίμου]-
[ς - - - - - - -] [- - - - - - - - -]

Götter! Es beschlossen der Rat und das Volk, Themistokles, Sohn des Neokles, aus (dem Demos) Phearrhioi stellte den Antrag: Die Stadt soll man anvertrauen der Athena, die über Athen waltet, und den anderen Göttern allen, dass sie sie beschützen und den Barbaren zur Rettung des Landes
5 abwehren. Die Athener alle und die Fremden, die in Athen wohnen, sollen die Kinder und die Frauen nach Troizen bringen, in die Obhut des Theseus (oder Pittheus?), des Archegetes des Landes. Die Alten aber und den Besitz sollen sie nach Salamis bringen. Die Schatzmeister aber und die Priesterinnen sollen auf der Akropolis bleiben, indem sie den Besitz der Götter

10 bewachen. [Die übrigen Athener alle] und die Fremden im waffenfähigen Alter sollen an Bord der bereitgestellten zweihundert Schiffe gehen und [den Barbaren] abwehren, sowohl um ihrer eigenen Freiheit willen [als auch der übrigen Griechen], zusammen mit Lakedaimoniern und Korinthern [und Aigineten] und den übrigen, die bereit sind, sich gemeinsam
15 der Gefahr zu stellen. Bestimmen sollen auch Trierarchen, [zweihundert an Zahl] einen für jedes Schiff, die Strategen, beginnend mit dem morgigen Tag, aus denen, die Land und Haus in Athen besitzen und vollgebürtige Kinder haben und nicht älter als fünfzig Jahre sind, und sie sollen ihnen die Schiffe durch das Los zuteilen. Und sie sollen zehn Soldaten [für jedes]
20 Schiff ausheben aus denen, die über zwanzig Jahre und bis dreißig Jahre alt sind, und vier Bogenschützen. Auslosen sollen sie auch die Maate für die Schiffe, und zwar dann, wenn sie auch die Trierarchen auslosen. Aufschreiben sollen die Strategen auch die übrige Besatzung pro Schiff auf weiße Tafeln, und zwar die Athener aus den Bürgerlisten, die Fremden aus
25 den Verzeichnissen beim Polemarchos. Aufschreiben sollen sie sie eingeteilt in Abteilungen, und zwar in zweihundert, mit jeweils hundert [Mann pro Abteilung], und eintragen über jeder Abteilung den Namen der Triere und des Trierarchen und der Maate, damit sie wissen, auf welche Triere sich die jeweilige Abteilung zu begeben hat. Sobald aber alle Abteilungen
30 eingeteilt und den Trieren zugelost sind, sollen der Rat und die Strategen alle zweihundert Schiffe bemannen, nachdem sie ein Versöhnungsopfer dargebracht haben dem Zeus Pankrates und der Athene und der Nike und dem Poseidon Asphaleios (dem Beschützer). Sobald aber bemannt sind die Schiffe, sollen sie mit den einen hundert von ihnen zu Hilfe eilen
35 zum Euboiischen Artemision und mit den anderen hundert von ihnen um Salamis und das übrige Attika vor Anker bleiben und bewachen das Land. Damit aber alle Athener einmütig den Barbaren abwehren, sollen diejenigen, die verbannt sind auf zehn Jahre, sich nach Salamis begeben und dort so lange bleiben, bis das Volk einen Beschluss über sie faßt. Die Atimoi
40 aber [---].
(Übers. K. Meister, Die Interpretation historischer Quellen. Schwerpunkt: Antike Bd. 1, Paderborn u. a. 1997, S. 99–100; griech. Text bei Meiggs / Lewis 1988, S. 48–49)

8.5.3 Fragen und Anregungen

- Beschreiben und diskutieren Sie die Politik und Haltung der Spartaner unmittelbar vor dem Angriff des Xerxes.
- Arbeiten Sie aus den Quellen 8.5.1 mit Hilfe der Forschungsliteratur (Meister 1997, S. 34 f.; Baltrusch 2008, S. 46–48) die wahrscheinlichen Bestimmungen des Hellenenbundes heraus und diskutieren Sie dabei die Position und Absicht Spartas.

- Fassen Sie die Probleme zusammen, die mit der Interpretation des Thermopylenfeldzuges des Leonidas verbunden sind.
- Gliedern Sie den Text des Themistoklesdekretes von Troizen (Quelle 8.5.2) nach Sinnabschnitten und fassen sie die inhaltlichen Bestimmungen zusammen.
- Diskutieren Sie unter Verwendung folgender Forschungsliteratur die Pro- und Kontra-Argumente für die Authentizität des Troizen-Dekrets: Meister 1997, S. 99–111; Will 2010, S. 69–73; Blösel 2004, S. 241–254. Berücksichtigen Sie dabei besonders das Gewicht philologischer und historischer Argumente.
- Vorschlag für begleitende oder ergänzende Referate (max. 15 Minuten): Rekonstruieren Sie mit Hilfe der Forschungsliteratur (Morrison/Coates 1990; Schulz 2010, Schulz 2012) den Verlauf der Seeschlacht von Salamis.

8.5.4 Lektüreempfehlungen

Quellen (mit Kommentar)

Herodot, *Historien*. Deutsche Gesamtausgabe. Übersetzt von A. Horneffer. Neu herausgegeben und erläutert von H. W. Haussig. Mit einer Einleitung von W. F. Otto, 4. Aufl. Stuttgart 1971.

Herodot, *Historien*. 2 Bde., hrsg. von J. Feix, 3. Aufl. München 1980.

Thukydides, *Geschichte des Peloponnesischen Krieges*. Eingeleitet und übersetzt von G.P. Landmann, 3. Aufl. München 1993.

S. Hornblower, *A Commentary on Thucydides* 1, Oxford 1991.

R. Meiggs / D. Lewis, *A Selection of Greek Historical Inscriptions to the End of the Fifth Century B.C.*, Oxford 1969, rev. ed. 1988. S. 48–52 *(Themistoklesdekret im griechischen Original mit Kommentar)*.

Forschungsliteratur

E. Baltrusch, *Außenpolitik, Bünde und Reichsbildung in der Antike*, München 2008 *(Systematischer historischer Überblick über die Typen der Bündnisse und Reichsformationen der Antike mit separatem, aber parallel zum darstellenden Text aufgebauten Teil über die Forschungsliteratur (S. 177–205). Der Hellenenbund (S. 195 ff.) wird auf diese Weise in den historischen Entwicklungskontext eingeordnet)*.

M. Johansson, *The Inscription from Troizen: A Decree of Themistocles?* In: Zeitschrift für Papyrologie und Epigraphik 137 (2001), S. 69–92 *(kritischer Überblick über die Pro- und Kontra-Argumente bezüglich der Authentizität des Themistokles-Dekrets, besonders hilfreich für die Diskussion einiger Begriffe, die offenbar aus dem Kontext des 4. Jahrhunderts stammen.*

D. Kienast, *Die Politisierung des griechischen Nationalbewusstseins und die Rolle Delphis im großen Perserkrieg*, in: Ch. Schubert/K. Brodersen (Hg.), *Rom und der griechische Osten*. Stuttgart 1995, S. 117–133 *(Beleuchtet die zentrale Rolle, die der Hellenenbund bei der Bildung eines – ursprünglich *aristokratisch gefärbten – hellenischen Gemeinschaftsgefühls spielte, und erklärt im zweiten Teil (S. 124 ff.) die schwierige Situation der delphischen Priester angesichts der persischen Invasion).*

C. Matthew/M. Trundle (Hg.), *Beyond the Gates of Fire. New Perspectives on the Battle of Thermopylae*, Barnslay 2013 (*Die Beiträge suchen auch mit Hilfe der außerherodoteischen Überlieferung (Diodor/Ephoros, Plutarch) die Schlacht und ihren politischen Kontext neu zu beleuchten. Die Studien sind anregend, aber mitunter zu unkritisch gegenüber den Quellen*).

J. S. Morrison/J. E. Coates, *Die athenische Triere. Geschichte und Rekonstruktion eines Kriegsschiffs der griechischen Antike*, Mainz 1990 (*Standardwerk zweier anerkannter Spezialisten, die über die Rekonstruktion einer Triere im Jahre 1987 berichten sowie die historische Entwicklung und Einsätze (u. a. bei Salamis) des Standardkriegsschiffes des 5. Jahrhunderts beschreiben*).

R. Schulz, *Die Schlacht von Salamis: Strategischer Erfolg*, in: Damals 42.6 (2010), S. 24–31 (*Knappe Rekonstruktion des Schlachtverlaufes, der eine Niederlage, aber kein Desaster für die Perser bedeutete*).

9 Die Größe des persischen Heeres – Das Problem der Zahlenangaben

9.1 Das „größte Heer, von dem wir Kunde haben"

„Vier volle Jahre nach der Unterwerfung Ägyptens dauerte diese Sammlung und Rüstung des Heeres; im Laufe des fünften Jahres setzte sich die gewaltige Truppenmenge in Bewegung. Es war bei weitem das größte Heer, von dem wir Kunde haben." (Hdt. 7,20)

Laut Herodot führte Xerxes „eine Menschenmasse von 5 283 220 Mann" gegen Griechenland (Quelle 9.5.1). Die moderne Forschung hat schon immer Zweifel an diesen Angaben gehegt, auch wenn Herodot seine Berechnungsgrundlagen scheinbar nüchtern präsentiert. Doch wie sollte er 40 Jahre nach Kriegsende an sichere Daten herankommen? Weder hatte er Zugang zu persischen Heeresregistern noch konnte er sich auf genaue Aufzeichnungen der Griechen stützen. Seine Angaben beruhen offenbar auf gerundeten Standardgrößen, sie orientieren sich an Zahlensymbolik (wie der Zahl „Sieben") und an literarischen Vorbildern wie den Schiffszahlen der Achaier vor Troia, die aber selbst bestimmten Gattungsgesetzen (wie der epischen Übertreibung) gehorchten.

Herodot knüpfte an solche epischen Ereignisse an und konkurrierte mit ihnen, wie ja überhaupt die griechische Überlieferung die Siege des Hellenenbundes als Fortsetzung des Kampfes der Griechen um Troia interpretierte (s. Kap. 1). Herodot konnte sich diesem Trend nicht entziehen und sah sich dementsprechend gezwungen, nicht nur das Xerxes-Heer angelehnt an das Muster der Heere vor Troia zu gliedern, sondern auch die Bedeutung seines Themas durch quantitative Angaben zu untermauern. Offensichtlich ist dabei das Bemühen, die Abwehrkämpfe der Griechen gegen das persische Invasionsheer nach dem „David-gegen-Goliath-Prinzip" darzustellen. Die Perserkriege gewannen zusätzlich eine einzigartige Dimension, wenn man, die Zahlenangaben in astronomische Höhen treibend, ganz Asien gegen das kleine Griechenland (oder Europa) aufmarschieren ließ. Besonders die in Athen entstandene Überlieferung ist dieser suggestiven Deutung gerne gefolgt, wenn sie immer utopischere Zahlen produzierte (Jung 2006, S. 129–131) und die Perserkriege zu einem Kampf der Erdteile hochstilisierte (Lysias 2,21). Die Neuzeit machte hieraus eine Entscheidungs-

Intention der griechischen Quellen

schlacht zwischen Orient und Okzident, bei der sich am Ende die Qualität des (freien) Individuums der Quantität (unfreier) asiatischer Massen überlegen zeigte (vgl. Kap. 13).

All dies zeigt, welch ungeheure Wirkung Zahlenangaben zumal bei der Darstellung militärischer Ereignisse haben können. Sie suggerieren Objektivität in einem von Unwägbarkeit und Emotionen aufgeladenen Geschehen und transportieren im Gewand nüchterner Kalkulation Botschaften, die der subjektiven Absicht des Autors eine scheinbar sachliche Grundlage verschaffen. Herodot hatte den Vorteil, dass eine Generation nach den Ereignissen kaum ein Grieche mehr in der Lage war, seine Angaben zu überprüfen, und er wird sich darum auch gar nicht bemüht haben, weil er wusste, dass das Jonglieren mit Zahlen jeder Geschichte die nötige „epische" Wucht verlieh.

Wirkung von Zahlenangaben

Die moderne Forschung hat sich damit freilich nicht abfinden wollen und schon immer versucht, nicht nur die Angaben Herodots einer kritischen Revision zu unterziehen, sondern auch zu realistischen Berechnungen zu gelangen. Doch wo soll man ansetzen, wenn man außer Herodot keine anderen Quellen hat, aus denen man die Größe der Armeen ableiten könnte? Viele Autoren begnügen sich deshalb mit Schätzungen, die sich in der Forschung als „wahrscheinliche" Durchschnittswerte etabliert haben, doch selten werden dabei die methodischen Grundlagen diskutiert, die zu solchen Berechnungen führen. Andere haben vor der Schwierigkeit kapituliert und vermeiden genaue Festlegungen. Doch ist die Auseinandersetzung mit den Größenangaben sehr lehrreich: Sie zeigt einerseits, auf welch unsicheren Grundlagen unsere Rekonstruktionen beruhen, und sie leistet einen wichtigen Beitrag zur historischen Ideologiekritik; andererseits lässt sich beispielhaft demonstrieren, über welch verfeinertes methodisches Instrumentarium die Altertumswissenschaft verfügt, um selbst unter schwierigsten Ausgangsbedingungen zu aussagekräftigen Erkenntnissen zu gelangen. Und nicht zuletzt erschließen solche Überlegungen historische Themenfelder, die häufig unterbelichtet, aber für das Verständnis der Vorgänge insgesamt – nicht nur der Heeresgrößen – von eminenter Bedeutung sind.

Forschungsansätze

9.2 Methodische Wege der Kalkulation: Historischer Kontext und Vergleich

Welche Möglichkeiten gibt es nun, 2500 Jahre nach den Ereignissen zu soliden Einschätzungen zu kommen, wenn schon der ersten Generation nach den Perserkriegen keine genauen Zahlen mehr vorlagen? Ein erster Schritt besteht wie bei vielen historischen Problemen darin, den historischen Kontext zu bestimmen, in dem die zu ermittelnde Größe des persischen Heeres eingebettet ist. Xerxes gebot über ein Reich mit vielen gefährdeten Grenzen, und so darf man annehmen, dass er gar nicht in der Lage war, sämtliche verfügbaren Truppen für die Invasion Griechenlands abzuziehen. Hinzu kamen die Aufstände im Innern, mit denen Xerxes nach der Thronbesteigung zu kämpfen hatte und die ihn zwangen, die Militärpräsenz in den wieder unterworfenen Ländern erheblich zu verstärken (Barkworth 1993, S. 164). Diese Umstände sprechen dafür, dass er mit einer begrenzten, aber keinesfalls mit der „gesamten Heeresmacht Asiens" über den Bosporus zog.

<small>Kapazitäten des Perserreiches</small>

Hat man so die an sich schon unglaubwürdigen Angaben Herodots (und der späteren Quellen) durch ein historisches Argument weiter erschüttert, so gilt es als nächstes, die tatsächliche Größenordnung des Invasionsheeres zumindest annäherungsweise zu ermitteln. Wenn man annimmt, Xerxes sei nicht mit allen potentiell dem Reich zur Verfügung stehenden Truppen aufgebrochen, dann benötigt man zur Bestimmung der konkreten Zahlen eine ungefähre Vorstellung vom gesamten Rekrutierungspotential, um eine Ausgangsbasis zu haben, von der man unter Berücksichtigung weiterer Argumente auf eine realistische Größe kommen kann. Mit diesem zweiten Schritt ist man freilich gezwungen, sich wieder auf die Ebene der Zahlenangaben antiker Quellen zu begeben, die angesichts des Fehlens persischer Dokumente der griechischen Tradition entstammen. Das Problem, eine wegen ihrer Herkunft als unwahrscheinlich akzeptierte antike Zahlengröße (nämlich die Herodots) mit Hilfe einer anderen zu korrigieren, wird dadurch abgeschwächt, dass die Autoren, die uns über diese zweite Kategorie Auskunft geben, aufgrund ihrer Herkunft und Erfahrung und/ oder der anders gearteten Intention ihres Werkes kaum zu Übertreibungen neigen. So gibt der als Söldnerführer berühmte Athener Xenophon (ca. 430–354 v. Chr.) an, dass im Persischen Reich 120000 (wehrfähige) Soldaten zur Verfügung standen (Kyr. 1,2,15).

<small>Vergleich mit späteren Quellenangaben</small>

Da es einerseits keinen Grund gibt anzunehmen, dass diese Zahl untertrieben ist (hierzu hatte Xenophon keinen Anlass), andererseits die Zahl im Falle einer Übertreibung einen doch erstaunlich niedrigen Wert besitzt, hätte man damit ein Richtmaß, an dem man die weiteren Überlegungen orientieren kann.

Die ältere Forschung hat mitunter versucht, derartige Zahlen über das Rekrutierungspotential mit der Gesamtbevölkerung des Reiches in Beziehung zu setzen; doch sind Schätzungen der Gesamtzahl antiker Bevölkerungsräume zumal in einem so riesigen Gebiet notorisch unsicher, weil man angesichts des Fehlens antiker Quellen gezwungen ist, neuzeitliche Statistiken auf die antiken Verhältnisse herunterzubrechen. So bleibt kein anderer Weg, als die immer noch recht vage Obergrenze der Rekrutierung, welche die antike Quelle (Xenophon) nennt, mit den Umfangsangaben späterer persischer Heere zu vergleichen. Glücklicherweise stehen uns solche Angaben zur Verfügung, weil der Heereszug Alexanders des Großen rund 150 Jahre nach dem Xerxesfeldzug gut bezeugt ist und die Quellen Angaben über die damalige Größe der persischen Armeen machen. Der kaiserzeitliche Autor Arrian schreibt, der damalige König Dareios habe 600 000 Mann zur Verfügung gehabt (Arr. 2,8,8); in der Schlacht selbst werden jedoch nur Truppen in einer Gesamtstärke von 140 000 Mann angeführt (Arr. 2,8,5–6); von diesen waren 30 000 griechische Söldner. Auch diese Zahlen mögen von Arrian übertrieben worden sein, um den Sieg Alexanders zu glorifizieren. Doch das bedeutet, dass die Perser aus griechischer Sicht keinesfalls mehr als 140 000 Mann für eine Schlacht aufbieten konnten. Berücksichtigt man zusätzlich, dass der Perserkönig für einen Verteidigungskampf innerhalb des Reiches gegen einen existenzbedrohenden Angreifer wohl sehr viel mehr Truppen einsetzte als bei einem eigenen Angriff auf ein fremdes Gebiet (Barkworth 1993, S. 159 ff.), so wird man unter Beachtung der bisher vorgetragenen Argumente (auch der Tatsache, dass es zwischen dem 5. und Ende des 4. Jahrhunderts keinen signifikanten Bevölkerungsrückgang innerhalb des Perserreiches gab), plausibel folgern können, dass die Invasionsarmee des Xerxes im Jahre 480/479 auf keinen Fall mehr als rund 120 000 kampffähige Soldaten umfasst haben kann (vgl. Barkworth 1993, S. 167).

Doch wie war nun die Lage in Griechenland selbst? Auch hier kann zunächst die Berücksichtigung des historisch-geographischen Kontextes die Grobschätzungen auf einer relativen Ebene ergänzen. Spöttisch, aber zu Recht hat man darauf hingewiesen, dass – nähme man die Angaben Herodots ernst – die für antike Heere übliche Marschkolonne nach dem Übersetzen über den Hellespont bereits zur Hälfte Athen hätte erreichen müssen (Cuyler Young 1980, S. 217 A. 8), oder nach einer anderen Kalkulation: dass die Spitze des Heereszuges die Thermopylen erreichte, als das Ende gerade aus Susa abmarschierte (Delbrück 1920/2000, S. 10). Die griechische Halbinsel bot also gar nicht den notwendigen Raum für den Aufmarsch eines solchen Riesenheeres. Weiter führt die Beobachtung, dass antike (wie frühneuzeitliche) Invasionsheere in der Regel, d. h. wenn nicht außergewöhnliche Ergänzungen oder Verstärkungen folgen, im Laufe eines Eroberungszuges durch die Abkommandierung von Besatzungstruppen, Pionieren und Versorgungsschutz, aber auch durch natürliche Einflüsse wie Unwetter, aufgrund von Krankheit, Erschöpfung und Desertation sowie durch Verluste und Verletzungen recht schnell schrumpften; in jedem Falle konnten sie zu entscheidenden Schlachten gar nicht mehr in dem Umfang antreten, in dem sie den Feldzug begonnen hatten (Cuyler Young 1980, S. 236; Barkworth 1993, S. 164).

Dieses Argument gilt nun nicht nur für das persische Landheer, sondern insbesondere für die Flotte. Für sie gibt Herodot eine Gesamtzahl von 1 207 an, auch Aischylos nennt diese Zahl. Herodot selbst weist auf die großen Verluste hin, welche die Marine des Großkönigs durch Sturmschäden und Seekämpfe am Artemision erlitten hatte (vgl. Kap. 8). Stellt man in Rechnung, dass – wie üblich in der Antike – die von ihm gebotenen Zahlen mit großer Wahrscheinlichkeit nicht nur kampffähige und einsatzbereite Trieren, sondern auch Transporter und Begleitkähne umfassten (das gleiche Argument lässt sich in Bezug auf das Landheer anwenden, wenn man die „Nicht-Kombattanten", also Trossknechte, Diener und Sklaven hinzurechnet; vgl. Delbrück 1920/2000, S. 14), so erscheint die Schlussfolgerung vieler Forscher zwingend, dass die Flotte der Perser vor Salamis keineswegs erdrückend, sondern nur geringfügig stärker war (Meyer 1939/1965, S. 354; Quelle 9.5.3). Herodot behauptet zwar, die Perser hätten ihre Verluste durch griechische Ergänzungen ausgeglichen (8,66), doch sein eigenes Fazit unmittelbar vor der Schlacht spricht eine andere und deutliche Sprache, wenn er die vorangegangenen, durch Sturm erlittenen Verluste der Perser (von 400 Einheiten; Hdt. 7,236) mit den Worten kommentiert: „Alles das war das Werk der Gottheit, damit die per-

Größe der Flotte

sische Flotte der hellenischen gleich und nicht mehr so viel größer würde" (8,13).

9.3 Logistik

Hat man sich der Größe des persischen Heeres durch sich ergänzende Argumente nach Art konzentrischer Kreise angenähert, so gibt es eine hilfreiche Gegenprobe: Jede Armee braucht große Mengen an Wasser und Nahrungsmitteln, um zumal auf fremdem Terrain einsatzfähig zu sein. Im Militärwesen bezeichnet man die Summe aller Mittel und Techniken, mit der die Versorgung sichergestellt wird, als Logistik. Schon ein flüchtiger Blick in die Militärgeschichte zeigt, dass Feldzüge sehr viel häufiger durch Versorgungsprobleme als durch einzelne Schlachten zumindest vorentschieden wurden. Die antiken Quellen widmen diesem Bereich freilich wenig Aufmerksamkeit, weil er kaum Stoff für heroische und spannende Schilderungen bietet. Dennoch ist die Untersuchung der Logistik eine inzwischen mehrfach erprobte Methode, antike Heeresgrößen abzuschätzen. Sie hat den großen Vorteil, ihre Argumentation nicht in erster Linie auf kritisch zu interpretierende Quellenangaben (die es ja kaum gibt) entwickeln zu müssen, sondern auf anthropologischen Konstanten, d.h. auf Phänomenen der menschlichen Natur, die sich über die Zeiten nicht entscheidend geändert haben.

Versorgungsprobleme

So lehren die lange Geschichte vormoderner Kriege sowie die medizinische Erfahrung, dass ein Soldat im Durchschnitt mindestens drei Pfund (ca. 1 500 Gramm) Getreide pro Tag sowie rund 2,3 Liter Wasser benötigt (Cuyler Young 1980, S. 222). Das stets mitgeführte Transportvieh sowie die Pferde der persischen Reiterei verbrauchten pro Tier 20 Pfund Futtermittel (Getreide, Stroh etc.) sowie neun Liter Wasser. Wenn man diese Durchschnittswerte versuchsweise auf die in der Forschung häufig als Richtwert angegebene Zahl von 200–210 000 Mann der persischen Landarmee sowie das für deren Versorgung notwendige Transportvieh und die Reiterei von 75 000 Tieren überträgt, käme man auf einen täglichen Bedarf von rund 524 Tonnen Getreide für die Soldaten und 3 000 Tonnen für die Tiere. Nimmt man den Bedarf von 660 Schiffen, einer konservativen Schätzung der persischen Flotte vor Salamis (mit Begleitschiffen), mit einer Gesamtbesatzung von 134 000 Mann (Ruderer plus Schiffssoldaten) hinzu, so ergäbe sich nach der

Getreideverbrauch

gleichen Umrechnung ein zusätzlicher Bedarf allein für die Marine von 202 Tonnen Getreide sowie rund 306 406 Liter Wasser pro Tag. Rechnet man schließlich Flotte und Landarmee zusammen, so stände ein täglicher Verbrauch von 3 500 000 Liter sowie knapp 890 Tonnen Getreide pro Tag zu Buche.

Das sind Mengen, die auch unter Berücksichtigung der üblichen Unschärfen und Ungenauigkeiten selbst von der bis dahin am besten organisierten Logistik der Welt, wie sie die persische Heeresorganisation darstellte, mit optimaler Planung, der Anlage von Depots (in Makedonien und Thrakien) in einem so vergleichsweise kargen Gebiet wie Griechenland jedenfalls über ein ganzes Feldzugsjahr nicht aufzubringen waren. Der Aufwand hätte auch die Kapazitäten eines so gut organisierten Weltreiches überfordert; allein für einen zweitägigen Marsch des Landheeres hätte man 12 000 Stück Transportvieh benötigt (welches ja selbst enorme Mengen an Futter und Wasser verbrauchte). Da sich die Perser im Laufe des Feldzuges immer weiter von ihren Versorgungsdepots in Makedonien und Thrakien entfernten und die Athener auf ihrem Rückzug alles Getreide für sich verbrauchten bzw. den Rest verbrannten, nahmen die logistischen Herausforderungen mit jedem Kriegsmonat zu. Nimmt man an, die Perser hätten etwas mehr als 600 Kriegschiffe vor Salamis bei Phaleron in Stellung gebracht (Keaveney 2011, S. 38), so hätten zwei Transportflotten von 35 Einheiten permanent zwischen der attischen Küste und dem Golf von Thermai (Makedonien) pendeln müssen. Eine solche Art maritimer „Berliner Luftbrücke" wäre nicht nur singulär, sondern auch – nimmt man die üblichen Probleme des Wassertransports in den griechischen Gewässern wie Piraterie hinzu – kaum aufrecht zu erhalten gewesen. Sie hätte in jedem Falle so enorme Kapazitäten gebunden, dass die Schlagkraft von Heer und Marine erheblich gelitten hätte.

Nun kann man freilich argumentieren, die persische Heeresleitung hätte sich schlichtweg verkalkuliert und wäre unzureichend vorbereitet gewesen. Doch dieser Einwand scheitert zum einen an den griechischen Quellen, welche die langen und präzisen Vorbereitungsmaßnahmen des Xerxes betonen, und zum anderen an der Tatsache, dass die Perser im letzten Viertel des 6. Jahrhunderts und besonders während des Ägyptenfeldzuges reiche Erfahrung bei der Versorgung kombinierter Land- und Seestreitkräfte gewonnen hatten und ihre Eroberungszüge immer sorgfältig planten. Es

Transportprobleme

Fehlkalkulation der Perser?

gibt denn auch keine Nachrichten darüber, dass einer der vorausgegangenen Feldzüge an der unzureichenden Logistik scheiterte. Die einzig logische Schlussfolgerung ist demnach, dass selbst eine gegenüber den herodoteischen Angabenbereits erheblich reduzierte Schätzung von gut 200 000 Mann Infanterie und rund 600 Kriegsschiffen mit einer ungefähr doppelten Anzahl von Begleitern, wie sie meist in der modernen Forschungsliteratur auftaucht, immer noch zu hoch angesetzt ist.

9.4 Fazit

Damit gewinnt man zwar immer noch keine exakten Zahlen, doch es bestätigen sich von einer anderen Seite aus die aus dem Vergleich des Quellenbefundes und des geographisch-historischen Kontextes gewonnenen Rahmendaten. Die persische Invasionsarmee war nach griechischen Standards sehr groß, größer als jede Bürgerarmee und wohl auch größer als die vereinten See- und Landstreitkräfte, die der Hellenenbund aufbieten konnte. Aber ihre numerische Überlegenheit kann nicht erdrückend gewesen sein und sie hat sich nach allem, was wir wissen und plausibel eruieren können, im Laufe des Feldzugsjahres von 480 der Gesamtgröße der griechischen Armee so weit angenähert, dass sie in den Schlachten bei Salamis und Plataiai ihre Gegner zahlenmäßig nur noch unwesentlich überragte, vielleicht sogar in bestimmten Situationen unterlegen war. Die griechische Deutung benötigte freilich ein riesiges Perserheer, um den Kampf der Wenigen zu einer heroischen Tat zu stilisieren. Doch auch das ist ein Phänomen, das der Militärgeschichte bis in die Neuzeit nicht fremd ist, deshalb als solches erkannt und in die Beurteilung der Perserkriege einbezogen werden muss.

Keine erdrückende Überlegenheit der Perser

9.5 Quellen und Vertiefung

9.5.1 Herodot berechnet die Größe des persischen Heeres unter Xerxes

184. Bis dahin und bis zu den Thermopylen hatte das Perserheer noch keinen Verlust erlitten. Die Stärke der gesamten persischen Kriegsmacht war, wie ich meiner Rechnung nach finde, etwa folgende: Auf den 1207 asiatischen Schiffen befanden sich 241 400 Mann an ursprünglich gestellter Mannschaft aus den betreffenden Völkern, jedes Schiff mit 200 Mann gerechnet. Als Besatzung aber standen auf diesen Schiffen neben den jeweiligen Einheimischen je 30 Perser, Meder und Saken. Das macht wieder 36 210 Mann aus. Zu dieser und der ersten Zahl muß man noch die Mannschaften der Fünfzigruderer hinzurechnen, die ich mehr oder weniger mit 80 Mann für ein Schiff ansetze. Davon aber gab es, wie ich schon früher erwähnte, zusammengerechnet 3 000 in der Flotte; das macht auf ihnen etwa 240 000 Mann. So zählte also die gesamte asiatische Flotte 517 610 Mann. Das Landheer umfaßte 1 700 000 Mann, dazu 80 000 Reiter. Ich muß noch die arabischen Kamelreiter dazuzählen und die Libyer auf Wagen; ihre Menge berechne ich mit 20 000 Mann. Reiht man nun alles von den Schiffen und vom Landheer zusammen, so ergibt das 2 317 610 Mann. So stark ist das Heer, das aus Asien herüberzog, angegeben ohne den Troß, die Frachtschiffe und ihre Bemannung. 185. Das Heer, das aus Europa mitzog, muß man natürlich zu dieser soeben errechneten Zahl noch hinzuzählen. Hier muß ich mich allerdings nur auf Schätzung beschränken. Die Griechen in Thrakien und von den Inseln an der thrakischen Küste stellten 120 Schiffe. Aus diesen Schiffen nun kommen 24 000 Mann. Das Fußvolk, das die Thraker, die Paionier, die Eorder, die Bottiaier, der Stamm auf der Chalkidike, die Bryger, die Pierer, die Makedonen, die Perrhaiber, die Enienen, die Doloper, die Magneten, die Achaier und die thrakischen Küstenbewohner stellten, schätze ich von allen diesen Stämmen auf 300 000 Mann. Zählt man diese Summe zu jener ersten der asiatischen Truppen, so betrug die kampffähige Mannschaft 2 641 610 Mann. Das ist die Stärke der Streitmacht. Der Troß aber und die Bemannung der Frachtschiffe und sonstigen Fahrzeuge, die das Heer begleiteten, war, glaube ich, nicht geringer, ja noch stärker als die eigentliche Kampftruppe. Nehmen wir also an, die Zahl sei ebenso groß gewesen wie jene Streitmacht, nicht größer und nicht kleiner, dann machen sie die gleiche Zahl wie die Kämpfer aus. Also führte Xerxes, der Sohn des Dareios, bis nach Sepias und Thermopylai eine Menschenmasse von 5 283 220 Mann.
(Hdt. 7, 184–185, Übers.: J. Feix)

9.5.2 Hans Delbrück

Wir müssen uns klarmachen und mit aller Bestimmtheit den Satz festhalten, daß es eine Selbsttäuschung ist, Zahlen wie den Herodoteischen Wert beizumessen. Möge man auf irgendeine Weise eine Zahl da herausdemonstrieren, so ist damit gar nichts gewonnen. Die wahre und einzig
5 zulässige historische Methode ist nicht, daß, wenn man keine zuverlässigen Nachrichten hat, man sich mit den unzuverlässigen begnügt und so tut, als ob sie leidlich vertrauenswürdig wären, sondern daß man scharf und bestimmt scheidet, was als gut überliefert angesehen werden darf und was nicht. Vielleicht finden wir noch irgendeinen Anhaltspunkt, der uns
10 erlaubt, eine ungefähre Schätzung für die Größe der Perserheere auszusprechen. Zunächst aber muß festgestellt werden, daß die Zahlenangaben der Griechen gar keinen Glauben verdienen, auch nicht den allergeringsten, daß sie um nichts glaubwürdiger sind als die Angaben der Schweizer über die Heere Karls des Kühnen, daß wir also auch aus ihnen nicht ent-
15 nehmen können, ob die numerische Überlegenheit auf Seiten der Griechen oder der Perser gewesen ist. Wenden wir uns hinüber zu den Griechen, so scheinen wir hier auf sicherem Boden zu wandeln. Herodot gibt für die Schlacht von Plataä eine spezifizierte Liste der verschiedenen Kontingente, 8 000 Athener, 5 000 Spartiaten, 5 000 Periöken usw., im Ganzen 38 700
20 Hopliten. Da die Griechen ihre eigene Stärke doch wohl gekannt werden haben, so könnte man diesen Zahlen vielleicht trauen, und die meisten Forscher haben sie auch einfach angenommen. Aber das ist ein methodischer Fehler. Wir haben nicht die geringste Bürgschaft, daß nicht irgendeiner der Berichterstatter des Herodot die Liste nach ganz willkürlicher
25 Schätzung zusammengestellt hat, und eine Stelle zum wenigsten ist darin, die den Zahlensinn des Urhebers in recht ungünstigen Lichte erscheinen läßt. Jeder griechische Hoplit pflegte von einem Knecht begleitet zu sein; um die volle Stärke des Heeres zu berechnen, verdoppelt also Herodot die Zahl. Jeder Spartiat aber, sagt er, hatte sieben Heloten bei sich; es sind
30 also 35 000 Mann für diese hinzuzuwählen. 35 000 Nicht-Kombattanten auf 5 000 Kombattanten ist, sowohl wenn man an Heeresbewegungen wie Verpflegung denkt, eine Absurdität. Sie wird etwa so entstanden sein, daß der Grieche sich unter einem Spartiaten einen vornehmen Mann vorstellte, der stets mit mehreren Dienern ins Feld zog; sieben Diener schien eine
35 ganz passende Zahl und wurde ohne weiteres mit der supponierten Zahl der Spartiaten multipliziert. Dergleichen kommt auch bei modernen Historikern vor. In Philippsons „Geschichte des Preußischen Staatswesens" Bd. 2 A. 176 kann man lesen, daß das preußische Heer unter Friedrich dem Großen (1776) 32 705 – genau gezählt – Waschfrauen mit ins Feld nahm. Der
40 Autor unterläßt auch nicht, seine Quellen anzugeben, Büschings „Zuverlässige Beyträge z. d. Reg.-Gesch. König Friedrichs II. v. Preußen", und eine Quelle, die meist zuverlässiges Material enthält, und da in der Tat eine Anzahl Marketenderinnen und Soldatenfrauen die friderizianische Armee begleiteten, so sind auf ein Heer von 200 000 Mann 32 705 Waschfrauen

5 immer noch eher möglich, als 35 000 Heloten auf 5 000 Spartiaten, und ein moderner, methodisch ausgebildeter Historiker verdient mehr Glauben, als der naive Herodot. Aber zuletzt werden wir doch wohl beide Nachrichten verwerfen, eine wie die andere. Eine kurze Prüfung des allgemeinen Charakters König Friedrichs und seiner Armee überzeugt, daß diese sich
10 gewiß nicht von Waschfrauen haben ins Feld begleiten lassen, daß also Büsching irgendeinem Mißverständnis zum Opfer gefallen und zu seiner Zahl gekommen ist, indem er sich auf jedes Soldatenzelt eine Waschfrau rechnete, und Philippson ohne kritische Prüfung die interessante Behauptung nachgeschrieben hat. Ganz ähnlich wird es mit den 35 000 Heloten
15 Herodots zugegangen sein. Im ganzen führt die Rechnung Herodots auf eine Stärke des griechischen Heeres von etwa 110 000 Köpfen. Die Historiker, die die Zahl nachgeschrieben haben, haben sich keine genügende Vorstellung davon gemacht, was es heißt, 110 000 Mann auf einem Fleck längere Zeit zu ernähren. (...) Die überlieferte Zahl ist schlechthin unglaub-
20 würdig. Wir müssen uns bescheiden, daß wir eine Angabe über die Stärke der Griechen bei Plataä, auf die wir Schlüsse aufbauen dürften, nicht besitzen.
(Geschichte der Kriegskunst. Von den Perserkriegen bis Caesar, 3. Aufl. 1920, ND Berlin 1964, Neuausgabe Berlin 2000, S. 11–13)

9.5.3 Eduard Meyer

(Xerxes' Feldzug. Artemision und Thermopylä)
Wie stark das Heer gewesen ist, läßt sich nur ganz vermutungsweise abschätzen. Herodot gibt an, bei der Parade auf dem Felde von Doriskos am Hebros sei das Fußvolk nach Abteilungen von Zehntausenden gezählt,
5 oder vielmehr gemessen worden, und dabei hätten sich 1 700 000 Mann ergeben; dazu kämen 80 000 Reiter, 20 000 Kamelreiter und Wagenmannschaften, ferner der ständig anwachsende Zuzug von europäischen Völkerschaften, der auf 300 000 Mann zu veranschlagen sei. Ktesias und Ephoros haben stattdessen 800 000, andere 700 000 Mann angegeben. Daß all
10 diese Zahlen absurd sind, bedarf keiner Ausführung. Das Heer brauchte zum Übergang über den Hellespont angeblich sieben Tage und Nächte – auf der einen Brücke die Krieger, auf der anderen der Train und der Troß –; es marschierte in Thrakien auf drei parallelen Straßen (Herod. VII 121); aber es konnte sich doch in Thrakien wie in Griechenland nur auf einem
15 engbegrenzten Raum bewegen und tagelang ohne Verpflegungsschwierigkeiten in der etwa vier Meilen breiten Ebene von Therme bis zum Haliakmon lagern, während die Flotte den Golf füllte. Auf mehr als höchstens etwa 100 000 Mann wird man demnach die Landarmee keinesfalls schätzen dürfen, dazu einen sehr großen Troß, der die Zahl der Kombattanten
20 überstiegen haben wird. Was sie durch Krankheiten, Garnison u. ä. verlor, mag durch den Zuzug der unterworfenen Gebiete sowie später der Thessa-

ler und Böoter ausgeglichen sein. Eine Armee von dieser Stärke mußte den Griechen unermeßlich erscheinen; auch ist es sehr wohl glaublich, daß ihr die Wasserversorgung Schwierigkeiten machte und viele der im Sommer zu dünnen Wasserrinnen zusammengeschrumpften Wasserläufe Thrakiens und Griechenlands völlig erschöpft wurden. – Die persische Flotte bei Salamis war nach Äschylos 1000 Schiffe stark, darunter (oder dazu?) 207 Schnellruderer. Die populäre Tradition hat meist an der runden Zahl von 1000 Schiffen festgehalten. Dagegen hat Herodot die Stelle so gedeutet, daß die Gesamtzahl 1207 betragen habe. Er läßt aber Xerxes' Flotte beim Auszug so stark gewesen sein – er fügt noch 3000 kleinere Fahrzeuge hinzu und verteilt die 1207 Schiffe auf die einzelnen Küstenvölker –, so daß man deutlich sieht, wie wertlos derartige Listen bei ihm sind. Da die Flotte nach seinem eigenen Bericht durch Stürme und die Kämpfe bei Artemision über die Hälfte ihres Bestandes verliert, ist er, um bei Salamis auf die überlieferte Zahl zu kommen, zu der ungeheuerlichen Annahme gezwungen, der Verlust sei durch den Zuzug aus Griechenland wieder ausgeglichen (VIII 66), im Widerspruch mit seiner wiederholten Angabe (VII 236. VIII 13), daß die persische Flotte durch die Verluste der griechischen ziemlich gleich geworden sei. In Wirklichkeit kann denn auch die persische Flotte bei Salamis nicht viel stärker als die griechische gewesen sein; denn war sie damals noch imstande, gleichzeitig die griechische mit überlegener Macht im Schach zu halten und ein starkes Detachement nach dem Peloponnes zu entsenden, so wäre es niemals zu einer Seeschlacht gekommen. Die griechische Flotte bei Salamis war zwischen 300 und 400 Trieren stark; danach werden wir der persischen damals kaum mehr als 400–500 Kriegsschiffe – die gewiß nicht sämtlich Trieren waren – zuschreiben dürfen. Beim Auszug mögen es etwa 200–300 mehr gewesen sein. Dazu kam aber eine große Zahl von Transportschiffen, Kähnen u. ä., so daß die Gesamtsumme von 1000 Schiffen nicht unberechtigt ist. Wenn die Trieren, wie Herodot, wahrscheinlich allerdings zu hoch (vgl. o. S. 338,1), annimmt, mit 200 Ruderern und 30 Kriegern bemannt waren, so mag auch die Flotte beim Auszug alles in allem etwa 150000 bis 200000 Menschen gezählt haben.
(Geschichte des Altertums, Band IV² 1 (1939), 6. Aufl. Darmstadt 1965, S. 353 f.)

9.5.4 Fragen und Anregungen

– Beschreiben Sie die Methode, mit der Herodot (Quelle 9.5.1) zu seinen Zahlenangaben gelangt.
– Diskutieren Sie die Rolle logistischer Erwägungen.
– Formulieren Sie mit eigenen Worten das methodische Prinzip, nach dem Delbrück (9.5.2) mit den antiken Zahlenangaben

umgeht, und bewerten Sie dieses am Beispiel der von ihm kritisierten Angaben zur griechischen Heeresstärke.
- Beurteilen Sie Delbrücks Analogieschlüsse mit Hilfe der von ihm zitierten neuzeitlichen militärhistorischen Werke.
- Weshalb kann nach Eduard Meyer (9.5.3) „die persische Flotte bei Salamis nicht viel stärker als die griechische gewesen sein"? Nennen Sie die Argumente, mit denen der Forscher seine These stützt.

9.5.5 Lektüreempfehlungen

Herodot, *Historien*. Deutsche Gesamtausgabe. Übersetzt von A. Horneffer. Neu herausgegeben und erläutert von H.W. Haussig, 4. Aufl. Stuttgart 1971. Quellen
Herodot, *Historien*. 2 Bde., hrsg. von J. Feix, 3. Aufl. München 1980.
Xenophon, *Kyropädie. Die Erziehung des Kyros*. Griechisch-deutsch. Herausgegeben und übersetzt von R. Nickel, München 1992.
Arrian, Der *Alexanderzug. Indische Geschichte*. Griechisch und deutsch. hrsg. u. übers. von G. Wirth und O. von Hinüber, München/Zürich 1985.

P. R. Barkworth, *The Organization of Xerxes' Army*, in: Iranica Antiqua 27 Forschungsliteratur
(1993), S. 149–167 (*Kritik an Herodots Darstellung der persischen Heeresorganisation sowie Vergleich mit den Größen der Armeen während des Feldzuges Alexanders des Großen*).
T. Cuyler Young, *480/479 B.C. – A Persian Perspective*, in: Iranica Antiqua 15 (1980), S. 213–239 (*Kritik der Zahlenangaben Herodots durch ausführliche Berechnungen der logistischen Erfordernisse*).
H. Delbrück, *Geschichte der Kriegskunst. Das Altertum. Von den Perserkriegen bis Caesar*, Nachdruck der Neuausgabe 2000 des Nachdrucks 1964 der 3. Aufl. Berlin 1920, Hamburg 2000 (*Lesenswerter Klassiker der Militärgeschichtsschreibung mit instruktiver Sachkritik an den Quellen*).
P. Kehne, *Zur Logistik des Xerxesfeldzuges 480 v. Chr.*, in: E. Olshausen (Hg.), Zu Wasser und zu Land. Verkehrswege in der antiken Welt, Stuttgart 2002, S. 29–47 (*Ausführliche Würdigung der persischen Logistik mit dem Ergebnis, dass diese nicht der Grund für die Niederlage gewesen sein kann*).
E. Meyer, *Geschichte des Altertums*, 4. Band. 2. Abteilung. Das Perserreich und die Griechen bis zum Vorabend des Peloponnesischen Krieges, 6. Aufl. Darmstadt 1965 (zuerst 1900) (*Berühmtes Beispiel für die universale Gelehrsamkeit der deutschen Altertumswissenschaft zu Beginn des 20. Jahrhunderts mit vielen heute noch inspirierenden Überlegungen, auch zur Logistik*).

10 Plataiai, Mykale und die Offensive des Hellenenbundes (479 v. Chr.)

„So fiel Ionien zum zweiten Mal von Persien ab." (Hdt. 9,104)

Mit diesen knappen Worten fasst Herodot die Folgen der Schlacht von Mykale (an der Küste Kleinasiens gegenüber Samos) zusammen. 20 Jahre nach Beginn des Ionischen Aufstandes hatte die Flotte des Hellenenbundes den Kriegsschiffen des Feindes nachgesetzt und Kurs auf die kleinasiatische Küste genommen. Hier zerstörten die Griechen das persische Schiffslager und setzten damit ihre Erfolgsserie, die bei Salamis begonnen hatte, jenseits der Ägäis fort. Wie war es dazu gekommen und wie sollte man mit den kleinasiatischen Griechen verfahren, welche die Chance, die persische Herrschaft abzuschütteln, nicht ein zweites Mal verspielen wollten?

10.1 Plataiai

Die Schlacht von Salamis war für die Perser kein Desaster und sie führte nicht zum Untergang der gesamten Flotte. Bezeichnenderweise rechneten die Griechen mit einer Wiederaufnahme der Seekämpfe und einem zweiten Angriff der persischen Kriegsschiffe. Schwerwiegender als die realen Verluste dürfte die psychologische Wirkung auf die persische Führung gewesen sein. Sie zog die Flotte in die sicheren Gewässer um Samos zurück und Xerxes verließ den Kriegsschauplatz in Richtung Sardes. Das war allerdings keine Flucht, wie die Griechen behaupteten; es deutet lediglich auf eine Neuausrichtung des strategischen Vorgehens hin: Angeblich soll der Oberbefehlshaber Mardonios die Athener aus dem Kreis des Hellenenbundes zu lösen versucht haben, indem er weitgehende Friedensangebote übermitteln ließ. Erst als die Volksversammlung ablehnte, stieß Mardonios nach Attika vor und besetzte im Sommer 479 zum zweiten Mal die Stadt, was zeigt, wie schwach sich die Griechen auch nach Salamis zu Lande fühlten.

    Erklärungswürdig ist bei alldem erneut die Rolle Spartas. Anstatt den Erfolg von Salamis zu nutzen, um den Athenern mit Landtruppen zu Hilfe zu kommen, steckten die Spartaner ihre Energien in den Ausbau der Verteidigungsmauer auf dem Isthmos

Rückzug des Xerxes

Verteidigung des Isthmos und taten nichts, um den erneuten Vormarsch des Mardonios nach Attika zu verhindern. Wahrscheinlich hat sie erst die Nachricht von der Einnahme Athens veranlasst, ein Landheer von 5000 spartiatischen und 5000 periökischen Hopliten sowie einer großen Zahl von Heloten nach Attika zu schicken (Erklärungen der Verzögerungen und der spartanischen Haltung bei Will 2010, S. 93 f.). Die Spartaner konnten auf diese Weise die Heloten besser kontrollieren und das Risiko verringern, das mit dem Abzug der eigenen Hoplitenarmee von der Peloponnes verbunden war.

Mardonios in Böotien Mardonios zog sich daraufhin nach Böotien zurück. Die Truppen des Hellenenbundes folgten ihm in der Überzeugung, dass eine Entscheidung zu Lande nun unumgänglich sei. Sie fiel bei Plataiai in Böotien. Die Perser konnten wohl rund 70000 Mann mobilisieren, ihnen stand unter dem Kommando des spartanischen Befehlshabers Pausanias die größte Hoplitenarmee gegenüber, die jemals von den Griechen aufgestellt worden war. Die griechischen Verbände stammten aus verschiedenen Gemeinden, die in den vergangenen Jahren nicht immer eine einheitliche Linie verfolgt hatten. Deshalb hielten es die Kommandeure offenbar für sinnvoll, die Soldaten vor Beginn der Kampfhandlungen per Eid darauf zu verpflichten, ihre Truppenführer nicht im Stich zu lassen und das Kampfgelände nicht vorzeitig zu verlassen (Quelle 10.5.1).

Taktik und Verlauf der Schlacht Der Bericht Herodots über die Kampfhandlungen ist derart verworren und von epischen und elegischen Vorbildern (vgl. Kap. 12) geprägt, dass es schwerfällt, ein einheitliches Bild des Geschehens zu gewinnen. Klar erscheint, dass auch diesmal die taktische Planung des Hellenenbundes von Kompetenzgerangel überlagert wurde und beide Seiten unter erheblichen Versorgungsproblemen litten (Rahe 2015, S. 304–307). Deshalb war die erste Phase des Aufeinandertreffens durch das Bemühen geprägt, den Gegner von der Wasserzufuhr und den Versorgungslinien abzuschneiden. Gleichzeitig suchten die Perser ihre Reiterei auf ebenem Gelände einzusetzen, während die Griechen den Schutz der Hügel selten verließen und den Gegner durch Stellungswechsel zu ermatten suchten. Am Ende gelang es Pausanias, sich der gefürchteten Reiterei und den Bogenschützen durch geschickte Rückzugsmanöver soweit zu entziehen, dass die Griechen ihre Stärke im Nahkampf voll ausspielen konnten. Nicht weniger entscheidend dürften der Schlachtentod des Mardonios sowie die Tatsache gewesen sein, dass aus uns unbekannten Gründen ein großer Armeeteil der Perser unter

Artabazos gar nicht zum Einsatz kam. Könnte es sein, dass bei den Persern vergleichbare Konkurrenzkämpfe unter den Befehlshabern herrschten wie in der heterogenen Koalition der Hellenen, die sich immer nur für kurze Zeit zu einem gemeinsamen Kampf entschließen konnten? Dass am Ende ein durchschlagender Erfolg auch zu Lande gegen die als unbesiegbar geltende Supermacht möglich war, muss den Griechen selbst wie ein Wunder vorgekommen sein.

10.2 Das Übergreifen nach Kleinasien

Schon nach dem Sieg von Salamis hatte Themistokles darauf gedrängt, zur See in die Offensive zu gehen und den Persern am Hellespont den Rückzug nach Kleinasien abzuschneiden. Der Vorschlag scheiterte am Widerstand der Spartaner, die vor allem an der Sicherung der Peloponnes interessiert waren. Immerhin stach im Frühjahr 479 eine Teilflotte unter dem Spartanerkönig Leotychidas in See, um die Kykladeninseln Delos und Chios zu sichern und einem Gegenschlag der Perser zur See zuvorzukommen. Auf Delos trafen Aristokraten aus Samos ein und baten um Hilfe gegen ihren perserfreundlichen Tyrannen. Der Spartanerkönig sagte zu und Samos wurde in den Hellenenbund aufgenommen. Diese Entscheidung wurde wahrscheinlich nicht nur durch die Ankunft von 140 zusätzlichen athenischen Trieren (Diod. 11,34,2), sondern auch durch die Hoffnung forciert, ein Angriff auf die persischen Schiffe in Kleinasien könnte die persischen Truppen in Griechenland zum Rückzug bewegen oder zumindest die Griechen vom Druck des Mardoniosheeres entlasten (Rahe 2015, S. 293–299). Auf jeden Fall gewann jetzt der bisherige, auf die griechische Halbinsel konzentrierte Abwehrkampf eine neue Dimension. Mit der Hilfeleistung für Samos und Chios sowie dem Übergreifen der Flotte an die kleinasiatische Küste demonstrierte der Hellenenbund, dass er auch die Interessen der Ionier in seine Planungen einbeziehen wollte. In welcher Form blieb zunächst ungeklärt, da die aktuelle militärische Lage ein schnelles Reagieren erforderte.

Leotychidas in der Ägäis

Die Perser hatten unter dem Eindruck von Salamis und Plataiai ihre eigene Flotte an die kleinasiatische Küste zurückgeschickt und die phönikischen Einheiten an ihre östlichen Basen entlassen. Die übrigen Schiffe hatte man am Vorgebirge Mykale nahe der Mündung des Mäander praktisch in Sichtweite der Insel Samos

Schlacht bei Mykale

an Land gezogen und durch Wallanlagen und Besatzungstruppen gesichert, wobei die als unzuverlässig geltenden Samier entwaffnet worden waren. Diese Chance ließ sich Leotychidas nicht entgehen. Zusammen mit den athenischen Einheiten sowie übergelaufenen Kontingenten der persischen Flotte gelang es den Spartanern, das persische Schiffslager zu stürmen und die an Land gezogenen Einheiten zu zerstören. Da mehr oder weniger gleichzeitig die Landtruppen des Mardonios bei Plataiai geschlagen worden waren, war die unmittelbare Gefahr einer Wiederaufnahme des persischen Offensivkrieges zu Wasser und zu Lande, mit dem die Griechen im Jahr nach Salamis rechneten, gebannt. Dagegen war abzusehen, dass der Erfolg 20 Jahre nach Beginn des Ionischen Aufstandes die kleinasiatischen Griechen wieder zum Abfall von der persischen Herrschaft animieren würde, zumal diese nun im Gegensatz zum ersten Aufstand geschwächter schien und ihren Nimbus der Unbesiegbarkeit verloren hatte. Tatsächlich erklärten die meisten Griechenstädte, dass sie nicht weiter den persischen Befehlen folgen würden.

10.3 Die Konferenz von Samos und die Frage des Athener Mauerbaus

Doch so einfach war die Sache nicht. Nach wie vor hatte der Hellenenbund großen Respekt vor der angeschlagenen Weltmacht. Wie lange würde es dauern, bis der Perserkönig erneut die Ressourcen seines Reiches gebündelt hatte und zum Gegenschlag ausholen würde, um zumindest die reichen Gebiete der kleinasiatischen Küste zu sichern (Schmidt-Hofner 2016, S. 91)? Das Scheitern der Invasion in Griechenland war eine Sache, die komplette Aufgabe der westlichen Flanke des Reiches eine andere, welche die ostmediterrane Herrschaft der Perser unmittelbar bedrohte. Dass die Perser dies nicht zulassen würden und konnten, war allen Griechen klar, und dementsprechend musste man sich nun erneut mit der Frage befassen, wie man sich gegenüber den Bitten der Ionier um Aufnahme in den Hellenenbund verhalten sollte (Meister 1997, S. 42 f.).

Diese Frage wurde laut Herodot (9,106,2–4, Quelle 10.5.2) auf einer Konferenz der Mitglieder des Hellenenbundes auf der Insel Samos kurz nach Mykale diskutiert. Die Forschung hat längst erkannt, dass die hierbei auftretenden Meinungsverschiedenheiten richtungsweisend für die weitere Entwicklung des Verhältnisses zwischen Athen und Sparta gewesen sind: Der spartanische König und die Befehlshaber der peloponnesischen Streitkräfte schlugen vor, die kleinasiatischen Griechen vollständig zu evakuieren und auf der griechischen Halbinsel in Handelsplätzen anzusiedeln, die man den mit Persien kollaborierenden Gemeinwesen abgenommen hatte. Athen widersetzte sich diesem Vorschlag und konnte demgegenüber immerhin durchsetzen, dass die Inselgriechen der kleinasiatischen Küste in den Hellenenbund aufgenommen wurden.

Doch ist der Vorschlag der Spartaner überhaupt in seiner Radikalität authentisch und ernst gemeint (Zweifel z. B. bei Stahl 2003, S. 183) oder hat ihn Herodot erfunden oder über Gebühr aufgebauscht, um den Erfolg der Athener in der Diskussion um den Umgang mit den Ioniern hervorzuheben (Welwei 2004, S. 162 f.)? Wenn dagegen Herodot im Prinzip die Auseinandersetzung korrekt wiedergibt, ist diese wirklich erst aus der konkreten Situation nach Mykale entstanden oder geht sie auf längerfristige, vielleicht sogar bis in die Vorkriegszeit zurückreichende Spannungen zwischen den beiden Großpoleis zurück, die jetzt – von der unmittelbaren Gefahr der persischen Invasion befreit – wieder aufbrachen (Stahl 2003, S. 174–185)? Kann man in der selbstbewussten Haltung der Athener und in ihrem Eintreten für die Ionier gar einen Führungsanspruch erkennen, der sich potentiell gegen die bis dahin geduldete Hegemonie Spartas richtete (Baltrusch 2010, S. 51 f.)?

Auf all diese Fragen gibt es bis heute keine eindeutigen Antworten, sondern nur Indizien, wobei sich immer die grundsätzliche Frage stellt, welchen Konstruktions- und Interpretationsspielraum man den antiken Autoren zutrauen will. Vieles hängt davon ab, wie man die Lage vor der Samoskonferenz bewertet, ohne aus der Kenntnis der späteren Entwicklung voreilige Schlüsse zu ziehen. Ein wichtiges Argument für die Verfechter massiver Spannungen zwischen Athen und Sparta ist neben den bereits zu Beginn des Krieges laut Herodot auftretenden Streitigkeiten um den Oberbefehl eine Episode, die der Historiker Thukydides erzählt (1,89–90). Demnach hätten die Athener kurz vor oder nach Plataiai auf Rat des Themistokles begonnen, ihre von den Persern zerstörten Stadtmauern mit großer Energie in kurzer Zeit wiederaufzubauen und bis zum Piräus zu erweitern, womit eine weitere Grundlage für den Aufstieg der Athener Seemacht gelegt worden sei (Thuk. 1,93). Daraufhin schickten die Spartaner, „von ihren Bundesgenossen dazu

Verhältnis zwischen Sparta und Athen

Langfristige Spannungen?

Wiederaufbau der Athener Stadtmauern

gedrängt", eine Gesandtschaft, welche die Athener bat, vom Bau abzulassen. Durch geschickte Manöver gelang es Themistokles, die Spartaner solange hinzuhalten, bis der Bau fertig war. Im Winter 479/78 musste die Gesandtschaft unverrichteter Dinge abziehen, nachdem ihnen Themistokles die Botschaft mit auf dem Weg gegeben hatte, „sie sollten künftig daran denken, dass die Athener sich sehr wohl auf ihr Eigenes und das allgemein Beste verstünden." (1,91,4) Für Thukydides ist demnach die Diskussion um den Mauerbau ein deutlicher Hinweis einerseits auf das wachsende Selbstbewusstsein der Athener, andererseits auf den Argwohn, mit dem die Spartaner hierauf reagierten. Muss man aber deshalb annehmen, dass der Wiederaufbau der zerstörten Anlagen von vornherein „nur gegen die Spartaner gerichtet" war (Stahl 2003, S. 184), oder handelte es sich nicht vielmehr um eine ganz selbstverständliche Schutzmaßnahme gegen eine nach wie vor mögliche persische Revanche, mit der die von der persischen Eroberung traumatisierte Athener Bevölkerung rechnen musste (Welwei 2004, S. 164)? Immerhin hatte auch Sparta seinerseits noch nach Salamis auf den Ausbau der Verteidigungsmauer am Isthmos gedrängt.

Kooperation zwischen Athen und Sparta

In jedem Fall – und das ist erstaunlich und bedenkenswert – haben weder der Mauerbau noch ein möglicher Streit um ihn sowie die latenten Diskussionen um Führungspositionen und das strategische Vorgehen die weitere militärische Kooperation der beiden Poleis behindert. Selbst wenn man den Vorschlag der Spartaner ernst nimmt, die Ionier nach Griechenland überzusiedeln, und darin das alte Kalkül zu erkennen meint, sich nach dem Ende der unmittelbaren Gefahr nicht weiter in der Ägäis zu engagieren, so muss sich diese Deutung an den realen Militäraktionen der unmittelbaren Folgezeit messen lassen. Und diese waren äußerst erfolgreich.

10.4 Die letzte Offensive des Hellenenbundes

Nach der Samoskonferenz segelte die Flotte des Hellenenbundes zum Hellespont, um die von Xerxes angelegten Brücken zu zerstören und etwaigen persischen Armeeteilen den Rückzug nach Kleinasien abzuschneiden. Doch die Brücken waren längst nicht mehr intakt. Damit schien die Ägäis gesichert, und der spartanische König Leotychidas kehrte mit den peloponnesischen Verbänden in die Heimat zurück. Die Athener begannen dagegen die noch von den Persern gehaltene Hafenpolis Sestos zu belagern, offenbar um sich die für ihre Stadt und Flotte lebensnotwendige Zufuhr mit Getreide und Holz aus Thrakien und dem Schwarzen Meer zu sichern (Will 2010, S. 104). Das war zwar die erste unabhängig von der Flotte des Hellenenbundes, aber mit Unterstützung der Ionier unternommene Militäraktion. Doch es gibt keine Hinweise darauf, dass sie von den Spartanern missbilligt oder dass Leotychidas wegen seines Rückzuges vom Hellespont in seiner Heimat kritisiert wurde (Welwei 2004, S. 164).

Dass auch die Spartaner die Kämpfe gegen Persien keineswegs als beendet ansahen, beweisen die großräumigen Offensiven der Flotte des Hellenenbundes, die im Folgejahr (478) unter Leitung des neuen spartanischen Befehlshabers Pausanias gegen Zypern und Byzantion geführt wurden. Der Angriff auf Zypern ergab sich wohl auch aus der Erfahrung des ersten Ionischen Aufstandes (s. o. Kap. 5: Ionischer Aufstand); Pausanias sollte die verbliebenen persischen Marinestützpunkte erobern und die zypriotischen Griechen „befreien". Das militärische Ziel wurde erreicht, angeblich wurde der „größte Teil der Insel unterworfen" (Thuk. 1,94). Doch langfristig gelang es nicht, die Insel aus dem persischen Reichsverband zu lösen.

Offensiven des Hellenenbundes

Dennoch erstaunt die Dimension des Unternehmens. Niemals zuvor hatten spartanische Schiffe unter eigenem Befehlshaber so weit östlich von der Heimat operiert. Es drängt sich die Frage auf, wie sich dies zu dem Abzug des Leotychidas am Hellespont sowie zu dem ein Jahr zuvor auf Samos geäußerten Vorschlag verhält, die ionischen Griechen auf die Halbinsel überzusiedeln und damit den Offensivkrieg in der Ägäis faktisch auszusetzen. Eine Erklärung des diffusen Bildes könnte darin bestehen, dass es in Sparta selbst keine einheitliche Linie gab und die Richtung der Militäraktionen immer auch situativ ausgehandelt werden musste sowie in erheblichem Maße von den Motiven des jeweiligen Königs, Regenten bzw. Kommandeurs abhing, der die Operationen leitete. Dass Pausanias ein viel ehrgeizigerer und selbstbewussterer Regent als sein vorsichtiger Vorgänger war, wird man aus den mit vielen Klischees und Gerüchten behafteten Quellen sicherlich herauslesen dürfen (vgl. Baltrusch 2010, S. 52). Die dem Spartaner nicht sehr wohl gesonnenen Quellen kleiden dies in den Vorwurf, er habe sich eines arroganten, den Persern ähnelnden Führungsstils befleißigt, der wenig

Schwankende Außenpolitik in Sparta

Rücksicht auf die Belange der Bündner und den Stolz der Untergebenen nahm und sich wohl auch wenig um die Befehle der Heimat scherte (Thuk. 1,95; vgl. Welwei 2004, S. 166; Baltrusch 2010, S. 52). Angeblich soll sein herrisches und ungeschicktes Auftreten den Keim großer Unzufriedenheit nicht nur in Sparta selbst, sondern auch unter den Vertretern der übrigen Mitglieder des Hellenenbundes gelegt haben. Sie eskalierte nach dem Zypernunternehmen und der darauffolgenden Eroberung von Byzantion (am Bosporus) und führte zu einer Entscheidung, welche die griechische und indirekt auch die persische Geschichte nachhaltig bestimmen sollte.

10.5 Quellen und Vertiefung

10.5.1 Der sog. Eid von Plataiai (SEG 21, Nr. 519)

Fundkontext: Eine jetzt in der École française d'Athènes aufbewahrte Marmorstele auf Acharnai bei Athen mit einer Inschrift aus der Mitte des 4. Jahrhunderts. v. Chr., auf der der Eid der athenischen Epheben und der Eid, den die Athener vor der Schlacht bei Plataiai geschworen haben sollen, verzeichnet sind. Die Stele war eine Weihung an Ares und Athena Areia.

Götter! Der Priester des Ares und der Athena Areia, Dion, Sohn des Dion, aus (dem Demos) Acharnai hat (dies) geweiht.
Eid der Epheben von Alters her, den schwören müssen die Epheben: Ich werde nicht entbehren die heiligen Waffen und werde nicht verlassen meinen
5 Kampfgenossen, wo immer ich aufgestellt sein werde. Ich werde kämpfen für den Schutz des Heiligen und Geheiligten und werde nicht geringer übergeben das Vaterland, sondern größer und besser, sowohl mit meinen (eigenen) Kräften als auch zusammen mit allen, und ich werde gehorchen denen, die jeweils herrschen, mit Bedacht, und den Satzungen, die einge-
10 setzt sind, und denen, die künftig eingesetzt werden, mit Bedacht. Wenn jemand (sie) aufheben will, werde ich es nicht zulassen, sowohl mit meinen Kräften als auch zusammen mit allen, und werde ehren die traditionellen Heiligtümer. Zeugen: die Götter Aglauros, Hestia, Enyo, Enyalios, Ares und Athena Areia, Zeus, Thallo, Auxo, Hegemone, Herakles, (und) die Grenzen
15 des Vaterlandes, (dessen) Weizen, Gerste, Weinberge, Oliven, Feigen.
Der Eid, den die Athener schworen, als sie im Begriff waren, gegen die Barbaren zu kämpfen. »Ich werde kämpfen, so lange ich lebe, und werde nicht höher achten zu leben als frei zu sein, und werde nicht im Stich lassen den Taxilochos (=Unterfeldherrn) und auch nicht den Enomotarchos
20 (=Gruppenführer), weder als Lebenden noch als Toten, und werde nicht

fortgehen, wenn nicht die Hegemones (Oberbefehlshaber) uns wegführen, und werde tun, was immer die Strategoi (Heerführer) befehlen; und die Toten unter den Mitkämpfern werde ich bestatten auf demselben (Platz), und unbestattet werde ich keinen zurücklassen. Und siege ich im Kampf
25 mit den Barbaren, werde ich den Zehnten weihen von der Stadt der Thebaner, und werde nicht entvölkern Athen oder Sparta oder Plataiai oder eine von den anderen Städten, die mitgekämpft haben; auch werde ich nicht zusehen, wie sie vom Hunger bedrängt werden, und werde sie nicht vom fließenden Wasser abschneiden, weder als Freunde noch als Feinde. Und
30 wenn ich einhalte, was in den Eid geschrieben ist, soll meine Stadt ohne Krankheit sein; wenn nicht, soll sie krank werden; und meine Stadt soll unzerstörbar sein; wenn nicht, soll sie zerstört werden; und mein (Land) soll (Frucht) tragen; wenn nicht, soll es unfruchtbar sein; und die Frauen sollen (Kinder) gebären, die den Eltern gleichen; wenn nicht, Missge-
35 burten; und das Vieh soll (Junge) gebären, die dem Vieh gleichen; wenn nicht Missgeburten.« Als sie dies geschworen hatten, bedeckten sie die Schlachtopfer mit den Schilden, und unter Trompeten(schall) machten sie die Verfluchung, wenn sie etwas vom Beschworenen überträten und nicht einhielten, was in dem Eid geschrieben ist, solle sie selbst, die (diesen) Eid
40 schwören, der Fluch treffen.
(Übers.: K. Brodersen, W. Günther, H.H. Schmitt, in: HGIÜ I, Nr. 40)

10.5.2 Die Konferenz von Samos im Herbst 479 v. Chr.

Nach ihrer Ankunft in Samos berieten die Griechen über die Umsiedlung Ioniens. Sie überlegten, in welchem Teil Griechenlands innerhalb ihres Machtbereichs man den Ioniern Wohnplätze anweisen solle; das ionische Land selbst aber müsse man den Barbaren überlassen. Sie hielten es für
5 unmöglich, selbst zum Schutz der Ionier vor der Küste liegen zu bleiben und sie die ganze Zeit zu bewachen. Wenn sie sich aber nicht dort aufhielten, hatten sie keine Hoffnung, die Ionier ungestraft von Persien freizubekommen. Darauf meinten die führenden Persönlichkeiten der Peloponnesier, man solle die griechischen Stämme, die auf persischer Seite gekämpft
10 hatten, aus ihren Handelsplätzen vertreiben und das Land den Ioniern als Siedlungsgebiet zuweisen. Die Athener dagegen waren von vornherein gegen eine Räumung Ioniens und wollten nicht dulden, daß die Peloponnesier über ihre eigenen Kolonien bestimmten. Sie widersetzten sich also hartnäckig; darauf gaben die Peloponnesier bereitwillig nach. So nahmen
15 sie die Samier, Chier, Lesbier und die übrigen Inselbewohner, die den Griechen beigestanden hatten, in ihren Bund auf und ließen sie einen heiligen Treueid schwören, daß sie immer auf ihrer Seite bleiben und nicht abfallen würden. Nach dieser eidlichen Verpflichtung segelten sie ab, um die Brücken abzubrechen. Sie vermeinten, sie noch in voller Spannung vor-
20 zufinden.
(Hdt. 9, 106, Übers.: J. Feix)

10.5.3 Diod. 11,37,1–6

(1) Leotychidas und Xanthippos fuhren nun nach Samos zurück, machten die Ionier und Aioler zu Bundesgenossen und suchten sie dafür zu gewinnen, Asien aufzugeben und nach Europa überzusiedeln. Dabei versprachen sie ihnen, diejenigen Völker, die es mit den Persern gehalten hatten,
5 zu vertreiben und ihnen deren Land zu überlassen; (2) denn sie erklärten ganz allgemein, daß sie bei einem weiteren Verbleib in Asien militärisch weit überlegene Feinde zu Grenznachbarn haben würden, die jenseits des Heeres beheimateten Bundesgenossen aber außerstande seien, ihnen rechtzeitig Hilfe zu leisten. Die Aioler und Ionier, die von den Zusagen
10 hörten, beschlossen, dem Rate der Griechen zu folgen, und rüsteten sich schon, mit ihnen zusammen nach Europa zu segeln. (3) Die Athener jedoch bekehrten sich zu einer gegenteiligen Auffassung und rieten ihnen, an Ort und Stelle zu bleiben, wobei sie betonten, daß, selbst wenn keiner von den sonstigen Griechen ihnen Hilfe leisten wolle, die Athener unabhängig
15 von diesen als ihre Blutsverwandten sie unterstützen würden. Sie waren nämlich der Auffassung, daß die Ionier, falls sie gemeinsam durch die Griechen neue Wohnsitze erhielten, Athen nicht mehr als ihre Mutterstadt betrachten würden. So kam es denn, daß sich die Ionier anders besannen und für einen Verbleib in Asien entschieden. (4) Nach diesen Ereignissen
20 geschah es, daß sich die griechische Streitmacht teilte, und zwar fuhren die Lakedaimonier nach Lakonien zurück, während die Athener und die Inselbewohner Kurs auf Sestos nahmen.
(5) Und der Befehlshaber Xanthippos unternahm unmittelbar nach der Landung einen Angriff auf die Stadt, eroberte Sestos und legte eine Besat-
25 zung hinein. Dann entließ er die Bundesgenossen und trat selbst samt seinen Mitbürgern den Heimweg nach Athen an. (6) Der Medische Krieg, wie er heißt, fand damit nach zweijähriger Dauer sein Ende.
(Übers.: O. Veh)

10.5.4 Fragen und Anregungen

- Gliedern Sie den Text des sog. Eides von Plataiai (Quelle 10.5.1) nach inhaltlichen und formalen Kriterien. Überprüfen und diskutieren Sie dann die These von P. M. Krentz (2007), wonach der Eid eher der Marathonschlacht als Plataiai zuzuordnen ist.
- Fassen Sie die Argumente der auf Samos geäußerten Meinungen zusammen und arbeiten Sie die unterschiedlichen Akzentuierungen der beiden Quellen heraus (Quellen 10.5.2–10.5.3). Wie verteilen sich die Meinungen auf die anwesenden Vertreter? Interpretieren Sie die jeweiligen Argumente und die Interessen, die dahinterstehen könnten.

- Vergleichen Sie auch die Haltung der Athener und der Peloponnesier mit der Situation zu Beginn des Ionischen Aufstandes.

10.5.5 Lektüreempfehlungen

Herodot, *Historien*. Deutsche Gesamtausgabe. Übersetzt von A. Horneffer. Neu herausgegeben und erläutert von H.W. Haussig, 4. Aufl. Stuttgart 1971.
Herodot, *Historien*. 2 Bde., hrsg. von J. Feix, 3. Aufl. München 1980.
K. Brodersen, W. Günther, H.H. Schmitt (Hg.), *Historische Griechische Inschriften in Übersetzung*, Bd. 1, Darmstadt 1992.

Quellen

K. J. Beloch, *Griechische Geschichte*, 2. Band: Bis auf die sophistische Bewegung und den Peloponnesischen Krieg, 2. Abteilung, 2. Aufl. Straßburg 1916 (*Nach wie vor sehr lehrreiche Gesamtdarstellung, welche die Kritik an der Überlieferung und festgefahrenen Forschungsmeinungen zum Darstellungsprinzip erhoben hat*).
P. M. Krentz, *The Oath of Marathon, not Plataiai*, in: Hesperia 76 (2007), S. 731–742 (*Tritt dafür ein, den Eid auf die Zeit vor Marathon zu beziehen*).
P. A. Rahe, *The Grand Strategy of Classical Sparta. The Persian Challenge*, New Haven/London 2015 (*Eine auf die militärischen und politischen Ereignisse konzentrierte Darstellung der Perserkriege (bis Mykale) aus der Perspektive Spartas, die manch originelle Erklärungen im Detail bietet, aber entsprechend der Kagan-Schule eng und mitunter unkritisch aus den Quellen erarbeitet ist*).
P. Siewert, *Der Eid von Plataiai*, München 1972 (*Klassische Studie, die für die Echtheit des auf den Hellenenbund von 481 bezogenen Inhalts der im 4. Jahrhundert angefertigten Inschrift eintritt. Noch heute lesenswert wegen seiner methodisch vorbildlichen Verbindung von philologischer und historischer Analyse*).
M. Stahl, *Gesellschaft und Staat bei den Griechen: klassische Zeit*, Paderborn u. a. 2003 (*Didaktisch hervorragend aufbereitete und zentrale Quellen präsentierende Studie über die Entwicklung der Klassischen Zeit mit Schwergewicht auf Athen, die auch eigene streitbare Forschungspositionen vertritt*).
C. Wolff, *Sparta und die Peloponnesische Staatenwelt in archaischer und klassischer Zeit*, München 2010 (*Nimmt die Aussagen des Thukydides ernst, dass es unter den Peloponnesiern Widerstände gegen den Athener Mauerbau gab, und erklärt diese*).

Forschungsliteratur

11 Die Fortführung des Perserkrieges im Zeichen des Seebundes und der Athener Demokratie (478–449 v. Chr.)

Abb. 8: Der Attische Seebund.

Die Karte zeigt die Ausdehnung des sog. Delisch-Attischen Seebundes, einer Vereinigung von Poleis der Küsten und Inseln der Ägäis, die sich im 478/7 unter Führung Athens gegen Persien gebildet hatte. Sämtliche Städte der kleinasiatischen Küste hatten sich von der persischen Herrschaft befreien können und dem Bund angeschlossen. Sie hatten damit das verwirklicht, was ihnen noch rund 20 Jahre vorher während des Ionischen Aufstandes verwehrt worden war. Wie gelang es Athen so schnell, die griechischen Städte zu einem so ausgedehnten Kampfbündnis zusammenzuschließen und was bedeutete das für die weitere Entwicklung der Stadt selbst und ihrer Politik gegenüber Persien?

11.1 Der sog. Hegemoniewechsel und seine Hintergründe

Im Winter 478/77 wechselte der Oberbefehl des Hellenenbundes von Pausanias auf den Athener Aristeides. Er schloss mit den kleinasiatischen Griechen Einzelverträge, die den Grundstock einer neuen Bündnisorganisation bildeten, des sog. Delisch-Attischen Seebundes. Mit diesem Ereignis nahm nicht nur die griechische Geschichte, sondern auch die Auseinandersetzung mit den Persern eine neue Wendung: Für rund 20 Jahre führte nun Athen die Offensive gegen das Weltreich. Die Stadt stieg zur maritimen Großmacht auf. Parallel dazu entwickelten die Athener ihre Verfassung weiter zur „radikalen" oder vollendeten Demokratie. Manche Forscher sprechen deshalb mit Blick auf die aggressive Außenpolitik von einem „demokratischen Imperialismus", der sich bald auch auf die griechische Poliswelt richten sollte und schließlich in den großen Peloponnesischen Krieg zwischen Athen und Sparta mündete.

Athens Offensive und die Demokratie

So unstritig die historische Bedeutung des Hegemoniewechsels von Byzantion ist, so unterschiedlich fallen die Erklärungen für dessen Beweggründe und Umstände aus. Schon die Quellen (11.6.1) sind sich nicht einig, ob sich die Athener gegen den Willen der Spartaner den Oberbefehl erschlichen oder ob dieser ihnen von den ionischen Griechen angetragen wurde und mit Billigung Spartas in den Schoß gefallen ist. Beide Deutungsvarianten werden von der Forschung im Hinblick auf die generelle Einschätzung des spartanisch-athenischen Verhältnisses unterschiedlich bewertet: Nimmt man an, der Perserkrieg habe einen schon zu Beginn des 6. Jahrhunderts bestehenden Antagonismus nur zeitweise übertüncht, so bildet der von Athen gegen Sparta betriebene Hegemoniewechsel den „logischen" Endpunkt einer lang angelegten Entwicklung. Hält man dagegen einen solchen Antagonismus für ein Konstrukt der Quellen, so neigt man zu der Auffassung, der Hegemoniewechsel sei im beiderseitigen Einvernehmen und im Sinne der jeweiligen außenpolitischen Interessen erfolgt: Die Ephoren sahen es wohl nicht ungern, dass ein so ehrgeiziger Feldherr wie Pausanias seines Kommandos enthoben und wieder der heimischen Kontrolle unterworfen wurde. Außerdem waren das Erstarken alter Widersacher (Arkader und Argos) auf der Peloponnes sowie das Dauerrisiko der Heloten mit einer längerfristigen Verlagerung militärischer Kräfte außerhalb der Peloponnes nicht zu vereinbaren. Dagegen konnten

Erklärungen des Hegemoniewechsels

die Athener ihre maritime Stärke in einem Raum entfalten, der schon immer zu ihrer Interessenssphäre gehört hatte, ohne die spartanische Sicherheit auf der Halbinsel zu bedrohen.

Es gibt allerdings noch eine dritte Möglichkeit, das widersprüchliche Bild der Quellen zu erklären. Vielleicht scheitert die moderne Suche nach einer eindeutigen Erklärung des Hegemoniewechsels daran, dass es solche klaren Entscheidungsmuster gar nicht gab. Manche Forscher (Schulz 2015, S. 4 f.; Hornblower 2002, S. 11) weisen daraufhin, dass die spartanische Politik uneinheitlich war, weil in Sparta die Vertreter einer eher zurückhaltenden, defensiven Außenpolitik einer Gruppe jüngerer selbstbewusster Spartiaten gegenüberstanden, die den Konflikt mit Athen vorhersahen und ein Zurückweichen Spartas als Demütigung empfanden. In Athen war dagegen der Dissens über die Außen- und Machtpolitik weniger ausgeprägt (vgl. Kap. 7), und letztlich konnte man sich auch darauf berufen, dass man ja schon einmal dem Hilferuf der kleinasiatischen Griechen gefolgt war.

11.2 Der Seebund in der „kimonischen Ära"

Ob von Sparta geduldet oder gegen dessen Willen durchgesetzt – der Hegemoniewechsel und der Seebund bildeten die Voraussetzungen für den Athener Machtaufstieg und den Offensivkrieg gegen Persien. Das im Jahre 478/7 von Aristeides geschmiedete Bündnissystem legte den Partnern Verpflichtungen auf, die allein den Seekrieg betrafen (deshalb auch die moderne Bezeichnung „Seebund"). Die Poleis mussten Schiffe, Soldaten oder die entsprechenden Geldsummen bereitstellen nach einem Schlüssel, den Aristeides wahrscheinlich nach persischem Vorbild entwickelt hatte. Die Schiffe sammelten sich im Athener Piräus, die Gelder gelangten (bis 445 v. Chr.) in eine Bundeskasse auf Delos. Hier tagte auch die Bundesversammlung (*synhedrion*), in der jedes Mitglied unabhängig von seiner Größe eine Stimme hatte. Dennoch hatten die Athener ein Übergewicht: Ihre Admiräle befehligten die Bundesflotte, aus ihren Reihen kamen die Beamten, welche die Mitgliedsbeiträge verwalteten, und sie bestimmten die Einsatzziele der Flotte. Deshalb bezeichneten die Athener die Gesamtheit des Bundes als „Die Athener und ihre Bundesgenossen", d. h. die Athener standen der Masse der nicht genannten Bündnispartner

Organisation des Seebundes

gegenüber. Von Beratungen oder Beschlüssen des Synhedrions berichten die Quellen daher kaum.

Oberkommandierender der vereinten Flotte war zunächst der Athener Kimon (um 510–449 v. Chr.), der Sohn des Miltiades. Er setzte die Offensive gegen die Perser konsequent fort, verfolgte dabei aber auch athenische Interessen, die nicht unmittelbar etwas mit dem Kampf gegen die Perser zu tun hatten. Die Zeit seiner großen Erfolge markiert zugleich die Phase einer wachsenden Dominanz Athens innerhalb des Seebundes, die in dem gewaltsamen Vorgehen gegen widerspenstige oder abtrünnige Bündner ihren markantesten Ausdruck findet. Bis heute streitet die Forschung darüber, ob diese Entwicklung (ähnlich wie die Übernahme der Hegemonie im Jahre 478) aus einem länger angelegten, aber erst durch die Perserkriege forcierten Machtwillen resultierte, oder ob die Athener durch die Umstände gezwungen in die Rolle eines Herrschers über einen zunehmend passiven Seebund gedrängt wurden. Die erste These wurde bereits von Thukydides (vgl. Kap. 1) aus der Kenntnis und der Rekonstruktion der späteren Entwicklung vertreten. Er hat die rund 50 Jahre ab 479 bis zum Ausbruch des Peloponnesischen Krieges als eine zusammenhängende Epoche begriffen, die durch den unaufhaltsamen Machtaufstieg Athens gekennzeichnet war und den Peloponnesischen Krieg heraufbeschwor.

Dominanz Athens unter Kimon

Es ist nun allerdings fraglich, ob solche scheinbar logischen und gradlinigen Entwicklungen wirklich der meist viel komplexeren Realität entsprechen, zumal Thukydides mit dieser These in erster Linie sein eigenes Thema legitimieren wollte. Wie meist dürften mehrere Faktoren das Verhalten der Athener und die Entwicklung des Seebundes beeinflusst haben, und einer war zweifellos das Verhalten der Bündner. Alle hatten sich auf ewig verpflichtet, ihre Beiträge für die Flotte und deren Einsatz zu leisten (so wie sie das auch gegenüber den Persern getan hatten), und wenn nun einzelne Poleis, aus welchen Gründen auch immer, sich daran nicht mehr gebunden fühlten, dann konnte und musste das Athen als Opposition gegen den gemeinsamen Auftrag ansehen, der zu begegnen war. Denn eine erfolgreiche Marinepolitik gegen einen nach wie vor drohenden persischen Gegenangriff war nicht allein mit den (angeschlagenen) Ressourcen Athens, sondern nur mit den Beiträgen der Bündner möglich. Athen mag in den Augen vieler Griechen bei der „Bestrafung" der säumigen Bündner überzogen haben, doch wer wollte es ihnen verdenken, dass sie sich als Hegemon des Bundes

Langfristige Entwicklungen?

auch für dessen Zusammenhalt verantwortlich fühlten und jedes Anzeichen von nachlassender Solidarität bekämpften?

11.3 Die persische Gefahr – Realität oder Illusion?

Vieles hängt freilich auch von der Frage ab, wie real und groß die Gefahr eines persischen Gegenschlages eingeschätzt wurde. Die Athener selbst hatten zweimal mitansehen müssen, wie ihre Stadt von den Persern erobert und zum Teil zerstört worden war. Nur der Sieg der Flotte hatte sie vor der endgültigen Aufgabe der Heimat bewahrt. Diese Erfahrung muss ungeheuer prägend gewesen sein, und es wäre sehr verwunderlich, wenn sie die Außen- und Kriegspolitik nicht beeinflusst hätte. Der kostspielige Erhalt und die Vermehrung der Flotte sowie der energische Wille, auf der Basis des Seebundes jede Gefahr eines persischen Gegenangriffes im Keime zu ersticken – all dies kann man auch vor dem Hintergrund einer beinahe paranoiden Wachsamkeit gegenüber der östlichen Weltmacht lesen, die – wie Marathon gezeigt hatte – militärische Rückschläge niemals auf sich sitzen ließ.

Wachsamkeit Athens gegenüber Persien

Doch wie real war diese Bedrohung? Die Vertreter einer von der persischen Bedrohung nur vordergründig vorangetrieben Athener Machtpolitik bezweifeln, ob die Perser fähig und willens waren, in dem Jahrzehnten nach Mykale erneut in der Ägäis aktiv zu werden (Rahe 2015, S. 330). Andere verweisen darauf, dass man den Erfolgsmeldungen der griechischen Quellen genauso wenig trauen dürfe wie den Stereotypen eines dem Luxus verfallenen Perserkönigs, der nicht mehr in der Lage war, sich von einer einmal erlittenen Schlappe zu erholen (Cawkwell 2005, S. 132–134). Im Zentrum der Diskussion stehen dabei die sog. Schlacht am Eurymedon 465 v. Chr. (Quelle 11.6.2) und die Unternehmungen, die Kimon 451/50 gegen Zypern führte. Während die Befürworter einer Schwäche Persiens in beiden Ereignissen den Beweis dafür sehen, dass Persien gar nicht mehr die Kraft hatte, offensiv in die Ägäis vorzudringen, verweisen die anderen darauf, dass der Erfolg Kimons weder zu einer Ausgliederung Zyperns aus dem Reichsverband geführt noch die persische Flottenrüstung nachhaltig geschwächt habe (Cawkwell 2005, S. 135). Dass Kimon am Eurymedon auf 200 phönikische Schiffe (und eine Entsatzflotte) sowie eine größere Landarmee traf, bestätige die Fähigkeit der persischen Führung, in der Ägäis

Schlacht am Eurymedon

aktiv zu werden, und Kimon sei dieser Offensive zuvorgekommen. Andere Gelehrte sehen in dem Aufmarsch der persischen Verbände am Eurymedon umgekehrt den Versuch der Perser, das Vordringen des Seebundes unter Aufbietung aller Kräfte zu stoppen (Meister 1997, S. 146; Welwei 1999, S. 87).

11.4 Die ägyptische Katastrophe und das Ende der griechisch-persischen Kämpfe

Gestoppt wurde die Athener Erfolgsserie erst in den 60er Jahren, und zwar in einem Raum, der bisher außerhalb des persisch-griechischen Konfliktfeldes lag: Ägypten hatte sich Anfang der 460er Jahre unter Führung des Libyerfürsten Inaros von der Fremdherrschaft befreien können und die Athener um Hilfe gegen einen zu erwartenden persischen Gegenangriff gebeten. Die Admiräle einer eigentlich nach Zypern beorderten Flotte sagten zu, dirigierten ihre Schiffe an das Nildelta und konnten flussaufwärts bis nach Memphis vordringen. Hier hielt allerdings die Festung des persischen Regenten allen Angriffen stand. 456 v. Chr. schlug das Imperium zurück. Eine phönikische Flotte und eine Entsatzarmee besiegten die griechischen Truppen zu Lande und machten ihre Schiffe kampfunfähig. Als auch noch ein athenisches Hilfsgeschwader vernichtet wurde, war die Katastrophe perfekt: Die Athener hatten rund 200 Trieren sowie bis zu 20 000 Mann verloren – die mit Abstand größte Niederlage seit der Seeschlacht von Lade am Ende des Ionischen Aufstandes.

Intervention in Ägypten

Die „Katastrophe im Nildelta" bildet einen Markstein in der Geschichte der Perserkriege. Der neue Großkönig Artaxerxes hatte die persische Herrschaft nicht nur über Ägypten, sondern auch über das strategisch und wegen seiner Ressourcen so wichtige Zypern wiederhergestellt. Umso mehr musste Athen fürchten, dass nun der so lange erwartete Gegenangriff unmittelbar bevorstand. Deshalb verlagerte man eiligst die Seebundskasse von Delos nach Athen und erhöhte noch einmal die Effizienz der Herrschaftsmechanismen innerhalb des Seebundes. 450 v. Chr. führte Kimon eine letzte Flottenoperation nach Zypern, die trotz anfänglicher Erfolge zu keinen zählbaren Gewinnen führte und ihm das Leben kostete.

Mit dem Tod Kimons und dem Rückzug der Flotte nahm Athen endgültig Abschied von allen Offensivbemühungen im östlichen

Mittelmeer, doch auch der persische Gegenschlag blieb aus. Ob es zu einer vertraglichen Vereinbarung kam (sog. Kallias-Frieden 449/48 v. Chr.) oder nur zu informellen Absprachen – die Zeit der unmittelbaren militärischen Konfrontation war für den Rest des Jahrhunderts vorbei. Die Athener hatten ihre Herrschaft im Seebund gesichert und gewissermaßen durch den Perserkönig legitimiert, indem dieser von einer Rückeroberung der kleinasiatischen Küstenstädte Abstand nahm. Im Gegenzug brauchte er keine Übergriffe auf die Inseln und Küsten des ostmediterranen Raums mehr zu fürchten. Anstelle der offenen Konfrontation war die zumindest stillschweigende Anerkennung der jeweiligen Machtsphären getreten.

Kallias-Friede?

11.5 Flotte und Demokratie im Zeichen der Perserkriege

Angesichts der Katastrophe im Nildelta drängt sich dennoch die Frage auf, was die Athener zu solch ausgreifenden Unternehmungen veranlasst hat. Mitunter hat man handelspolitische Motive vermutet, etwa die Hoffnung, sich die Getreideversorgung aus Ägypten sowie zusätzliche Absatzmärkte für das aufblühende Handwerk in Athen und im Piräus zu sichern (Meister 1997, S. 48). Ein Teilargument hierfür könnte die Tatsache sein, dass die Athener nach dem Scheitern in Ägypten auf Sizilien neue Bündnispartner suchten; schon vorher hatten sie ihre militärischen Aktivitäten immer auch an der Sicherung materieller Ressourcen ausgerichtet. Doch scheitern solche handelspolitischen Erklärungen – ähnlich wie im Falle des Ionischen Aufstandes – daran, dass der Überseehandel von kriegerischen Ereignissen weitgehend unbeeinflusst blieb und es keine Hinweise darauf gibt, dass etwa das Perserreich den Getreide- und Papyrusexport nach Griechenland in irgendeiner Form unterbunden hätte, was ja eine Voraussetzung für die Annahme wäre, dass der Ägyptenfeldzug der Sicherung solcher Importe gedient hätte. Ebenso unwahrscheinlich ist die Vermutung, dass Athen sein Herrschaftsgebiet planmäßig an die ostmediterranen Küsten ausweiten wollte. Denn dafür fehlten ihnen die Ressourcen und die Erfahrung und es gibt für diese These auch keine eindeutigen Quellenbelege.

Motive Athens

So bleibt denn als wahrscheinlichste Erklärung das Motiv, das von Beginn an die Athener Außenpolitik nach der Abwehr der persischen Invasion geprägt hat: einer persischen Revanche zuvorzukommen (vgl. Cawkwell 2005, S. 129). Die athenischen Angriffe richteten sich konsequent auf all diejenigen Gebiete, die wie Zypern, Phönikien und Ägypten unverzichtbare Basen der persischen Mittelmeerflotte waren. Wenn die Athener eines aus den vorangegangenen Kriegen gelernt hatten, dann die Tatsache, dass persische Angriffe auf Griechenland nur mit einer schlagkräftigen Flotte möglich waren, die das Landheer versorgte und die gegnerischen Schiffe in Schach hielt. Wenn man demnach einer erneuten Invasion zuvorkommen wollte, musste man die persischen Seestreitkräfte an ihrer Basis treffen.

Flotte als Überlebensstrategie

Die enorme Bedeutung, welche die Athener ihren Seestreitkräften als Überlebensgarantie gegen persische Angriffe zumaßen, hatte – wie alle außenpolitischen und militärischen Entwicklungen – auch einen innenpolitischen Aspekt. Eine erfolgreiche Flottenpolitik war die entscheidende Klammer, welche die unterschiedlichen Gesellschaftsschichten Athens einte. Die Führung der Marineeinsätze lag in den Händen der Adligen, und sie sahen in der Flottenpolitik die Chance, innerhalb der demokratischen Ordnung zu Ruhm und Einfluss zu gelangen. Die nichtbesitzenden Schichten fanden als Ruderer Beschäftigung und soziale Anerkennung, die sich bald auch in größerem Einfluss in der Volksversammlung niederschlug. Insgesamt forcierte die Flottenpolitik die Weiterentwicklung der demokratischen Institutionen: Während in anderen Poleis die Agenden politischer Themen begrenzt blieben, ergab sich in Athen durch Seekrieg und Seebund eine Vielzahl komplexer Sachverhalte, die im Rat, in den Gerichten und in der Volksversammlung behandelt und entschieden werden mussten.

Flotte und Demokratie

Umgekehrt ermöglichten die Gewinne aus dem Seebund und den Unternehmungen der Flotte, die teuren Institutionen am Leben zu halten und größere Bevölkerungskreise mit den neuen Aufgaben einer maritimen Großmacht zu betrauen. Ohne Flotte und Seebund war der Ausbau der Demokratie kaum denkbar, und ohne die Demokratie fehlte der Flottenpolitik ihre politische und gesellschaftliche Basis. Beides bildete den Kern der athenischen Identität. Man sieht hierbei erneut, welche Bedeutung der Hegemoniewechsel und der Wille zur Weiterführung des Seekrieges gegen Persien besaßen. Auch in dieser Hinsicht fungierten die Perserkriege als Katalysatoren einer Entwicklung, die weit über die militärischen Auseinandersetzungen und außenpolitischen Machtverschiebungen hinausging.

11.6 Quellen und Vertiefung

11.6.1 Der Hegemoniewechsel (478 v. Chr.)

95. Schon während dieser Führung aber verdroß die Hellenen sein (des Pausanias) gewaltsames Wesen, vor allem die Ionier und die jüngst vom Großkönig Befreiten. Sie gingen zu den Athenern und baten sie, ihre Führer zu werden, wegen ihrer gleichen Abstammung, und die Eigenmächtigkeiten des Pausanias nicht zu dulden. Die Athener gingen darauf ein und strengten sich an, ihm nichts durchzulassen und alles so einzurichten, wie es ihnen am besten dienlich schiene. Inzwischen aber riefen die Spartaner Pausanias heim zur Untersuchung – sie hatten allerlei erfahren; denn viel Unrecht wurde ihm zur Last gelegt von den Hellenen, die nach Sparta kamen; und in seinem Gebaren sah er offenbar einem Tyrannen ähnlicher als einem Feldherrn. Seine Abberufung traf in die gleiche Zeit, da die Verbündeten, von ihm abgestoßen, zu den Athenern übergingen, außer den Soldaten vom Peloponnes. Als er nach Sparta kam, wurde er wegen einzelner Vergehen gegen den oder jenen schuldig befunden, vom Hauptverbrechen aber freigesprochen; er war nämlich angeklagt vor allem der Verbindung mit Persien, und man meinte, das sei völlig erwiesen. Immerhin schickten sie ihn nicht mehr als Befehlshaber aus, sondern Dorkis und ein paar andere mit einem nicht sehr starken Heer; diesen überließen die Verbündeten die Führung nicht mehr, und als sie das merkten, fuhren sie wieder ab, und andere schickten die Spartaner später nicht mehr hin, aus Sorge, die Fremde verdürbe ihnen ihre Leute, wie sie es ja auch an Pausanias erlebt hatten, und weil sie den Persischen Krieg satt hatten und Athen als Vormacht stark genug glaubten, mit dem sie ja im Augenblick gut standen. 96. Auf diese Weise bekamen die Athener die Führung, mit Zustimmung der Verbündeten, weil Pausanias verhaßt war.
(Thuk. 1,95–96 (Anfang), Übers.: G.P. Landmann)

23. Als er, mit Kimon als Feldherr, zur Kriegführung ausgesandt, beobachtete, daß Pausanias und die anderen Befehlshaber der Spartiaten bei den Bundesgenossen wegen ihrer Schroffheit verhaßt waren, verkehrte er selber mild und gütig mit ihnen, sorgte auch dafür, daß Kimon sich im Felde freundlich und zugänglich zeigte, und entzog so unmerklich, nicht durch Waffen, Schiffe und Rosse, sondern durch Sanftmut und kluge Politik, den Lakedaimoniern die führende Stellung. Waren die Athener nämlich schon durch die Gerechtigkeit des Aristeides und durch die Milde Kimons bei den Griechen beliebt, so wurde die Zuneigung zu ihnen noch verstärkt durch

10   die Habsucht und Härte des Pausanias. Denn er begegnete den Führern der Bundesgenossen stets zornig und herrisch, und die Gemeinen strafte er mit Schlägen oder ließ ihnen einen eisernen Anker auf die Schultern legen und sie so einen ganzen Tag stehen. Streu zum Lager oder Futter holen oder zur Quelle gehen, um Wasser zu schöpfen, durfte niemand vor den Spartiaten,
15   sondern Knechte mit Peitschen in der Hand jagten jeden, der herankam, weg. Als hierüber Aristeides einmal sich beklagen und ihm Vorhaltungen machen wollte, zog Pausanias die Stirn in Falten, sagte, er habe keine Zeit, und hörte ihn gar nicht an. Daher traten die Führer der Griechen zu Land und zur See, besonders die Chier, Samier und Lesbier, an Aristeides
20   heran und suchten ihn zu bereden, den Oberbefehl zu übernehmen und die Bundesgenossen an sich zu ziehen, die schon lange von den Spartiaten loszukommen und sich stattdessen den Athenern anzuschließen wünschten. Als er ihnen antwortete, er erkenne wohl die Notwendigkeit und die Berechtigung dessen, was sie sagten; um sich aber darauf verlassen zu
25   können, bedürfe es einer Tat, die es der Menge unmöglich mache, wieder umzuschwenken; so verschworen sich der Samier Uliades und der Chier Antagoras miteinander und liefen bei Byzantion gegen die voranfahrende Triere des Pausanias von beiden Seiten an. Als er bei diesem Anblick aufsprang und zornig drohte, er würde den Männern sehr bald zeigen, dass
30   sie nicht sein Schiff, sondern ihr eigenes Vaterland angegriffen hätten, erwiderten sie ihm, er solle nur abziehen und dem Glück dankbar sein, das ihm bei Plataiai beigestanden habe; denn nur noch aus Scheu vor diesem verzichteten die Griechen darauf, ihm die verdiente Strafe aufzuerlegen. Endlich fielen sie ab und gingen zu den Athenern über. Hier zeigte sich nun
35   die Gesinnung Spartas in bewunderungswürdiger Weise. Als sie nämlich bemerkten, daß ihre Feldherren durch die Größe ihrer Machtfülle verdorben wurden, verzichteten sie freiwillig auf den Oberbefehl und entsandten keine Führer mehr für den Krieg, sondern zogen es vor, Bürger zu haben, die Maß hielten und sich in die alten Sitten fügten, als über ganz Griechen-
40   land zu herrschen.
(Plut. Arist. 23, Übers.: K. Ziegler)

Denn als sie (die Athener) den Perser zurückgeschlagen hatten und nunmehr um deren Land kämpften, nahmen sie den Lakedaimoniern den Oberbefehl (*hegemonia*) weg, indem sie die Überheblichkeit (*hybris*) des Pausanias als Grund vorschützten.
(Hdt. 8,3, Übers.: J. Feix)

Damals (d. h. nach dem Sieg bei Salamis) waren sie (die Athener) ja auch kriegsgeübt und standen bei den Griechen in hohem Ansehen. Sie übernahmen die Vorherrschaft (*hegemonia*) auf dem Meer gegen den Willen der Spartaner (...). Aristeides war es, der die Ionier zum Abfall von dem
5   Bündnis mit den Spartanern ermunterte, indem er ausnutzte, dass die Spartaner durch Pausanias in schlechtem Ruf geraten waren.
(Aristot. Ath. pol. 23,2/4, Übers.: P. Dams)

11.6.2 Kimons Erfolge und die Schlacht am Eurymedon

12. Ja, selbst den Stolz des Großkönigs hat niemand so sehr gedemütigt und gebeugt wie Kimon. Denn er ließ ihn nicht los, als er aus Griechenland abgezogen war, sondern er verfolgte die Barbaren gleichsam auf dem Fuß, bevor sie Atem schöpfen und zum Stehen kommen konnten, verwüs-
5 tete und eroberte das Land entweder oder brachte es zum Abfall von den Persern und zum Anschluss an die Griechen, so daß er Asien von Ionien an bis Pamphylien von persischen Waffen säuberte. Als er erfuhr, daß die Feldherren des Königs mit einem großen Heer und vielen Schiffen von Pamphylien her einen Angriff vorbereiteten, und seinerseits gewillt war, sie
10 so einzuschüchtern, daß sie das Meer diesseits der chelidonischen Inseln überhaupt nicht mehr zu befahren wagten, lief er von Knidos und dem Kap Triopion aus mit dreihundert Dreiruderern, die für Schnelligkeit und Wendigkeit von Themistokles längst aufs günstigste konstruiert waren, jetzt aber durch Kimon einen breiteren Bau und eine Verbindungsbrücke zwi-
15 schen den Verdecken erhalten hatten, so daß sie mehr Schwerbewaffneten Raum boten und entsprechend kampfkräftiger für den Angriff wurden. (...)
13. Als jetzt das Landheer zum Strande herabgerückt war, schien es dem Kimon ein gefährliches Unternehmen, die Landung zu erzwingen und die schon ermatteten Griechen gegen einen noch frischen und zahlen-
20 mäßig vielfach überlegenen Feind zu führen. Als er aber gewahrte, daß sie im Gefühl ihrer Kraft und von Mut und Stolz auf den errungenen Sieg geschwellt darauf brannten, mit den Barbaren handgemein zu werden, ließ er die Hopliten landen, die nun, noch heiß von der Seeschlacht, mit Geschrei im Lauf vorstürmten. Die Perser hielten stand und wehrten sich
25 unverzagt. So entspann sich eine harte Schlacht, in der von den Athenern tapfere, hochangesehene Männer der ersten Familie fielen. Nach langem Kampfe aber schlugen sie die Barbaren in die Flucht und töteten viele, die anderen nahmen sie gefangen und erbeuteten ihre mit Kostbarkeiten aller Art gefüllten Zelte.
30 Nachdem Kimon so, gleich einem Meister im Wettkampf, an einem Tage zwei Kämpfe gewonnen und den Tag von Salamis durch einen Sieg zu Lande, den Tag von Plataiai durch einen Seesieg überboten hatte, errang er zu diesen Siegen noch einen dritten Preis. Da er erfuhr, daß die achtzig phönikischen Trieren, die zu der Schlacht nicht zurecht gekommen waren,
35 bei Hydros an Land gegangen waren, fuhr er ihnen eilends entgegen, während die feindlichen Feldherren noch nichts Sicheres über die Hauptmacht wussten, sondern in Ungewißheit und banger Erwartung schwebten. Um so mehr wurden sie überrascht und verloren die ganze Flotte, und der größte Teil der Bemannung kam mit ums Leben.
40 Diese Siege demütigten den Stolz des Königs so sehr, daß er sich zu jenem berühmten Frieden herbeiließ, worin er sich verpflichtete, sich so weit, wie ein Pferd an einem Tag laufen kann, von dem griechischen Meere fernzuhalten und mit keinem mit ehernen Rammsporn versehenen Schiffe das Meer diesseits der Kyaneischen und der Chelidonischen Inseln zu befahren.

45 Kallisthenes sagt allerdings, einen Vertrag dieses Inhalts habe der Barbar nicht geschlossen, sondern sich nur aus Furcht infolge jener Niederlage faktisch so verhalten und sich soweit von Griechenland zurückgezogen, daß Perikles mit fünfzig und Ephialtes mit sogar nur dreißig Schiffen über die Chelidonischen Inseln hinausgefahren sei, ohne daß ihnen eine Flotte
50 seitens der Barbaren begegnete. In der Urkundensammlung aber, die Krateros veranstaltet hat, befindet sich eine Abschrift des Vertrages als eines wirklich zustande gekommenen. Auch sollen die Athener deswegen einen Altar der Eirene („Frieden") errichtet und Kallias, der als Gesandter den Frieden schloss, hohe Ehren erwiesen haben.
(Plut. Kim. 12–13, Übers.: K. Ziegler)

11.6.3 Fragen und Anregungen

- Arbeiten Sie die unterschiedlichen Versionen der Quellen zum Hegemoniewechsel (11.6.1) heraus. Welche Autoren bieten eine ähnliche Erklärung der Ereignisse und wie sieht diese aus?
- Vergleichen und interpretieren Sie den letzten Satz von Plut. Arist. 23 („Als sie nämlich bemerkten ... zu herrschen") mit dem Satz des Thukydides, „Nun schickten die Lakedaimonier... sahen", vor dem Hintergrund Ihres Wissens über die spartanische Geschichte.
- Interpretieren und bewerten Sie den von Thukydides gegen Pausanias geäußerten Vorwurf des *medismos*.
- Analysieren Sie, mit welchen sprachlichen und inhaltlichen Mitteln Plutarch (11.6.2) die Rolle der Griechen unter Kimon und den Großkönig beschreibt. Welches Ziel verfolgt der Autor?
- Manche Forscher halten die Schilderung Plutarchs über die Schlacht für unglaubwürdig. Suchen Sie nach Indizien für diese Meinung und diskutieren Sie sie.
- Stellen Sie auf der Grundlage von Meister 1997, S. 152–164 und Quelle 11.6.2 (Ende) die Forschungsdiskussion um den sog. Kalliasfrieden und dessen Folgen vor.

11.6.4 Lektüreempfehlungen

Quellen (mit Kommentar)

Aristoteles, *Der Staat der Athener*. Übersetzt und herausgegeben von M. Dreher, Stuttgart 1993.

A. Blamire (Hg.), *Plutarch: Life of Kimon*. Institute of Classical Studies, London 1989 (*Griechischer Text, Übersetzung und Kommentar*).

Herodot, *Historien*. Deutsche Gesamtausgabe. Übersetzt von A. Horneffer. Neu herausgegeben und erläutert von H. W. Haussig. Mit einer Einleitung von W. F. Otto, 4. Aufl. Stuttgart 1971.

Herodot, *Historien*. 2 Bde., hrsg. von J. Feix, 3. Aufl. München 1980.

Plutarch, *Große Griechen und Römer*. Eingeleitet und übersetzt von K. Ziegler, Bd. 2 (darin S. 7–34 das Leben Kimons), Zürich/Stuttgart 1955.

Plutarch, *Fünf Doppelbiographien*. 1. Teil. Griechisch und deutsch. Übersetzt von K. Ziegler und W. Wuhrmann, ausgewählt von M. Fuhrmann, Zürich 1994 (darin S. 352–423 das Leben des Aristeides).

Thukydides, *Geschichte des Peloponnesischen Krieges*. Eingeleitet und übersetzt von G. P. Landmann, 3. Aufl. München 1993.

E. Flaig, *Demokratischer Imperialismus. Der Modellfall Athen*, in: R. Faber (Hg.), *Imperialismus in Geschichte und Gegenwart*, Würzburg 2005, S. 43–57 (*Der Aufsatz arbeitet die aggressive Komponente der Athener Außenpolitik als Teil der Demokratie heraus*).   Forschungsliteratur

F. Kiechle, *Athens Politik nach der Abwehr der Perser*, in: HZ 204 (1967), S. 265–304 (*Kernthese des Aufsatzes ist, dass Politiker wie Aristeides und Kimon mit der Rückendeckung des Areopags ihrer Stadt eine maritime Machtposition als Pendant zur spartanischen Herrschaft auf der Peloponnes verschaffen wollten*).

K. E. Petzold, *Die Gründung des delisch-attischen Seebundes: Elemente einer „imperialistischen" Politik Athens? I: Von der Hellenensymmachie zum Seebund, II: Zielsetzung des Seebundes und die Politik der Zeit*, in: Ders. (Hg.), *Geschichtsdenken und Geschichtsschreibung. Kleine Schriften zur griechischen und römischen Geschichte*, Stuttgart 1999, S. 300–356 (*Argumentiert auf der Basis minutiöser Quelleninterpretationen zum Hegemoniewechsel (Teil 1) und der Bildung des Seebundes (Teil 2) gegen längerfristige Konzepte in der griechischen Außenpolitik und gegen die Vorstellung, Athen habe planmäßig die Vorherrschaft angestrebt*).

R. Osborne, *Greece in the Making 1200–479 BC*, London/New York 1996, repr. 2007 (*Klare Interpretation der klassischen Zeit in der Tradition der britischen Althistorie mit einem erhellenden Anfangskapitel zum Hegemoniewechsel und zur Gründung des Seebundes*).

M. Zahrnt, *Überlegungen zu den athenisch-spartanischen Beziehungen im Zeitalter der Perserkriege*, in: B. Bleckmann (Hg.), *Herodot und die Epoche der Perserkriege. Realitäten und Fiktionen*, Köln u. a. 2007, S. 67–99 (*Verknüpft die Analyse der athenisch-spartanischen Beziehungen vor 500 v. Chr. mit dem Verhältnis während der Perserkriege und spricht sich gegen allzu tiefgehende Antagonismen zwischen den Mächten aus*).

12 Die zeitgenössische Deutung des Sieges

„Ja, zur Stunde jammert ganz Asien,
ein entvölkertes Land.
Xerxes war der Führer, o weh,
Xerxes war der Verderber, o weh,
Xerxes hat alles so eifrig betrieben,
Ohne Sinn und Verstand,
mit seinen meerbefahrenden Schiffen."

So klagen die persischen Alten in der 472 v. Chr. aufgeführten Tragödie „Die Perser" (Verse 548–555), nachdem sie und die Königsmutter Atossa in Susa von der Niederlage des Xerxes bei Salamis erfahren hatten. Und sie haben bereits den Schuldigen für das Desaster identifiziert: den König selbst. Doch was trieb Xerxes zu seinem Tun „ohne Sinn und Verstand", welchen Anteil hatte der Gegner, also vor allem die Athener, an der Niederlage und wie haben überhaupt die Griechen ihren für viele unvorstellbaren Erfolg gegen die Supermacht des Ostens verarbeitet und gedeutet?

12.1 Monumente der Erinnerung und der Kampf um die eigene Größe

Rund sieben Jahre nach dem Tod Kimons (451 v. Chr.) soll Herodot in Athen aus seinen Historien vorgetragen haben. Seine Version der Geschehnisse bildete den vorläufigen Höhepunkt einer intensiven Auseinandersetzung mit den Perserkriegen, die unmittelbar nach den großen Schlachten im Mutterland einsetzte und das Nachdenken der Griechen über sich selbst und ihre Vergangenheit bis weit in das 4. Jahrhundert, ja vielfach bis zum Ende der Antike geprägt hat (vgl. Kap. 1).

Am Beginn standen die Ehrung der Gefallen und der Dank an die Götter. In Athen, Sparta und anderen Städten schossen Grabmonumente und Ehrenhallen zum Gedenken an die Kämpfer und zum Dank an die Unsterblichen aus dem Boden. In Athen errichtete man neue Heiligtümer für Pan, der den Athenern vor Marathon seine Hilfe versprochen haben soll, und für den Nordwind Boreas, dessen Gewalt die persische Flotte am Artemision zerschellen ließ.

Monumente des Dankes und der Erinnerung

Überall füllten sich die Tempel mit persischen Rüstungen, Waffen und den Resten erbeuteter Kriegsschiffe. In Delphi bewahrte man die Taue der Hellespont-Brücken auf, über die Xerxes nach Europa eingefallen war. Auf der Schlangensäule, einer griechischen Weihgabe, konnte man die Namen derjenigen Poleis lesen, die sich zur Abwehr der Perser durchgerungen hatten. Auf der Spitze der Säule stand ein goldener Dreifuß, der aus dem Zehnten der Beute von Plataiai erstellt wurde. Alle diese Erinnerungsstücke, Weihegaben und Siegesdokumente schufen mit den Tempelbauten Raumbilder, welche die militärischen Erfolge in einen großen mythischen Rahmen griechischer Selbstbehauptung integrierten und die Perserkriege im kollektiven Gedächtnis verankerten.

Griechische Identität?

Ob aber auf diese Weise so etwas wie eine griechische Identität geschaffen wurde, ist umstritten. Viele Grabepigramme feiern die Toten dafür, dass sie nicht wie früher nur für ihre Polis, sondern für die Rettung von Hellas gefallen seien (Quellen 12.6.1); damit wurden Parolen in die Totenverehrung integriert, die erstmals der Hellenenbund formuliert hatte (vgl. Kap. 8). Doch wichtiger als der Stolz auf das gemeinsam Erreichte war das Bemühen, die eigenen Leistungen gegenüber denen der anderen hervorzuheben und Führungsansprüche zu stärken. Dies ging so weit, dass man im Laufe der Jahre die Teilnahme anderer Poleis an den Schlachten stillschweigend überging oder umgekehrt sich selbst zu Mitkämpfern von Gefechten machte, an denen man gar nicht teilgenommen hatte. Zusätzlich suchten sich die Feldherren in Szene zu setzen und den Krieg zur Selbstdarstellung zu nutzen. Vielfach scheint der von vielen beschworene gemeinsame Kampf für Hellas nur die Folie für die Wiederbelebung der alten Rivalitäten gewesen zu sein, die während der Streitigkeiten um das Kommando und die einzuschlagenden Strategien nie gänzlich beendet worden waren und jetzt, nachdem die unmittelbare Gefahr gebannt war, unter neuen Vorzeichen auflebten. Vor diesem Hintergrund hatte es ein kollektives Identitätsgefühl schwer, sich gegenüber den partikularen Identitäten der Einzelpoleis und ihrer Politiker durchzusetzen. Sicherlich

Griechischer Gründungsmythos

war mit den Perserkriegen nach dem Troianischen Krieg Homers ein zweiter, der Erinnerung viel näherer Bezugspunkt gefunden, an dem sich alle Griechen orientieren konnten. Insofern kann man von einem griechischen Gründungsmythos sprechen. Doch die hieraus abzuleitenden Gemeinsamkeiten (Hdt. 8,144) wurden eben erst vor dem Hintergrund eines Angriffs von außen in das Bewusstsein gerückt und sie waren im politischen Tagesgeschäft auch nicht sehr robust.

12.2 Die Freiheitsparole

In vielerlei Hinsicht haben die Perserkriege typische Tendenzen des „agonalen" Polislebens verstärkt und in einen neuen Deutungskontext integriert. Doch ein Aspekt scheint wirklich neu und prägend gewesen zu sein: die von so vielen Quellen betonte Freiheit, die man gegen die Perser verteidigt bzw. wiedergewonnen hatte. Die Freiheitsparole war gewiss schon während des Ionischen Aufstandes formuliert worden, sie meinte aber vor allem Freiheit von Tributen und der Regentschaft eines von den Persern abhängigen Tyrannen (vgl. Schmidt-Hofner, 2016, S. 74, vgl. Kap. 5: Ionischer Aufstand). Mit dem Übergreifen der Perser auf die griechische Halbinsel erhielt der Freiheitsbegriff neue Brisanz: Offensichtlich verfestigte sich auch angesichts der Zerstörungen, die bedeutende Städte wie Milet und Athen zu erleiden hatten, in den Jahren nach den Siegen bei den Griechen das Gefühl, in letzter Sekunde die Freiheit und Unversehrtheit ihrer Poleis gerettet zu haben. Nicht ohne Grund weihte der spartanische Oberbefehlshaber Pausanias nach dem Sieg von 479 auf der Agora von Plataiai dem *Zeus Eleutherios* (Zeus der Freiheit) einen großen Altar. „Dieser Männer Tugend" – so heißt es auf einer Grabstele auf der Athener Agora – „erschuf unsterblichen Ruhm für alle Zeiten. / Denn sie bewahrten, ob zu Lande oder auf schnell segelnden Schiffen, das ganze griechische Volk vor eines Tages drohender Sklaverei." (Übers. Balcer). Die Kategorie Freiheit (von Knechtschaft) war so attraktiv, dass sich fast alle Griechen auf sie beriefen – auch diejenigen, die nicht mitgekämpft hatten. Jeder wollte sich sonnen im Ruhm, die Heimat gegen den Aggressor verteidigt zu haben. Jetzt entdeckte man an sich selbst Eigenschaften, die vorher kaum zum Nachdenken angeregt hatten. „Freiheit" meinte nicht mehr nur die Unversehrtheit der Heimatpolis gegenüber äußerer Bedrohung, sondern auch ein Ideal des Zusammenlebens, das in Zukunft geschützt werden sollte.

Neue Bedeutung von Freiheit

12.3 Selbstreflexion und Deutung des Gegners: Die „Perser" des Aischylos

Wenn die Verteidigung der „Freiheit" als Abwehr einer existenzbedrohenden äußeren Gefahr begriffen wurde und man in dieser Freiheit ein wesentliches Element des eigenen Selbstverständnisses erkannte, dann liegt es nahe, dass man auch dem Gegner eine neue (äquivalente) Qualität zumaß. Viele Forscher meinen, die Erfahrung der Perserkriege habe dazu geführt, dass der bis dahin politisch indifferente Barbarenbegriff politisch aufgeladen und mit negativen Konnotationen verbunden wurde. Repräsentant par excellence dieses Barbarenbildes waren die Perser. Sie gaben die Folie ab, vor der die Griechen sich nicht nur ihrer ethnischen und politischen Besonderheit bewusst wurden, sondern sich in chauvinistischer Selbsterhöhung überlegen fühlten. Andere verweisen darauf, dass Züge eines abwertenden Barbarenbildes bereits vor den Perserkriegen erkennbar sind (Kim 2015), eine auch nach den Kämpfen nur schwach ausgebildete griechische Identität gar keine Negativfolie benötigte und die Beurteilung der Perser viel zu komplex, vielschichtig und situationsabhängig gewesen sei, um sie einem negativen Klischeedenken unterzuordnen.

Grundlage dieser Diskussion ist neben der Kunst der Vasenbilder die von Aischylos im Jahre 472, also acht Jahre nach Salamis, auf die Bühne gebrachte Tragödie *Die Perser* (vgl. Kap. 1). Aischylos knüpfte damit an das Konzept des Phrynichos an, der vier Jahre zuvor in den (nicht erhaltenen) *Phoinissen* die Schlacht von Salamis aus der Sicht der Perser thematisiert hatte. Die Zuschauer im Dionysostheater hatten die rauchgeschwärzten Trümmer der Akropolis vor Augen, und man kann ermessen, wie aufwühlend die Szenerie der Bühne auf die Athener gewirkt haben muss. Ort der Handlung ist die persische Residenzstadt Susa. Hier warten zwölf greise Ratgeber des Königs und die Königsmutter Atossa auf Nachrichten vom Kriegsschauplatz. Ein Bote bringt im zweiten Akt die erschütternde Botschaft der Niederlage bei Salamis. Entsetzt reflektiert der Chor: Das hat Zeus getan. Im dritten Akt erscheint der Geist des Dareios und offenbart als weiser Gegenpart seines törichten Sohnes die wahren Zusammenhänge des Untergangs: Die Götter hätten Xerxes dafür bestraft, dass er in Hybris die persische Macht über den Hellespont geführt und die griechischen Tempel geschändet habe. Im vierten Akt tritt Xerxes selbst auf, zerlumpt und von nur wenigen

Getreuen begleitet, und demonstriert die leibhaftige Gegenwart des persischen Unglücks.

Wie alle großen Werke der Weltliteratur kann man die *Perser* auf verschiedene Weisen lesen: als historische Quelle für die Perserkriege selbst, indem man danach fragt, inwieweit sich aus dem Bericht des persischen Boten der Ablauf der Schlacht von Salamis (im Vergleich zu Herodot) rekonstruieren lässt, ob die Tragödie Hinweise auf reale Probleme der Perser (etwa bei der Logistik) gibt, aber auch, ob die Darstellung des Aischylos möglicherweise innerathenische Richtungskämpfe spiegelt (Harrison 2000, S. 31–40; 95–102). Man kann an ihr ferner verfolgen, wie ein nur wenige Jahre zurückliegendes Ereignis nach den Gattungsvorgaben der Tragödie umgeformt und strukturiert wird. Das für die Tragödie fundamentale Thema menschlicher Entscheidungssituationen konzentriert sich diesmal auf den Perserkönig Xerxes. Er hat aus Hybris und verleitet durch einen *daimon* mit der Invasion Griechenlands die falsche Entscheidung getroffen (wobei wohlweislich nur ganz kurz angedeutet wird, dass die Perser schon einmal unter Dareios Athen angegriffen hatten und über den Hellespont gezogen waren!). Der Zuschauer verfolgt, wie diese Fehlentscheidung, ihre Ursachen und Folgen den ängstlich ausharrenden persischen Beratern und der Königsmutter enthüllt werden, wobei Aischylos nicht nur die Größe des persischen Heeres, sondern auch das Ausmaß der Niederlage und dessen machtpolitische Folgen selbst für athenische Zuschauer maßlos übertreibt (Gruen 2012, S. 15). Nur der Blick in die unfassbare Katastrophe erzeugt beim Zuschauer das aufwühlende Gefühl des „Mit-Leidens", der ihn reifer macht und einen Prozess der „inneren Reinigung" (Katharsis) ermöglicht (Aristoteles, *Poetik* 1449 b 27; 1453 b 12; Latacz 2003, S. 65 f.).

[Marginalie: Deutungsebenen]

Wer schließlich den politischen Charakter der Tragödie betont, wird in ihr einerseits eine wichtige Quelle für die in weiten Teilen der Athener Bürgerschaft maßgebliche Selbstauffassung („ideological assumptions", Harrison 2000, S. 40) finden, andererseits danach fragen, inwieweit der Dichter nicht nur „anthropologische" Grundprobleme an einem realen Kriegsereignis durchspielen wollte, sondern den Athenern auch eine Warnung zukommen ließ, ihrerseits nach dem grandiosen Erfolg gegen die Weltmacht nicht in Hybris zu verfallen und die eigenen Kräfte zu überschätzen – eine angesichts der Athener Offensive unter Kimon geradezu prophetische Botschaft (Harrison 2000, S. 107 ff.).

[Marginalie: Politischer Charakter]

All dies wird eine Rolle gespielt haben, doch erschöpfen sich *Die Perser* darin nicht. Zu recht zweifeln manche Gelehrte, ob es wirklich das zentrale Anliegen des Aischylos war, am Beispiel des besiegten Gegners von Salamis erneut vor den Folgen menschlicher Hybris zu warnen, wo doch dieses Konzept den Griechen seit langem vertraut war (schon die Dichter des 6. Jahrhunderts hatten das Vordringen des Kyros an die Ägäis als *Hybris* bezeichnet) sowie auch auf andere Gegner (wie die Böoter) angewandt worden war und deshalb eigentlich keiner neuerlichen Demonstration bedurfte (Garvie 2009, XXVII–XXIX). Ebenso wenig Einigkeit besteht in der Frage, wie man überhaupt die fundamentale Entscheidung des Dichters zu verstehen hat, die Niederlage aus der Sicht der Perser ohne einen einzigen griechischen Akteur durchzuspielen. Wollte er seinen erschöpften Landsleuten die Chance eröffnen, sich am Leid des Gegners zu erfreuen und den so schwer erkämpften Sieg im sicheren Gefühl des Triumphes zu genießen? Oder zeigt umgekehrt Aischylos mit der Schilderung der Szenen am Perserhof Sympathie für das Schicksal der Besiegten? Zeugt seine Tragödie von einer Art aristokratischer Empathie, die selbst im Kampf um Leben und Tod den Gegner zu ehren weiß und in dessen Niederlage nur den Ausdruck einer leidvollen Welt erkennt, der kein Mensch entfliehen kann?

Ein wesentlicher Aspekt dieser Deutungsvarianten ist die angesprochene Frage nach der Einschätzung der Perser im Vergleich zu den Griechen. Auch hierbei sind die Aussagen der Tragödie ambivalent. Unmissverständlich wird die Absicht des Xerxes ausgesprochen, Griechenland zu unterwerfen; mehrfach verwendet Aischylos den Ausdruck vom „Joch der Knechtschaft", das die Perser den Griechen auferlegen wollen. Der Perserkönig ist ein despotischer Herrscher, dem alle Völker zu gehorchen haben und dem nur die Griechen ihren Freiheitswillen entgegensetzen. Auf der anderen Seite berichtet die Königsmutter Atossa von einem Traum, in dem zwei Frauen als Repräsentanten der Perser und der Griechen (Dorer) als Schwestern von gleichem Stamm bezeichnet werden. Sie unterscheiden sich nur dadurch voneinander, dass die eine gewillt ist, in Freiheit zu leben, die andere das Leben unter der Herrschaft des Großkönigs bevorzugt (Quelle 12.6.3; Gruen 2012, S. 19 f.). Moralische oder charakterliche Unterschiede werden hieraus nicht (explizit) abgeleitet. Auch die Perser kämpfen tapfer bis zum Tod, während die Rolle der Griechen bei Salamis seltsam farblos erscheint. Die schmerzlichen Klagen der Perser (u. a. *Pers.* V. 61–64; 133–136, 465–470) am Hofe sind schwerlich Ausdruck femininer Verweichlichung, denn griechische Protagonisten anderer Tragödien und selbst die homerischen Helden klagen und weinen ähnlich (Gruen 2012, S. 16–18).

12.4 Die Gründe für die Niederlage und das neue Weltbild des Aischylos

Unabhängig von der Beurteilung der *Perser* und der Rolle, welche die Tragödie bei der Ausbildung eines negativen Barbarenbildes gespielt hat – in einem ist sich die Forschung einig: Aischylos gab auf die nach wie vor drängende Frage nach den Gründen des Erfolges eine komplexe und in sich stimmige Antwort, welche die Parolen der Nachkriegszeit bündelte, neu akzentuierte und in einen höheren Sinnzusammenhang einordnete. So deutet auch Aischylos das Freiheitsmotiv an, wenn er die Griechen vor Salamis mit dem Schlachtruf ausziehen lässt, Vaterland, Familie und Götter zu befreien (V. 402–405), oder wenn der Bote der Königsmutter erklärt, die Athener seien „keines Menschen Sklaven" (V. 242). Doch spielen diese Elemente in der Gesamtargumentation der Tragödie und der Erklärung der Niederlage nur eine untergeordnete Rolle; wichtiger sind die Hinweise auf das karge Land und Versorgungsprobleme, die dem riesigen persischen Heer zu schaffen machten (z. B. V. 490 f.). Doch alles entscheidend – das macht der Geist des Dareios klar – war der Wille der Götter. Dass die Götter die Griechen unterstützt hatten, sei es durch günstige Winde bei Artemision und Salamis oder indem sie Mut einflößten oder unsichtbar (wie bei Marathon) mitkämpften (vgl. Kap. 6), gehörte zum üblichen Erklärungsmuster. Doch warum sie das taten und vor allem weshalb sie den Athenern zum Sieg verhalfen, den kleinasiatischen Griechen aber offensichtlich nicht, diese Frage blieb offen und erst Aischylos gab eine schlüssige Antwort: Dass die Perser ständig eroberten, immerfort „türmezertrümmernde Kriege führten und Rosse tummeln im Kampf und Städte entvölkern" (V. 102–105), war an sich nicht verwerflich, sondern wie der Chor gleich zu Beginn betont, von den Göttern und dem Schicksal gewollt. Dass jedoch Xerxes seine Kriege über Asien hinaus nach Europa trug, dabei „Poseidon zu bezwingen glaubte" und griechische Tempel zerstörte, das ver-

Freiheitsmotiv

Wille der Götter

stieß gegen göttliche Grenzsetzungen und für diesen Frevel wurde er von den Athenern (im Auftrag der Götter) bestraft (V. 744–751. Vgl. 345; 362; 454 f.; 472 f.; 495 f.; 513 f., 515 f.).

Was Aischylos andeutet, dass nämlich die persische Herrschaft auf Asien beschränkt sein sollte (V. 754–762, dazu aber die Zweifel von Garvie 2009), führte rund dreißig Jahre später Herodot fort, wenn er Themistokles resümieren lässt: „Nicht wir haben das gewollt, sondern Götter und Heroen, die nicht zugeben wollten, dass Asien und Europa einen einzigen Herrscher haben, dazu noch einen so gottlosen Frevler, der Heiligtümer behandelt wie Menschenbesitz." (8,109) Beide stehen mit der These von der göttlich sanktionierten Grenzziehung zwischen Asien (Perser) und Europa (Griechen) am Beginn einer Weltinterpretation, welche die antike und europäische Geistesgeschichte tief prägen sollte. Ob allerdings schon Aischylos den konsequenten Schluss zog, dass damit auch umgekehrt den Griechen bzw. den Athenern ein Übergreifen nach Kleinasien verboten sei, bleibt wie so vieles der Interpretation der Zuschauer überlassen.

Asien-Europa

12.5 Die „Internationalisierung" der Erinnerung: Die Verbindung von Perserkrieg und Abwehr der Karthager in Sizilien

Wie falsch es jedoch ist, die *Perser* auf einfache Antagonismen zwischen Orient und Okzident, zwischen Freiheit und Despotie oder gar zwischen athenischer Demokratie und persischer Monarchie zu reduzieren, deutet auch die Tatsache an, dass seine Tragödie nicht nur in Athen, sondern auch in einem ganz anderen Raum, nämlich in Sizilien auf Einladung des Tyrannen Hieron I. von Syrakus (reg. 478–467 v. Chr.) aufgeführt wurde. Dessen Bruder Gelon war im Jahre 481 v. Chr. vom Hellenenbund um Hilfe gegen die Perser gebeten worden. Ein Jahr später besiegte er ein großes karthagisches Heer bei Himera (auf Sizilien). Weitere sechs Jahre später errang Hieron einen spektakulären Erfolg zur See über die Etrusker und die verbündeten Einheiten der Karthager bei Kyme (in Mittelitalien).

Die Perser in Sizilien

Obwohl all diese Ereignisse mit der Perserabwehr in Griechenland in keinem Zusammenhang standen, begannen die sizilischen Tyrannen sehr schnell, ihre Erfolge in den Deutungskontext der

Perserkriege einzuordnen. Der große thebanische Dichter Pindar (vgl. Kap. 1) feierte ihre Siege als Befreiung von „Hellas' schwerer Knechtschaft". Wie die Athener das Mutterland gegen die Perser schützten, so errangen Gelon und Hieron ihre Siege gegen Karthager und Etrusker für die Freiheit der Griechen Siziliens (Pind. Frg. I. 8, 9–15). Diese Interpretation entsprach der Realität im Westen allenfalls ansatzweise. Weder die Karthager noch die Etrusker planten eine Eroberung Siziliens. Die syrakusanischen Tyrannen kämpften auch nicht für eine freiheitliche Polisordnung, sondern in erster Linie für sich selbst. Die Glorifizierung ihrer militärischen Erfolge diente vor allem ihrer Legitimation. Dass in einem solchen, gegenüber dem Mutterland wesentlich veränderten Kontext *Die Perser* des Aischylos mit offenbar großem Erfolg aufgeführt wurden, beweist die Deutungsoffenheit des Werkes (bis heute): Die Götter hatten dem menschlichen Handeln Grenzen gesetzt und bestraften Zuwiderhandlungen mit Niederlage und Untergang. Wer jedoch diese Grenzen verletzte und wer im Auftrag der Götter für deren Wiederherstellung sorgte, hing von der jeweiligen Situation und Interpretation der eigenen Rolle ab. Jeder konnte im Prinzip seinen Perserkrieg führen und am Ende entschied allein der Erfolg – weniger die Verfassung, die Herkunft oder Kampfesweise –, ob er dabei der Hybris verfallen war oder die Götter sein Tun unterstützten.

<small>Die Deutung der Tyrannen von Syrakus</small>

12.6 Quellen und Vertiefung

12.6.1 Grabepigramme des Simonides

Plutarch verwendet in seiner Schrift „Über die Bosheit des Herodot" Simonides-Epigramme, um zu zeigen, dass Herodot Athen auf Kosten anderer Städte, vor allem Korinth, viel zu stark in den Vordergrund gerückt und bevorzugt habe (vgl. Kap. 2).

Epigramm auf den korinthischen Kommandeur Adeimantos (Simonides 10).

Adeimantos befehligte die Korinther bei Artemision und Salamis. Plutarch (Mor. 870f; Über die Bosheit von Herodot 39) behauptet, dass Herodot Adeimantos beleidigt hätte, da dieser von Artemision floh (Hdt. 8,5,1; 59, 61; 94, 1).

> Dies ist die Grabstätte des berühmten Adeimantos, durch den
> Alle Griechen (ganz Griechenland: *pasa Hellas*) den Kranz der Freiheit aufsetzten.

> Οὗτος Ἀδειμάντου κείνου τάφος, ὅν διὰ πᾶσα
> Ἑλλὰς ἐλευθερίας ἀμφέθετο στέφανον.

Grabinschrift der Korinther, die bei Salamis starben
(Simonides 11)

Die Tafel befand sich auf dem Grab der bei Salamis gefallenen Korinther auf der Halbinsel Kynosura. Nach Plutarch Mor. 870e hätten die Athener den Korinthern erlaubt, ihre Toten auf Salamis nahe der Stadt zu begraben. Nach Hdt. 8,94 wären die Korinther dagegen bei Salamis geflohen, sobald der Kampf begann, und erst zurückgekehrt, als die Griechen siegreich waren. Er gibt damit offensichtlich die Version der Athener wieder (Petrovic 2007, S. 147). Die Überlieferungslage ist komplex: Ein in der Nähe der Polis Salamis gefundener Marmorblock weist Überreste von Buchstaben der ersten zwei Zeilen dieser Grabinschrift auf. Der dritte und vierte Vers stammen aus der literarischen Überlieferung. Forscher halten die längere, von Plutarch zitierte Version inzwischen für authentisch (Molyneux 1992, S. 192). Vgl. auch die Widmung an den korinthischen Kapitän Diodoros im Tempel von Leto: Simonides 13.

> Wanderer, einst bewohnten wir die wasserreiche Stadt des Korinthos,
> jetzt birgt uns die Insel des Aias, Salamis.
> Hier überwältigten wir phönizische Schiffe und Perser
> und Meder und retteten die heilige Hellas.
> (Übers.: A. Petrovic 2007, S. 144)

> Ὦ ξεῖν', εὔυδρόν ποτ' ἐναίομεν ἄστυ Κορίνθου,
> νῦν δ' ἄμ' Αἴαντος νᾶσος ἔχει Σαλαμίς.
> ἐνθάδε Φοινίσσας νῆας καὶ Πέρσας ἑλόντες
> καὶ Μήδους, ἱερὰν Ἑλλάδα ῥυσάμεθα.

12.6.2 Das Prooemium der Plataiai-Elegie des Simonides (Sim. frg. 11,5–28)

Ergänztes Fragment aus einem 1992 publizierten Papyrus. Zum Hintergrund vgl. Kap. 1.

Großes Le]id [erfaßte] das Kriegsvolk. Vielfach ehrte es dich, und mit Patr]oklos in der Totenur[ne begruben sie] dich [noch dazu], dich aber] überwältigte [nicht ein Sterblicher, der nur] einen [Tag lebt, sondern von Apol]lons Hand [wurdest du niedergestreckt]. Pallas aber] befand
5 sich [direk]t daneben und [suchte die] ber[ühmte] Sta[dt schwer heim zusammen mit Hera, denn sie lagen] in Feindschaft mit den Kindern des [Pr]iamos wegen des] schlecht ge[sin]nten [Alexa]ndros, wie den [Frevler aber im Laufe der Zei]t der Wagen der göttlichen Gerechtig[keit] niederstreckt. [Sie aber] zerstörten die viel besungene [Stad]t und kame[n heim,
10 die tapfersten der He]lden, die streitbaren Danaer[, über die uns]terblicher Ruhm gegossen ist [nach dem Wunsch] des Man[nes, der im Auftrag der dunkel]gelockten Mus[en zeigte die ganze Wah]rheit, und er [machte] den jüng[eren] Kriegern das namengebende früh hinsterbende Geschlech[t der [Halb]götter bekannt. Aber du] sei uns jetzt gegrüßt, der Göttin herr]
15 licher Sohn, der Tochter des] Nereus im Meere! Ich aber [werde] dich mir [zur Hilfe] rufen, Muse mit den v[ielen Name]n, wenn du der M]enschen [gedenkst], die beten!
Sie trie]b auch diesen Sch[muck unse]res süß[en Ge]sanges an, damit sich sp[äter wiederum] jemand erin[nert] an die Männ]er, die für Spart[a und
20 auch Hellas die Stellung hielten und so offen]k[undig ver]hinderten, daß jemand den Ta[g] der Knechtschaft sah, und ihre Tapfe]rkeit verbar[gen sie nicht, und die Kunde sti]eg himmelw[är]ts, und der Ruhm bei den M]enschen wird unsterblic<h> se[in].
(Übers.: Jung 2006, S. 227, 233)

12.6.3 Aus den Persern des Aischylos

Der Traum der Atossa (V. 176–213)

Die voller Sorge auf den Ausgang der Invasion Griechenlands wartende Königsmutter erzählt den Beratern ihres Sohnes im Königspalast von einem Unheil kündenden Traum.

Mit immer neuen nachtgebornen Träumen geh
Ich um, seitdem mein Sohn mit Heerbanns Aufgebot
Zum Ionerlande zog, Zerstörung ihm zu dröhn.
Doch nie noch bot solch leibhaft Traumbild sich dem Blick

180 Wie in der jüngst verfloßnen Nacht; ich künd es euch.
Es deuchte mir, der Frauen zwei in schönem Kleid –
Die eine in der Perser Peplos eingehüllt,
Im Dorerkleid die andre – träten vor mein Aug,
An Wuchs bei weitem herrlicher als sonst die Fraun,
185 An Schönheit sonder Makel, Schwestern gleichen Stamms
Und Bluts. Als Heimat hatten sie – die Griechenland
Durchs Los erlangt, und jene wohnt' in Asiens Reich.
Die beiden fingen an – so deucht' es mir im Traum –
Zu streiten miteinander. Wie's mein Sohn erfuhr,
190 Hielt fest, beruhigt' er sie, und vor den Wagen dann
Spannt er sie beide; und ein Joch den Nacken legt
Er auf. Die ein' in solchem Schmuck hob sich voll Stolz,
Und in den Zügeln hielt leicht lenkbar sie den Mund.
Doch die – bäumt, stampft, und Hand um Hand des Wagens Zeug
195 Packt sie und reißt's und schleift's gewaltsam mit sich fort,
Ledig der Zügel, bricht das Jochholz mitten durch.
Hinstürzt mein Sohn; sein Vater, weh, tritt neben ihn,
Dareios, Jammers voll; doch kaum, daß ihn gewahrt
Xerxes, reißt er die Kleider rings am Leib entzwei.
200 Soviel von dem, was ich zur Nachtzeit vor mir sah.
Doch als ich aufstand und die Händ' in klare Flut
Der Quelle tauchte und mit opferfreudger Hand
Hin zum Altare trat, den unheilwehrenden
Dämonen Opfer darzubringen, wie sich's ziemt:
205 Da seh ich flüchten einen Aar zum Opferstein
Des Phoibos, – stumm vor Furcht, ihr Freunde, stand ich da –
Und hinterdrein ein Falke, seh ich, stürzt im Stoß
Sich schwingend auf ihn, mit den Fängen ihm das Haupt
Zerfleischend. Der – tut nichts; er duckt sich nur und gibt
210 Sich preis! Dies war mir so entsetzlich anzusehn
Wie euch zu hören. – Wisset wohl: schlägt's meinem Sohn
Zum Guten aus, bewundernswert war er als Held;
Schlägt's schlimm aus – schuldet er nicht Rechenschaft der Stadt.

Die Erklärung des Geistes des Dareios (V. 800–831).
800 Wen'ge von vielen, wenn man irgend trauen soll
Den Göttersprüchen, das nunmehr Erfüllte schon
Vor Augen; trifft doch nie nur dies ein, jenes nicht.
Und da's so ist, heißt, wenn erwählte Schar des Heers
Er dort läßt, nur, daß eitler Hoffnung er vertraut.
805 Sie bleiben, wo die Ebne des Asopos Flut
Benetzt, fruchtbarer Segen fürs böotische Land.
Dort harrt auf sie der Leiden höchstes, das sie trifft
Als Hochmuts Buße, gottverruchten Sinnes Lohn,
Die sich auf Hellas' Boden Götterbilder nicht
810 Gescheut zu rauben noch Brand zu legen an ihr Haus:

Altäre – spurlos fort, der Gottheit Bilder – ganz
Entwurzelt, um und um gestürzt aus Sockels Grund!
So bös nun ihre Taten, kleiner nicht ist, was
Sie dulden und was – droht; ist doch vom Bösen noch
815 Kein Grund zu sehn, nein, immer neu quillt es hervor:
So groß wird sein der Opferkuchen, blutgetränkt,
Den auf Plataiererde dorische Lanze wirkt.
Und Haufen Leichen werden noch im dritten Glied
Lautlos kundtun den Augen aller Sterblichen,
820 Daß übers Maß ein Mensch nicht heben soll den Sinn.
Denn Hochmut, aufgeblüht, bringt Frucht im Ährenkorn
Der Schuld, draus tränenreiche Ernte mäht der Herbst.
Wenn solche Schuld ihr schaut und Strafe solcher Schuld,
Gedenkt Athens und Griechenlands, daß keiner je,
825 Mißachtend seines Daseins gottgesandtes Los,
Fremdes begehrend, fortgießt eignes großes Glück!
Denn Zeus, Zuchtmeister über allzu unbezähmt
Hochmütigen Sinn, waltet des Rechts, ein strenger Wart.
Darum setzt jenem, weisen Sinnes, wie ihr seid,
830 Mit kluger, wohlgegründeter Ermahnung zu,
Zu lassen von der Gotteslästrung frevlem Trotz.
(Übers.: O. Werner)

12.6.4 Fragen und Anregungen

– Erklären Sie, mit welchen Mitteln die Epigramme des Simonides (Quellen 12.6.1) die Gestorbenen zu ehren suchen. Welche Rolle spielt dabei der Bezug auf das „heilige Hellas"?
– Eine andere Version des Epigramms auf Adeimantos (bei Dio Chrys. 37,19) bietet anstatt „ganz Griechenland" (*pasa Hellas*) den Ausdruck „auf den Rat Griechenlands" (*boulas Hellas*). Worin besteht inhaltlich der Unterschied? Benutzen Sie als Interpretationshilfe Higbie 2010, S. 192–196.
– Interpretieren Sie die Grabinschrift der Korinther mit Hilfe der Forschungsliteratur (Petrovic 2007, S. 144–157). Warum bezeichnet Simonides Salamis als „Insel des Aias"? Informieren Sie sich über den Streit zwischen Aias und Odysseus in Homers *Ilias* und suchen Sie zu erklären, inwieweit die ungerechte Behandlung des Aias bei der Botschaft des Epigramms mitbedacht werden muss.
– Erläutern Sie das Prooemium der Plataiai-Elegie des Simonides (Quelle 12.6.2) mit Hilfe der Forschungsliteratur (Boedeker/

Siger 1992; Jung 2006, S. 225–232) insbesondere im Hinblick auf die Anklänge an, aber auch Abgrenzungen gegenüber Homer. Vergleichen Sie dazu auch die Grabinschrift der Korinther.
- Beschreiben Sie, wie Aischylos im Traum der Atossa die beiden Schwestern als Repräsentanten der Perser und Griechen (Dorier) sieht (Quelle 12.6.3). Wo sind die Gemeinsamkeiten, wo die Unterschiede? Konsultieren Sie dazu Garvie 2009, S. 114 ff.
- Erklären Sie, worin der Geist des Dareios die Ursache für den Untergang des Perserheeres sieht (Quelle 12.6.3).

Vorschläge für begleitende oder ergänzende Referate (max. 15 Minuten):
- Geben Sie einen Überblick über Leben und Werk des Simonides auf der Basis einschlägiger Lexika zur Antike.
- Stellen Sie den Inhalt der Plataiai-Elegie des Simonides vor („New Simonides") und versuchen Sie mit Hilfe der Forschungsliteratur eine Deutung.

12.6.5 Lektüreempfehlungen

Quellen (mit Kommentar)

Aischylos, *Tragödien. Griechisch-deutsch*. Übersetzt von O. Werner, herausgegeben von B. Zimmermann, 5. Aufl. Zürich, Düsseldorf 1996.

Aeschylus, *Persae*. With Introduction and Commentary by A. F. Garvie, Oxford 2009 (*Detaillierter und ausführlicher historischer Kommentar. Instruktiv ist besonders der einleitende Forschungsüberblick IX–LVII*).

A. Petrovic, *Kommentar zu den simonidischen Versinschriften*, Leiden 2007 (*Historischer und philologischer Kommentar zu mehreren Epigrammen des Simonides; für die Perserkriege besonders interessant die S. 144–177 zu den bei Salamis gefallen Korinthern und zu den Athenern, S. 194–208 zu den Megarern, S. 237–249 zu den Thermopylenkämpfern*).

Forschungsliteratur

D. Boedeker / D. Siger (Hg.), *The New Simonides*, Oxford 2001 (*Sammlung mehrerer Beiträge zur Plataiai-Elegie des Simonides, die aus einer Konferenz hervorgingen, die zwei Jahre nach der Publikation des Papyrus (1992) veranstaltet wurde. Enthalten sind sämtliche Fragmente, mit kritischem Apparat, aber ohne Übersetzung. Wichtig sind insbesondere die Aufsätze zum Verhältnis zu Homer am Beispiel des Prooemiums, s. S. 167–222, und der Vergleich mit Herodot, S. 223–242*).

E. S. Gruen, *Rethinking the Other in Antiquity*, Princeton 2012 (Kap. 1, S. 9–52: Persia in the Greek Perception: Aischylus and Herodotus) (*Wichtiger Überblick, der weder im Werk Herodots noch in den „Persern" des Aischylos (im Gegensatz zur Deutung Halls) signifikante Anzeichen für eine herabwürdigende Darstellung der Perser als östliche Barbaren erkennen kann).*

S. Föllinger, *Aischylos. Meister der griechischen Tragödie*, München 2009 (*Differenzierter Überblick über Werk und Autor. Das Kernthema der „Perser" sei der in die Salamisschlacht eingebettete Familien- und Generationskonflikt zwischen Dareios und Xerxes).*

T. Harrison, *The Emptiness of Asia. Aischylos' Persians and the History of the Fifth Century*, London 2000 (*Der Autor sieht den historischen Wert der „Perser" darin, dass die Tragödie die zeitgenössische „Ideologie" der Athener spiegelt. Diese wird in mehreren systematischen Kapiteln zu Themen (Sympathie für den Feind – Patriotismus, Bild der Atossa u. ä.) entfaltet, die in der Forschung kontrovers diskutiert werden).*

H. J. Kim, *The Invention of the 'Barbarian' in Late Sixth-Century BC Ionia*, in: E. Almagor/J. Skinner (Hg.), *Ancient Ethnography. New Approaches*, London u. a. 2015, S. 25–48 (*Vertritt mit guten Argumenten die These, dass bereits im letzten Drittel des 6. Jahrhunderts v. Chr. im ionischen Raum der Barbarenbegriff eine negative politische Aufladung erfuhr).*

L. Latacz, *Einführung in die griechische Tragödie*, 2. Aufl. Göttingen 2003 (*Gute Einführung in die Literaturgattung mit Hinweisen auf die Entstehung, Aufführungspraktiken, Inhalte und Motivkomplexe).*

J. H. Molineux, *Simonides. A Historical Study*, Wauconda/Illinois 1992 (*Übersichtliche Vorstellung der Gedichte des Simonides, geordnet nach chronologischen Einheiten und unter besonderer Berücksichtigung der schwierigen Überlieferungssituation. Kap. 7 und 8 widmen sich den Epigrammen der Perserkriege).*

13 Die Rezeption der Perserkriege in Antike und Moderne

Abb. 9: Gedenkplatte auf dem deutschen Soldatenfriedhof 1914–1918 in Pont-à-Vendin, Frankreich.

Der Text der Gedenkplatte nimmt Bezug auf eines der berühmtesten Epigramme der Perserkriege, das sehr wahrscheinlich der Dichter Simonides auf die gefallenen Spartaner an den Thermopylen verfasst hat (vgl. Kap. 1). Noch nach über 2000 Jahren verstand wohl jeder Leser die Anspielung und wusste, was der Verfasser und sein Auftraggeber in Bezug auf die Gefallenen des Ersten Weltkrieges damit ausdrücken wollten. Diese seien wie einst die Spartaner des Leonidas gehorsam gegenüber dem staatlichen Befehl für die Rettung der Heimat gefallen. Die Gedenkplatte ist somit ein eindrückliches Beispiel dafür, wie bestimmte Ereignisse und ihre Deutungen die Zeiten von der Antike bis in die Moderne überdauert haben. Wie erklären sich diese Wirkkraft und Faszination und welche Wandlungen haben dabei die antiken Interpretationen erfahren?

13.1 Deutende Erinnerung als Forschungsobjekt

Aischylos steht am Beginn einer langen Deutungsgeschichte, die sich mit zunehmenden Abstand von den Ereignissen auf die großen Schlachten konzentrierte und sie zu den eigentlichen Kulminationspunkten der Erinnerung machte; die moderne Forschung bezeichnet solche Zentren, an denen soziale Einheiten wie eine Bürgerpolis (oder später größere Staaten) die Deutung der für sie fundamentalen Vergangenheit festmachten, als „Erinnerungsorte" (franz. *lieux de mémoire*). Schon früh ging es nicht nur darum, den Tod der eigenen Soldaten in Ehren zu halten, sondern auch die eigenen Verdienste gebührend hervorzuheben und in eine glorreiche Vergangenheit einzuordnen. Derlei Konstruktionen konnten dazu dienen, machtpolitische Ansprüche zu untermauern sowie den Gegner im Rahmen tagespolitischer und diplomatischer Auseinandersetzungen zu diskreditieren. Parallel dazu nutzten Redner, Philosophen und Literaten die Erzählungen über die „großen" Helden, um ihre Argumente zu stärken oder Beispiele zu formulieren, die eine besondere Überzeugungskraft besaßen.

Hinter all dem stand eine Faszination für die Perserkriege, die weit über die Antike hinausging und bis in unsere Zeit reicht. Längst widmet sich mit der Rezeptionsgeschichte eine eigene Forschungsrichtung diesem Phänomen der Tradierung, Umdeutung und Aktualisierung. Lehrreich für den Historiker ist es zunächst zu verfolgen, wie sich die Antike zur Thematik verhielt, um dann in einem zweiten Schritt zu prüfen, unter welchen Umständen und mit welchen Motiven spätere Autoren antike Narrative aufnahmen und weiterentwickelten. Angesichts der Komplexität des Phänomens erscheint es sinnvoll, sich exemplarisch auf zwei Themenblöcke zu konzentrieren, die noch heute den Kernbestand der deutenden Erinnerung an die Perserkriege bilden: (1) Leonidas und die Thermopylen als klassischer Mythos Spartas sowie (2) Marathon und Salamis als die Fundamente athenischer Sieghaftigkeit.

13.2 Der Thermopylen-Mythos

Dass schon in der unmittelbaren Zeit nach der Niederlage des Leonidas unterschiedliche Deutungen und Überlieferungen des Geschehens im Umlauf waren, zeigt die Schilderung Herodots. Sie ist in vielen Einzelheiten widersprüchlich und lässt manche Fragen etwa nach den strategischen Zielen und Motiven der Spartaner oder nach dem Verlauf der Kampfhandlungen unbeantwortet. Ihre Deutungs- und Interpretationsoffenheit war schon in der Antike die Voraussetzung dafür, dass man aus dem herodoteischen Gerüst einzelne Elemente herausbrechen, neu zusammensetzen oder durch neue Motive ergänzen konnte, wobei die Kernbotschaften Herodots allerdings selten geändert wurden.

Herodot bemühte sich, die Schlacht als einen dramatischen Kampf zwischen David und Goliath darzustellen, bei dem allerdings der zahlenmäßig Unterlegene tatsächlich besiegt wird. Um dem erwartbaren Ergebnis eine memorierbare Einzigartigkeit zu verleihen, musste die Niederlage in einer besonders heroischen Weise erfolgt sein, nämlich in der Form, dass sich die Spartaner bewusst gegen eine mögliche Flucht entschieden, bis zum letzten Mann kämpften und den Schlachtentod in Erfüllung eines heimatlichen Auftrages suchten. Dieses Deutungsmuster verdichtet sich in dem von Herodot zitierten, dem Dichter Simonides zugeschriebenem Epigramm, das zu den meist tradierten Kurzgedichten der westlichen Welt überhaupt gehört: „Fremder, melde den Lakedaimoniern, dass wir hier / liegen, den Worten (griech. *rhemasi*) jener gehorchend." Auch wenn bis heute um die Auslegung des Begriffes *rhemasi* und die Identifikation von „jener" gerungen wird (Albertz 2006, S. 58–64), so ist die Kernaussage klar: Die Toten künden in lakonischer Kürze, dass sie in Ausführung eines fremden Willens (das können nur die spartanischen Behörden oder der Hellenenbund gewesen sein) den Tod gefunden haben. Die klassische Übersetzung Friedrich Schillers aus dem Jahre 1795 hat dann den eigentlich recht nüchternen und situationsbedingten Begriff „Worten" (*rhemasi*) nach der lateinischen Version Ciceros (*legibus*) überhöht, indem er den letzten Teil mit dem Nebensatz wiedergab: „...wie das Gesetz es befahl."

Weder die Gegner (die Perser) noch der spartanische Befehlshaber (Leonidas) werden genannt, denn beides war selbstverständlich. Viel bezeichnender ist es, dass die Mitkämpfer aus der Polis

Thespiai und die gefallenen Heloten mit keinem Wort erwähnt werden. Früh haben es offenbar die spartanischen Behörden verstanden, die Thermopylen als exklusiven Erinnerungsort der eigenen Heroisierung für sich zu reklamieren, und dabei sollte es auch bleiben. In den Jahrhunderten nach Herodot strickten die Historiker weiter an der Legende, indem sie die herodoteische Schilderung ausschmückten und variierten. Sie machten die Spartaner zu Vorbildern, die nicht nur dem heimischen Kampfbefehl gehorcht, sondern auch die Freiheit verteidigt hatten. Ihre Niederlage war so ein moralischer Sieg. Redner und Staatstheoretiker nutzten das Motiv der Todes- und Opferbereitschaft als Beispiel (Exempel) für ein moralisch richtiges (tugendhaftes) Verhalten und eine stabile Staatsordnung, die man der eigenen Zeit als mahnende Kontrastfolie entgegenhalten konnte (Albertz 2006, S. 80–103).

Rezeption im 18. Jh.

Damit hatte die Antike die entscheidenden Elemente eines Deutungsmusters bereitgestellt, die in der Folgezeit wie Versatzstücke aufgegriffen und in neue Interpretationszusammenhänge eingefügt werden konnten. Die große Zeit der Thermopylenrezeption setzte im 18. Jahrhundert ein, als das europäische Bürgertum in den Spartanern des Leonidas ein Leitbild für die Pflichterfüllung eines „bürgerlichen" Gemeinwesens erblickte und die sich entwickelnden Nationalstaaten den Opfertod für das Vaterland als patriotische Tat zu feiern begannen. Diese Botschaft war universell und insofern leicht politisch zu instrumentalisieren und zu missbrauchen, wie es im 20. Jahrhundert die Nationalsozialisten taten, als sie den spartanischen Staat (wie viele vor ihnen) nicht nur als Vorbild für die Erziehung einer wehrtüchtigen Jugend priesen, sondern den Durchhaltebefehl bei Stalingrad auch mit dem Verweis auf die Leonidaskämpfer zu untermauern suchten.

Kritik am Thermopylenmythos

Eines ließ dagegen die Deutung der Thermopylen bis dahin nicht oder nur punktuell zu: Kritik. Sie setzte erst dann und zunächst sehr zögerlich ein, als man nicht mehr bereit war, den Opfertod für das Vaterland unbenommen als glorreiche Tat zu feiern. Kritik erwuchs dabei zunächst weniger aus humanitären oder philosophischen Überlegungen und/oder der Einsicht in die Sinnlosigkeit militärischer Blutopfer, sondern aus dem Verdacht, dass der Kampfbefehl der spartanischen Führung politisch und strategisch unsinnig und/oder die Ausführung des Leonidas ein militärischer Fehlschlag war (vgl. Rebenich 2006, S. 198–201). Derartige Überlegungen wurden nach dem Ersten Weltkrieg durch die erneut dominierende Bewunderung für den spartanischen Staat und die Annahme einer rassischen Verwandtschaft der nordischen Dorier (= Lakedaimonier) mit den Germanen überdeckt (Wiesehöfer 1992, S. 74 ff.). Grundsätzliche Kritik an diesen Theorien sowie an der Verherrlichung des Opfertodes brach sich erst nach dem Zweiten Weltkrieg Bahn; sie äußerte sich in Deutschland zunächst indirekt darin, dass sich die Forschung auf unverfängliche Detailprobleme konzentrierte oder die Geschehnisse ignorierte, während ein Literat wie Heinrich Böll den ganzen Opfermythos der Thermopylen einer fundamentalen Dekonstruktion unterzog (Wanderer, kommst Du nach Spa..., 1950). Damit war jeder politischen und militärischen Instrumentalisierung weitgehend der Boden entzogen, was allerdings nicht verhinderte, dass das Ereignis und seine „Helden" die Menschen bis heute faszinieren – in dieser Hinsicht wirkt die Antike weiter ungebrochen, wie die Graphic Novel und der Film *300* besonders drastisch zeigen.

Literaten nach dem Zweiten Weltkrieg

13.3 Marathon, Salamis und der Hellenen-Barbaren-Gegensatz des 4. Jahrhundert v. Chr.

Die Erinnerung an die Siege bei Marathon und Salamis (sowie später Plataiai) war weniger auf die Verherrlichung eines rühmenswerten Verhaltens – der Opfertod angesichts einer erdrückenden Übermacht – fixiert, sondern auf die Frage, welche Bedeutung dem Kampf für den Ausgang der Perserkriege zukam und welche Rolle dabei die Athener spielten. Marathon musste zunächst noch mit dem Manko kämpfen, dass der Erfolg nur der Verteidigung der eigenen Stadt und gegen eine Expeditionsarmee unter Führung persischer Offiziere errungen war. Als Ausgleich rühmten Simonides und Herodot die Athener dafür, dass sie als Erste den Anblick medischer Krieger ertragen und allein (also vor allem ohne spartanische Unterstützung) siegreich geblieben wären. Diese Deutung überzeugte außerhalb Athens wenig, blendete sie doch die Anfangserfolge der kleinasiatischen Griechen während des Ionischen Aufstandes sowie die Tatsache aus, dass 800–1000 Hopliten aus Plataiai auf Seiten der Athener mitgekämpft hatten (Zahrnt 2010, S. 120, vgl. Kap. 6: Schlacht von Marathon). Die Athener nutzten dagegen die Chance, um den inneren Zusammenhalt ihrer Verfassung und deren Wehrhaftigkeit zu stärken sowie ihrer Geschichte einen

Simonides und Herodot über Marathon

Identifikation für die Athener

neuen Identifikationspunkt zu verschaffen. Das zweite Ziel trieb namentlich Kimon (vgl. Kap. 11) voran, der neben anderen Denkmälern das Schlachtgemälde von Marathon in der „Bunten Halle" (*Stoa Poikile*) anfertigen ließ (vgl. Kap. 6: Schlacht von Marathon mit Abb. 4). Es zeigte verschiedene Etappen der Schlacht, hervorgehoben waren Miltiades und Kallimachos, auf Seiten der Athener standen Götter, Helden (z. B. Theseus) und Halbgötter (z. B. Herakles). Entscheidend war jedoch, dass das Marathonbild Teil einer wohl inszenierten Gemäldeabfolge innerhalb der Halle war: Eines präsentierte eine jüngere Schlacht gegen die Spartaner, ein weiteres den Kampf der Athener gegen die Amazonen und ein drittes ein Ereignis während des Troianischen Krieges, vermutlich die Eroberung Troias (Jung 2006, S. 110, Osmers 2013, S. 203). Marathon wird auf diese Weise in eine kontinuierliche Abfolge großer Schlachten eingeordnet, welche die mythische Vergangenheit mit der Zeit der Perserkriege und der aktuellen Gegenwart zu einer Erfolgsgeschichte athenischer Selbstbehauptung verknüpfte. Kimon leistete damit nicht nur seiner eigenen Selbstverherrlichung und der seines Vaters Miltiades Vorschub; viel wichtiger war: Er präsentierte den

Marathon als Erfolgsgeschichte

Athenern eine in die ferne Vergangenheit verlängerte und bis in die unmittelbare Gegenwart fortgeführte Geschichtskonstruktion, an dem sich das eigene Selbstverständnis mit patriotischem Stolz orientieren und die jederzeit weiter entwickelt werden konnte, unanhängig davon, wie bedeutend der Sieg auf dem Schlachtfeld im Gesamtzusammenhang der Perserkriege tatsächlich war.

Gleichzeitig bestimmte diese Deutung die herausragende Aufgabe der Athener als die von den Göttern auserwählten Vorkämpfer gegen „wilde und barbarische Mächte" (Gehrke 2003, S. 21); die angeblich von der Beute bei Marathon finanzierte Bronzestatue der *Athena Promachos* („Vorkämpferin") auf der Akropolis gab dieser Deutung ihren weithin sichtbaren Ausdruck. All das waren Legitimationsformeln für den Anspruch auf machtpolitische Größe, die gerade in der Zeit des Seebundes und der militärischen Erfolge Kimons überzeugend wirken mussten; auch Herodot lässt Miltiades vor der Schlacht bei Marathon prophezeien, Athen könne bei einem Sieg die mächtigste Stadt Griechenlands werden (Hdt. 6,109,3).

Allerdings musste Marathon schon bald mit ernster Konkurrenz kämpfen. Bezeichnenderweise hatte schon Aischylos, obwohl er bei Marathon mitgefochten hatte, nicht die Landschlacht, sondern

13.3 Marathon, Salamis und der Hellenen-Barbaren-Gegensatz

Salamis als Folie für die Darstellung des persischen Traumas gewählt, unter anderen weil hier der Großkönig unmittelbar betroffen war. Dass die Athener bei Salamis noch viel weniger als bei Marathon den Anspruch erheben konnten, *allein* den Sieg errungen zu haben, hat schon Herodot dadurch überspielt, dass er die Rolle der griechischen Mitkämpfer (insbesondere des Rivalen Korinth) minimierte und Themistokles eine schlachtentscheidende Rolle zuwies (Hdt. 8,83,1–2). Außerdem konnten die Athener darauf verweisen, dass allein sie durch die Evakuierung der Bevölkerung alles auf eine Karte gesetzt und den Kampf um Sein oder Nichtsein gewagt hatten. Manche Forscher vermuten zudem, dass die dominierende Rolle, die Salamis in der deutenden Erinnerung zunächst spielte, auf den politischen Einfluss des Themistokles zurückzuführen sei. Dagegen seien in der krisenhaften Endphase des Peloponnesischen Krieges gegen Ende des 5. Jahrhunderts die Marathonkämpfer von aristokratischen Kreisen wiederentdeckt worden, um der nachlassenden Kampkraft und den Irrungen „moderner Zeiten" entgegenzuwirken (Gehrke 2003, S. 23). Als dann im 4. Jahrhundert einerseits die Athener an ihre alte Machtstellung anzuknüpfen suchten und man sich andererseits zeitlich immer weiter von den realen Ereignissen der Perserschlachten entfernte, scheute man sich nicht, die großen Siege endgültig von allem Beiwerk zu befreien, welches den alleinigen Verdienst der Athener schmälerte: Marathon wurde mit und ohne Salamis zum Symbol eines epochalen Sieges, der allein gegen die Riesenarmee des Perserkönigs errungen wurde und ganz Griechenland vor der Unterjochung bewahrt habe (Albertz 2006, S. 68); Miltiades und Themistokles sind die großen Heroen, die zu Lande und zu Wasser das aus ganz Asien anrückende Heer zweimal zurückschlugen (Jung 2006, S. 160–164). Gewiss gab es gegenüber dieser realitätsverzerrenden Selbstbeweihräucherung der Athener auch aus den eigenen Reihen Kritik (Zahrnt 2010, S. 123; Jung 2006, S. 165–169). Doch konnte sich diese kaum durchsetzen, obwohl viele sich bewusst waren, dass – wie der Geschichtsschreiber Theopomp es formulierte – „die Stadt der Athener sich großtut und die Hellenen täuscht" (FrGRh 115,115,153; zitiert bei Jung 2006, S. 165).

Salamis und Athen

Deutungen des 4. Jh.

Parallel spitzte sich im 4. Jahrhundert auch das Bild des Gegners weiter zu: Es gab zwar wie schon im 5. Jahrhundert Autoren, die sich um eine ausgewogene Darstellung bemühten und die Leistungen der Perser bewunderten; doch gleichzeitig zementierte sich auf der anderen Seite der Beurteilungsskala das Bewusstsein eines unauflösbaren Gegensatzes zwischen athenisch-griechischer Freiheit und despotischer Herrschaft, der nun konsequenter als zuvor mit ethnologisch-ethnographischen Charaktermerkmalen unterfüttert wurde. Während die Griechen die besten Eigenschaften repräsentierten, Freiheit mit Mut, Klugheit und Kampfeshärte verbanden, trugen auf Seiten der Perser Luxus, Inzest und Haremsintrigen zur Verweichlichung bei, die nicht nur die vergangenen Niederlagen erklärten, sondern auch Zeichen eines unübersehbaren Machtzerfalls in der Gegenwart waren.

13.4 Vollendung des Eigenen und Bewahrung der Zivilisation – die neuzeitliche Rezeption

Damit waren noch vor dem Alexanderzug die wesentlichen Elemente bereitgestellt, die in der Folgezeit unter veränderten historischen Konstellationen abgerufen werden konnten. Denn diese Deutung reduzierte die Wirklichkeit auf griffige Formeln, die sich erfahrungsgemäß viel leichter durch die Zeiten tradieren lassen. Besonders wirksam erwies sich die Chiffre des patriotischen Kampfes für die Freiheit des zivilisierten Hellas vor barbarischer Aggression. Sie konnte auch von Monarchen aktualisiert werden, um ihren Kämpfen gegen „fremde" Barbaren des Nordens (Kelten) oder des Ostens (Sassaniden) durch Anknüpfung an die Perserkriege eine besondere Legitimation zu verleihen. Nach Alexander und in der Zeit des Hellenismus hatte sich das „Griechische" von seiner räumlichen Fixierung auf das Mutterland und die Ägäiswelt gelöst und schloss bald jeden mit ein, der die griechische Kultur adaptierte und ihre Regeln beherrschte. Damit waren die athenischen Deutungsideale im Prinzip universell einsetzbar, wenn man dabei nur eine grobe Frontstellung zwischen einer (europäisch) westlich-zivilisatorischen, d.h. an der Kultur der Griechen orientierten, Welt der Freiheit auf der einen und einer (asiatisch) östlich-barbarischen Welt der Unfreiheit auf der anderen Seite konstruieren konnte.

Aktualisierung in der Antike

Diese Aktualisierung setzte ähnlich wie die des Thermopylen-Mythos wieder verstärkt ein, als die europäischen Nationen im 18. und 19. Jahrhundert das griechische Erbe als Teil ihres Selbstverständnisses und die Griechen selbst den identitätsstiftenden Wert der Perserkriege ihrer Vorfahren im Kampf gegen die Türkenherr-

Deutungen des 18. und 19. Jh.

schaft wiederentdeckten (Gehrke 2003, S. 27; Zahrnt 2010, S. 125). Gelehrte wie Johann Gottfried Herder nahmen die geschichtsphilosophisch deutbaren Thesen Herodots über die Gründe der persischen Niederlage sowie die Klischees über die Degeneration der persischen Eliten (vgl. Kap. 2) auf und entwickelten sie weiter (Text 13.5.1). Bereits in der Mitte des 18. Jahrhunderts hatte die Geschichtsschreibung ein Kulturstufenmodell entwickelt, welches das aufgeklärte Europa als fortschrittlich und überlegen gegenüber den auf einem niedrigen Anfangsniveau verharrenden Völkern des Orients (Asien) einschätzte (Meyer-Zwiffelhoffer 2007, S. 525 f.). Der Gegensatz zwischen zivilisiertem Griechentum und Barbaren wurde auf diese Weise in ein umfassendes Geschichtsmodell überführt, das sich einerseits mit dem aufgeklärten Freiheitsdiskurs der Französischen Revolution, andererseits mit der im letzten Drittel des 18. Jahrhunderts einsetzenden Griechenlandbegeisterung (Neuhumanismus) auch in weiten intellektuellen Kreisen Deutschlands verbinden konnte und schließlich auch an das Idealbild des todesbereiten Bürgersoldaten anknüpfte, das schon die Marathondeutung der Athener bestimmt hatte (Jung 2006, S. 139–143).

Gegensatz Zivilisation – Barbaren

Vorangetrieben von der zur Leitdisziplin avancierenden Altphilologie bildeten derartige Vorstellungen das geistige Substrat und den notwendigen Rahmen, innerhalb dessen die Einschätzung der Perser und die Erinnerung an die Schlachten aktualisiert und instrumentalisiert werden konnten. Mitunter taten das auch führende Althistoriker, allerdings meist in Genres, die für verallgemeinernde und vereinfachende Formulierungen geeignet waren, ja diese geradezu verlangten. In Deutschland war sich Theodor Mommsen, der sich sonst nie mit griechischer Geschichte beschäftigte, nicht zu schade, um am Tage des Kaisergeburtstages die zur Reichsbildung führenden Kriege Deutschlands gegen Dänemark, Österreich und Frankreich mit den Abwehrkämpfen der Griechen gegen die Perser gleichzusetzen, wobei er ganz selbstverständlich mit Begriffen und Vorstellungen des „Nationalstaates" argumentierte, die für die Antike unpassend sind (Text 13.5.2; Zahrnt 2010, S. 126). Mit dem Blick auf die Antike wurden die Perserkriege in der Feder Eduard Meyers (Text 13.5.3) nicht nur als entscheidende Wegmarke begriffen, an der sich die Dynamik der westlichen Welt von der statischen Geschichte des Ostens trennte; sie bewies gleichzeitig die Überlegenheit der griechischen Kultur, die durch den Sieg

Die Schlachten und der Nationalstaat

bei Marathon und Salamis zur Grundlage der europäischen Welt der Neuzeit werden konnte.

Die Verbindung des (militärischen) Verteidigungskampfes gegen eine übermächtige, von außen kommende Bedrohung als Katalysator eigener machtpolitischer Vollendung mit der Idee der (kulturellen) Bewahrung einer fortschrittlichen Zivilisation gegen das rückständig Barbarische bildet bis heute – allen Bemühungen kritischer Forschung zum Trotz – eine verführerische und werbewirksame Formel, deren Faszination nicht nur Politiker, sondern auch Intellektuelle allzu leicht unterliegen: Noch im Jahre 2005 schmückte das Salamis-Buch eines angesehenen amerikanischen Althistorikers der an Parolen des 19. Jahrhunderts bruchlos anknüpfende Untertitel: *The Naval Encounter That Saved Greece – and Western Civilization.* Ein Jahr später apostrophierte ein nicht weniger renommierter Gelehrter den Haupttitel seines Werkes über die Thermopylen mit dem Zusatz *The Battle that Changed the World.* Nicht nur iranische und chinesische Historiker dürften den Kopf schütteln über solche verkaufssteigernden Klischees einer fortschrittlichen westlichen Welt.

Aktuelle Klischees

13.5 Vertiefung

13.5.1 Johann Gottfried Herder über die Entwicklung des Perserreiches

Es ist ein hartes, aber gutes Gesetz des Schicksals, daß, wie alles Übel, so auch jede Übermacht sich selbst verzehre. Persiens Verfall fing mit dem Tode Cyrus' an, und ob es sich gleich, insonderheit Darius' Anstalten, noch ein Jahrhundert hin von außen in seinem Glanz erhielt, so nagte
5 doch in seinem Innern der Wurm, der in jedem despotischen Reich naget. Cyrus teilte seine Herrschaft in Statthalterschaften, die *er* noch durch sein Ansehen in Schranken hielt, indem er eine schnelle Kommunikation durch alle Provinzen errichtete und darüber wachte. Darius teilte das Reich, wenigstens seinen Hofstaat, noch genauer ein und stand auf seiner hohen
10 Stelle als ein gerechter und tätiger Herrscher. Bald aber wurden die großen Könige, die zum despotischen Thron geboren waren, tyrannische Weichlinge. Xerxes, selbst auf seiner schimpflichen Flucht aus Griechenland, da er auf ganz andre Dinge hätte denken sollen, begann schon zu Sardes eine schändliche Liebe. Seine meisten Nachfolger gingen diesem Weg
15 nach, und so waren Bestechungen, Empörungen, Verrätereien, Mordtaten, unglückliche Unternehmungen u.f. beinah die einzigen Merkwürdigkei-

ten, welche die spätere Geschichte Persiens darbeut (= darbietet). Der Geist der Edlen war verderbt, und die Unedlen verdarben mit; zuletzt war kein Regent seines Lebens mehr sicher; der Thron wankte auch unter seinen guten Fürsten, bis Alexander nach Asien brach und in wenigen Schlachten dem von innen unbefestigten Reich ein fürchterliches Ende machte. Zum Unglück traf dies Schicksal einen König, der ein besseres Glück verdiente; unschuldig büßte er seiner Vorfahren Sünde und kam durch schändliche Verrätereien um. Wenn *eine* Geschichte der Welt uns mit großen Buchstaben sagt, daß Ungebundenheit sich selbst verderbe, daß eine grenzen- und fast gesetzlose Gewalt die furchtbarste Schwäche sei und jede weiche Satrapenregierung sowohl für den Regenten als fürs Volk das unheilbarste Gift werde, so sagt's die persische Geschichte.

[...] Die Kriege mit den Persern machen die erste große Unterscheidung in der griechischen Geschichte. Sie waren von den asiatischen Kolonien veranlasst, die dem ungeheuren morgenländischen Eroberungsgeist nicht hatten widerstehen mögen und, an die Freiheit gewohnt, bei der ersten Gelegenheit dies Joch abzuschütteln suchten. Daß die Athenienser ihnen zwanzig Schiffe zur Hülfe sandten, war ein Obermut der Demokratie; denn Kleomenes, der Spartaner, hatte ihnen die Hülfe abgeschlagen, und mit ihren zwanzig Schiffen führten jene dem ganzen Griechenlande den wildesten Krieg zu. Indessen da er einmal geführt wurde, so war es zwar ein Wunder der Tapferkeit, daß einige kleine Staaten gegen zwei Könige des großen Asiens die herrlichsten Siege davontrugen; es war aber kein Naturwunder. Die Perser waren völlig außer ihrem Mittelpunkt; die Griechen dagegen stritten für Freiheit, Land und Leben. Sie stritten gegen sklavische Barbaren, die an den Eretriern gezeigt hatten, was auch ihnen bevorstünde, und nahmen daher alles zusammen, was menschliche Klugheit und Mut ausrichten konnte. Die Perser unter Xerxes griffen wie Barbaren an: Sie kamen mit Ketten in der Hand, um zu binden, und mit Feuer in der Hand, um zu verheeren; dies hieß aber nicht mit Klugheit fechten. Themistokles bediente sich gegen sie bloß des Windes, und freilich ist der widrige Wind auf dem Meer einer ungelenken Flotte ein gefährlicher Gegner. Kurz, der Persische Krieg ward mit großer Macht und Wut, aber ohne Verstand geführt, und so mußte er unglücklich enden. Gesetzt, daß auch die Griechen geschlagen und ihr ganzes Land wie Athen verwüstet worden wäre: Griechenland konnten die Perser von der Mitte Asiens her und bei dem inneren Zustande ihres Reiches dennoch nie behaupten, da sie Ägypten selbst mit Mühe behaupten konnten. Das Meer war Griechenlands Freundin, wie in anderm Sinn auch das Delphische Orakel sagte.
(Johann Gottfried Herder, *Ideen zur Philosophie der Geschichte der Menschheit*, 3. Teil, 12. Buch, Berlin/Weimar 1965, Berlin 2013, S. 353, 416)

13.5.2 Theodor Mommsen, Festrede am 20. März 1884 zur Feier des Geburtstages des Kaisers

Es ist uns mit jenen unseren geistigen Vorfahren wie vieles andere, so auch und vor allem das gemeinsam, dass die große nationale Entwicklung überall, bei den Griechen und den Römern wie nicht minder bei uns, eine Tochter der Not ist. Die enge und dumpfe Gemeinschaft, von der alle
5 Entwickelung ausgeht, der urwüchsige Partikularismus, wenn es gestattet ist ein modernes politisches Schlagwort auf sehr heterogene Bildungen anzuwenden, sind durch die frei schaffende Liebe allein nirgends überwunden, nirgends zur großen Gesamtentwicklung gesteigert worden. Im Erz steckt wohl das Gold wie das Eisen; aber die Macht des Feuers gehört
10 dazu um das Geld wie das Eisen darzustellen. Wie den Menschen nur die Not und der Drang des Lebens zum Manne schmiedet, wie die Individuen, welche die Gefahren und die Leiden des Daseins niemals an sich und in sich erfahren haben, nie das Leben beherrschen und nie des wirkenden Daseins volles Glück gewinnen werden, so erwächst auch den Nationen
15 die Ausgestaltung des Volkstums nur aus schwerem Kampf und wohlbestandener Gefahr.
Vielleicht nirgends tritt dies ausnahmslos die Geschichte beherrschende Gesetz mit solcher unmittelbaren Gewalt, mit solcher jugendlichen Wundermacht zu Tage wie in der Entwickelung der Hellenen. Die Epoche, in
20 welcher sie einen weltgeschichtlichen Faktor bilden, ist freilich kürzer gemessen als die jedes anderen im großen Sinne historischen Volkes; wie der Achilleus der Sage und der Alexander der Wirklichkeit, so ist auch geschichtlich der Hellenismus selbst jung gestorben, vor seiner Zeit zu Ende gegangen. Aber die Farbe und der Duft der Blume steht oft
25 zu ihrer Dauer im umgekehrten Verhältnis. Die Hellenen sind aus einzelnen Stämmen und Städten zum Volk umgeschaffen worden durch den Ansturm der Perser. Freilich können wir uns Hellas nicht denken ohne die Homerischen Gesänge an der ionischen Küste, nicht ohne die Solonische Grundlage freier bürgerlicher Ordnung, nicht ohne den straff gespannten
30 lakonischen Kriegerstaat; dies alles ist älter; aber dass dies alles ineinander schmolz und ohne sich aufzuheben sich paarte und mischte, das ist das Werk der Könige Dareios und Xerxes. Als die große Gefahr über Hellas hing, sagt Thukydides, und die zweite Invasion mit ihrer ungeheuren Übermacht im Anzug war, da stellten sich die Athener und nach ihnen
35 die übrigen Griechen Europas unter den Oberbefehl des militärisch mächtigsten Staates, des spartanischen, und also siegte Hellas über Persien bei Salamis, bei Plataä, bei Mykale. Und als sie gesiegt hatten, brachten sie den Hellenen der Inseln und der asiatischen Küste die Freiheit; um den Nationalfeind weiter abzuwehren, griffen sie ihn auf seinem Kontinent an,
40 und auf allen Küsten des Archipels wehte die siegreiche Flagge des neuen hellenischen Bundes. Nirgends ist so, wie bei dieser grandiosen Einführung der hellenischen Einheit, die Vereinigung der einzelnen Stämme gegen den gemeinsamen Feind unmittelbar zum Nationalstaat geworden.

(T. Mommsen, *Reden und Aufsätze*, hrsg. v. Otto Hirschfeld, ND der Ausg. 1904, Bremen 2012, S. 123 f.)

13.5.3 Eduard Meyer über Persien und den Orient

Auch dem herrschenden Volke, den Persern, so lebensfrisch sie unter Kyros in die Geschichte eingetreten sind, so energisch sie dann unter seinen Nachfolgern die Ausbreitung ihres Volkstums und in noch weiterem Umfang die ihrer geläuterten Religion betreiben, ist es im Grunde
5 doch nicht anders gegangen. Das Perserreich ist zwar ein Kulturstaat, aber den Kulturen, welche es umschließt, fehlt das höchste, was eine Kultur zu bieten vermag: ein frisches selbstständiges Leben, eine Verbindung fester Ordnungen und dauernder Errungenschaften der Vergangenheit mit der freien, vorwärts dringenden und neues schaffenden Bewegung der Indi-
10 vidualität. So hat der Orient seit der Perserzeit aus sich selbst nichts mehr zu schaffen vermocht: er stagniert, und er würde, wären nicht von außen neue Elemente hineingetragen worden, wäre er dauernd sich selbst überlassen geblieben, wohl seine äußere Gestalt im Laufe der Jahrhunderte wieder und wieder geändert, aber schwerlich je irgend etwas neu erzeugt
15 noch einen Schritt getan haben, der innerlich über das Erreichte hinaus geführt hätte.
(E. Meyer, *Der Gang der Alten Geschichte: Hellas und Rom*, in: ders., Kleine Schriften Bd. 1, 2. Aufl. Halle 1924, S. 216)

13.5.4 Aufgaben und Anregungen

- Erläutern Sie die Aspekte, die laut Herder (Text 13.5.1) den Misserfolg der Perser erklären.
- Vergleichen Sie diese mit den geschichtsphilosophischen Erklärungen Herodots vom Aufstieg und Untergang großer Mächte (Kap. 1) und den Deutungen des Aischylos (Kap. 11).
- Formulieren Sie die Generalthese Mommsens (Text 13.5.2) über die Bedingungen der Nationenbildung. Erklären Sie, welche Rolle die Perserkriege in Mommsens Argumentation spielen.
- Was war nach Eduard Meyer (Text 13.5.3) der entscheidende Grund für die Schwäche Persiens? Vergleichen Sie seine Thesen mit denen Herders (Text 13.5.1).

Vorschläge für begleitende oder ergänzende Referate (max. 15 Minuten):
- Stellen Sie mit Hilfe von Jung 2006, S. 225–381 die antike Deutungsgeschichte der Schlacht von Plataiai vor und arbeiten Sie heraus, inwieweit diese sich inhaltlich von Marathon unterscheidet (für 2 Kandidaten).
- Geben Sie an Hand von Jung 2006, S. 181 ff. einen Überblick über die Entstehung der in der Neuzeit so prominenten Geschichte vom Marathon-Lauf.
- Stellen Sie die Komposition und den zeitgenössischen Kontext des Bildes „Léonidas aux Thermopyles" von Jacques-Louis David (1814) vor mit Hilfe von Albertz 2006, S. 124–144.

13.5.5 Lektüreempfehlungen

Forschungsliteratur

M. Albertz, *Exemplarisches Heldentum. Die Rezeptionsgeschichte der Schlacht an den Thermopylen von der Antike bis zur Gegenwart*, München 2006 (*Ausführliche Auseinandersetzung mit der Rezeptionsproblematik der Thermopylen. Instruktiv sind vor allem die Kapitel II zur französischen Deutung im Umfeld der Revolution und III zur deutschen Deutung bis zum Zweiten Weltkrieg*).

H. J. Gehrke, *Marathon (490 v. Chr.) als Mythos: Von Helden und Barbaren*, in: G. Krumeich/S. Brandt (Hg.), *Schlachtenmythen. Ereignis – Erzählung – Erinnerung*, Köln u. a. 2003, S. 19–32 (*Knapper Überblick über die wesentlichen Entwicklungslinien mit kurzem Ausblick auf die Neuzeit*).

M. Jung, *Marathon und Plataiai. Zwei Perserschlachten als „lieux de mémoire" im antiken Griechenland*, Göttingen 2006 (*Eingehende Darstellung der Rezeption der beiden Schlachten unter Berücksichtigung sämtlicher archäologischer und literarischer Quellen bis in die Zeit der römischen Herrschaft*).

E. Meyer-Zwiffelhoffer, *Orientalismus? Die Rolle des Alten Orients in der deutschen Altertumswissenschaft und Altertumsgeschichte des 19. Jahrhunderts (ca. 1785–1910)*, in: R. Rollinger/A. Luther/J. Wiesehöfer (Hg.), *Getrennte Wege? Kommunikation, Raum und Wahrnehmung in der Alten Welt*, Frankfurt am Main 2007, S. 501–594 (*Problemorientierte Darstellung der Rolle, die der „Alte Orient" als Forschungsobjekt seit dem 18. Jahrhundert in Deutschland spielte, dabei auch prominente Berücksichtigung des Perserreichs*).

S. Rebenich, *Leonidas und die Thermopylen. Zum Sparta-Bild in der deutschen Altertumswissenschaft*, in: A. Luther/M. Meier/L. Thommen (Hg.), *Das frühe Sparta*, Stuttgart 2006, S. 193–215 (*Souveräner Einblick in die Rezeption Spartas seitens der deutschen Altertumswissenschaft. Kann gut als Ergänzung zu Meier 2010 und Meyer-Zwiffelhoffer 2007 gelesen werden).*

J. Wiesehöfer, *‚Denn es sind welthistorische Siege …'. Nineteenth and Twentieth-Century German Views of the Persian Wars*, in: A.C. Gunter u. a. (Hg.), *The Construction of the Ancient Near East*, Kopenhagen 1992, S. 61–83 (*Klar gegliederter Überblick mit Auszügen relevanter Texte*).

14 Was wäre geschehen – wenn die Perser gesiegt hätten? Der Wert kontrafaktischer Überlegungen für die historische Beurteilung der Perserkriege

> Wäre Griechenland die westlichste Provinz Persiens geworden, wären aus seinen bäuerlichen Familienbetrieben Güter des Großkönigs geworden. Die öffentlichen Gebäude der Agora wären in überdachte Basarläden umgewandelt worden. [...] In einem persischen Griechenland wären die Volksversammlungen bloße Marionettengremien zur besseren Beschaffung von Menschen und Geld für den Herrscher gewesen.
> (Victor David Hanson 1999)

> Es wäre denkbar, daß die Perser die Geistesfreiheit ebenso geschont hätten wie zuvor in den Griechenstädten Kleinasiens. Selbst demokratische Stadtverfassungen waren möglich. [...] In einem toleranten und entwicklungswilligen Weltreich wie dem Achaimenidenstaat vereint, wäre den Griechen all das Bürgerblut erspart geblieben, das sie nach dem Ende der Perserkriege vergossen haben.
> (Alexander Demandt 1991)

Wie kann es sein, dass zwei renommierte Gelehrte die möglichen Folgen eines persischen Sieges so unterschiedlich beurteilen: einmal als ein Triumph östlicher Despotie und einmal als Erfolg eines toleranten Herrschers, der den Griechen nicht nur die Freiheit des Denkens und ihrer Verfassungen gelassen, sondern ihnen auch noch die vielen Opfer erspart hätte, welche die zahllosen Kriege untereinander nach dem Abflauen der Kämpfe gegen Persien kosteten? Doch ist es überhaupt sinnvoll, über etwas nachzudenken, was nicht eingetreten ist? Sollte man sich lieber an die Fakten halten als über das zu spekulieren, was nie passiert und deshalb auch nicht zu rekonstruieren ist?

14.1 Vom Sinn und Wert kontrafaktischer Fragestellungen

Jede Beurteilung der Perserkriege hängt und hing immer auch von der Frage ab, was eigentlich gewesen wäre, wenn nicht die Griechen, sondern die Perser gesiegt hätten. Die am Abwehrkampf beteiligten Griechen selbst haben mit relativ einfachen Formeln geantwortet, wenn sie davon sprachen, dass sie ihre Freiheit gegen die monarchische Despotie verteidigt hätten. Denn das impliziert ja, dass die Perser im Falle eines Erfolges ihr Regierungs- und Herrschaftsmodell auf das besiegte Griechenland übertragen hätten. Auch die spätere Rezeptionsgeschichte ist dieser Deutung vielfach gefolgt. Erst die historische Forschung des 20. Jahrhunderts sah genauer hin und suchte sich von allzu schnellen (und einfachen) Pauschalurteilen zu lösen.

Einfache Antworten der Griechen

Ohne dass man es jedes Mal mitbedachte, bewegte man sich dabei innerhalb eines Argumentationsverfahrens, das man als „kontrafaktische Geschichte" bezeichnet. Hiermit ist eine Denkform gemeint, die eigentlich jeder Historiker bei der Rekonstruktion der Vergangenheit immer wieder – aber meist unbewusst – anwendet, ohne sich jedes Mal über die methodischen Voraussetzungen Rechenschaft abzulegen. Wenn man Entscheidungssituationen und folgenreiche „Wegmarken" der Geschichte beurteilt, dann tut man das häufig vor dem Hintergrund möglicher Alternativen. Wenn man diese Alternativen dann unter Beachtung der Handlungsmotive und Ausgangsfakten und nach dem Kriterium historischer Plausibilität versuchsweise zu einem eigenständigen historischen Szenario ausweitet, dann entsteht eine Geschichte, die zwar nicht mit den tatsächlich abgelaufenen Ereignissen übereinstimmt, also in diesem Sinne kontrafaktisch („gegen das Geschehene") ist; sie bewahrt aber insofern einen engen und nicht auflösbaren Bezug zur vergangenen Realität, als sie von den gleichen Voraussetzungen ausgeht und lediglich den Ablauf der Ereignisse ab einer bestimmten Entscheidungskonstellation in eine andere Richtung laufen lässt. Schon Herodot wandte dieses Verfahren an, als er den herausragenden Anteil der Athener am Erfolg gegen Kritiker dadurch zu verteidigen suchte, dass er die Folgen skizzierte, die sich ergeben hätten, wenn die Athener ein persisches Friedensangebot angenommen hätten (sog. Athenerpassus, Quelle 14.4.1, Hdt. 8,139, vgl. Weber 2000, S. 11–13).

Alternative Szenarien

Kontrafaktische Überlegungen bleiben zwar selbst angewandt auf ein historisches Ereignis (das an sich viele Möglichkeiten hätte bieten können) spekulativ; sie sind insofern anfällig für subjektive politische oder ideologische Wertungen. Diesen kann man dadurch begegnen, dass man Alternativszenarien stets „im Bereich einer

Realistische Wahrscheinlichkeit

14.1 Vom Sinn und Wert kontrafaktischer Fragestellungen — 205

realistischen Wahrscheinlichkeit" (Fürst 2014, S. 35) und innerhalb eines historischen Bedingungsrahmens entwickelt, der durch die möglichst genaue und wertfreie Ermittlung der kurz- und langfristigen Voraussetzungen, Ausgangsdaten sowie der situativen Umstände und Akteure eines Augenblickes der Entscheidung gebildet wird. Dabei muss es sich bei der Ausgangssituation kontrafaktischer Überlegungen keineswegs immer um persönliche, von Menschen vollzogene („subjektive") Entscheidungen im engeren Sinne handeln, viel häufiger stehen („objektive") Entscheidungen zur Disposition, die zwar von Menschen gesucht und herbeigeführt werden, deren Ausgang aber von äußeren Umständen und Konstellationen abhängig sind, welche die Akteure (geschweige denn ein Einzelner) nur bis zu einem gewissen Grade beeinflussen konnten. Ein typischer Fall eines solch komplexen Augenblicks der Entscheidung mit weitreichenden Folgen wäre z. B. ein „Gottesurteil" oder eine „Schlachtentscheidung", im Falle der Perserkriege also die Kämpfe bei Marathon, Salamis und Plataiai. Die Anwendung kontrafaktischer Überlegungen eignet sich bei solchen Szenarien besonders gut, da der Grad an Zufälligkeit und Entwicklungsoffenheit bei militärischen Auseinandersetzungen naturgemäß besonders hoch ist und sich die Griechen selbst sehr wohl bewusst waren, dass die Schlachtentscheidungen im wahrsten Sinne des Wortes auf Messers Schneide standen.

Um die Folgen einer gegenüber dem realen Geschehen alternativen Entscheidung – in diesem Falle also eines Sieges der Perser – plausibel zu bestimmen, wendet der Historiker sehr häufig mangels unmittelbarer Überlegungen und Erklärungen der Quellen ein Verfahren an, das ebenfalls im weitesten Sinne auf kontrafaktischen Argumentationen aufbaut und diese mit Plausibilität füllt, nämlich die Analogie (vgl. Fürst 2014, S. 37 ff.). Um herauszufinden, wie sich ein persischer Sieg auf die Gestaltung der Herrschaftsverhältnisse, *Analogien* die Entwicklung von Wirtschaft, Politik und Kultur in Griechenland ausgewirkt hätte, sucht man nach vergleichbaren, wirklich eingetretenen Fällen der Herrschaftsgestaltung nach einem Sieg, über die wir belastbare Informationen besitzen, in der Hoffnung, die in diesen Fällen rekonstruierbaren Methoden und Folgen bis zu einem gewissen Grad auf die griechischen Verhältnisse übertragen zu können. Hierbei ist freilich ein behutsames Vorgehen vonnöten, das sehr genau prüft, inwieweit es Verbindungen und Gemeinsamkeiten zwischen dem zu rekonstruierenden kontrafaktischen

Szenario in Griechenland und dem realen Fallbeispiel gibt, das als Ausgangspunkt dienen soll. Diese Gemeinsamkeiten könnten etwa geographische Gegebenheiten sein: Griechenland lag aus Sicht der Perser am westlichen Rande ihres Herrschaftsraums, verbunden durch das Meer und die makedonisch-thrakische Landschaft; dementsprechend sind besonders solche Analogieschlüsse aussagekräftig, die sich nicht etwa auf Territorien nahe der persischen Zentrale, sondern ebenfalls am Rande des Reiches, gegebenenfalls im fernen Osten (Indien) oder Süden (Arabien) beziehen. Da es in Griechenland südlich Makedoniens keine monarchischen Territorialreiche, sondern unabhängige Stadtstaaten gab, wäre zusätzlich ein Vergleichsobjekt heranzuziehen, das z. B. wie Phönikien oder der Indusraum ähnliche politische Strukturen aufwies. Ein drittes Kriterium wären die Wirtschaft und der Handel. Die Griechen zeichneten sich durch ihre rege Handelstätigkeit zumal über das Meer aus, der das Perserreich – wie wir wissen (vgl. Kap. 5: Der Ionische Aufstand) – selbst in Kriegszeiten keine Schranken setzte, sondern von der es zu profitieren suchte: fiskalisch in Form von Abgaben (Zöllen) sowie militärisch in Form der Abstellung von Kriegsschiffen und Mannschaften für die persische Flotte. Auch dieser Aspekt weist auf Gebiete wie Phönikien oder Zypern, aber natürlich auch auf die kleinasiatischen Griechen, die eine ähnliche Bedeutung für die Perser besaßen und aus deren Analyse man plausible Rückschlüsse für eine Behandlung der Festlandsgriechen im Falle eines persischen Sieges ableiten könnte.

14.2 Der Charakter der persischen Herrschaft

Nimmt man all diese Kriterien zusammen, so bleibt von der alten Annahme einer politischen, kulturellen und wirtschaftlichen Totalunterwerfung, gewissermaßen im Sinne einer tabula rasa oder einer „Stunde Null", wenig übrig. Schon der Ionische Aufstand hatte gezeigt, dass die Perser selbst gegenüber Aufständischen, die mit Gewalt unterworfen werden mussten, nur punktuell konsequent durchgriffen und die Rebellen bestraften. Diese Bestrafung führte aber keineswegs zur Auslöschung des Gemeinwesens oder gar zur völligen Aufgabe städtischer Selbstverwaltung. Vielmehr waren die Perser (im eigenen Interesse) sogar bereit, einmal eingeleitete oder von den Betroffenen erwünschte innenpolitische Entwicklungen wie die Isonomie zu fördern, solange die Städte außenpolitisch loyal blieben und ihre Tribute entrichteten. Gleichermaßen konnte man das für die persische Flotte so wichtige maritime Potential der Küstenstädte – auch dies zeigen nicht nur die kleinasiatischen, sondern auch die phönikischen und zypriotischen Beispiele – angesichts der maritimen und nautischen Fertigkeiten, die der Seekrieg verlangte, nur dann effektiv ausschöpfen, wenn man den betroffenen Poleis recht weitgehende Autonomie und Entwicklungsspielräume zubilligte. Und was schließlich die Wirtschaft angeht, so konnte es gar nicht im Interesse der Perser liegen, das ohnehin karge Griechenland so ausbluten zu lassen, dass kaum noch Tribute zu erwarten waren; d. h. die Art der Behandlung des besiegten Gegners musste sich immer auch an dem zu erwartenden und erhofften Ertrag der Herrschaftsausdehnung messen lassen.

Dieser Gedanke führt erneut zu der Frage, was denn eigentlich die Ziele der Perser in Bezug auf Griechenland waren. Könnte es sein, dass man sich – wie schon in Makedonien und Thrakien – nur auf diejenigen Gebiete konzentrieren wollte, die vergleichsweise reiche natürliche Ressourcen besaßen und deren Lage für die Sicherung der handelspolitisch und fiskalisch so wichtigen Ägäis eine herausragende Bedeutung hatten? Das würde immerhin zum Teil erklären, warum neben den agrarisch und maritim bedeutenden Poleis Euböas und einiger Kykladen (Naxos!) immer wieder das silberreiche Athen Angriffsziel der Perser war, während die Spartaner so lange brauchten, bis sie sich zu Abwehrmaßnahmen aufrafften. Dass sie zur Abwehr des Xerxesfeldzuges die Führung innerhalb des Hellenenbundes übernehmen, könnte mit einer Fehleinschätzung der persischen Ziele oder mit der Tatsache zusammenhängen, dass die persische Invasion wie so viele militärische Operationen der Geschichte eine Eigendynamik gewann, die anfangs gar nicht eingeplant war, von der sich dann aber die persischen Strategen im Felde nicht mehr lösen konnten.

Ziele in Griechenland

In den gleichen Zusammenhang militärischer Ziele und Ressourcenausschöpfung gehört schließlich auch die von der Forschung jüngst aufgeworfene Frage, wie man sich eigentlich die Organisation der Herrschaft in dem so weit von der Zentrale entfernten Gebiet mit einer so heterogenen politischen Struktur vorzustellen hat. Ist es wirklich plausibel von der Einrichtung einer neuen Satrapie auszugehen, oder liegt es – auch mit dem vergleichenden Blick auf andere Imperien der Weltgeschichte – nicht

Indirekte Herrschaft? näher, indirekte Herrschaftsformen anzunehmen, die den Betroffenen unter Führung perserfreundlicher Repräsentanten ein gewisses Maß an Autonomie und Entfaltungsspielräumen beließen, aber dennoch mit dem Weltherrschaftsanspruch der Könige zu vereinbaren waren (Wiesehöfer 2013, S. 281 f.; Rollinger 2014a, S. 109)? Abgesehen von den strategisch-politischen Erwägungen – besaßen die Perser überhaupt die militärischen und administrativen Ressourcen, die mit der Einrichtung einer Satrapie und der Sicherung des traditionell politisch unruhigen griechischen Festlandes notwendig verbunden gewesen wären (vgl. Wiesehöfer 2013, S. 281 f.), oder hätten der Aufwand und das Risiko (erfahrungsgemäß neigten weit entferne Satrapen zur Rebellion) den zu erwartenden Nutzen unverhältnismäßig weit überstiegen?

14.3 Die langfristigen Folgen eines persischen Sieges

Das in einen kontrafaktischen Zusammenhang eingeordnete Vergleichsmaterial deutet in jedem Falle daraufhin, dass ein persischer Sieg keineswegs – wie es die griechischen Quellen suggerieren – eine alle Freiheiten erstickende Despotie heraufbeschworen hätte, sondern auf eine recht maßvolle und auf den beiderseitigen Nutzen bedachte (indirekte) Herrschaft hinausgelaufen wäre. Freilich wird man auch nicht in das andere Extrem fallen und in einem persischen Sieg den Beginn einer segensreichen Zeit erkennen wollen: das Ende des selbstzerstörerischen Haders und der innergriechischen *Staseis* unter der Wohlfahrt eines gütigen Weltregenten. So hat die Forschung zu Recht darauf hingewiesen, dass die viel zitierte religiöse Toleranz der Perser kein spezifisches **Grenzen persischer „Toleranz"** Merkmal ihrer Herrschaft war, sondern an altorientalische Traditionen anknüpfte und sich an den jeweiligen machtpolitischen Gegebenheiten orientierte (vgl. auch Kap. 2). Auch wird man nicht vergessen, dass die Perser sehr wohl in der Lage und willens waren, hart durchzugreifen, wenn Anzeichen des Widerstandes erkennbar wurden, etwa indem sie große Teile der Städte zerstörten und deren Bevölkerung in das Innere ihres Reiches oder in Grenzregionen verschleppten.

Besonders schwer zu bestimmen ist vor diesem Hintergrund die historisch wohl wichtigste und immer wieder heiß diskutierte

Frage, ob denn ein persischer Sieg in Griechenland die Weiterentwicklung Athens zur Demokratie und deren kulturelle Blüte auf den verschiedenen Gebieten der Literatur, dramatischen Dichtung, Rhetorik und Philosophie verhindert hätte. Die Beantwortung dieser Frage hängt davon ab, inwieweit man den griechischen Sieg und deren machtpolitische Folgen in Form des Seebundes und der Flottenpolitik als unabdingbare Voraussetzung der „vollendeten Demokratie" sieht oder nicht. Diejenigen, die einen solchen Kausalzusammenhang zwischen Seekrieg und Seebund auf der einen und Demokratie auf der anderen Seite erkennen (vgl. Kap. 11: Die Fortführung des Perserkrieges), werden argumentieren, dass der persische Sieg tatsächlich die Genese einer der bedeutendsten Errungenschaften westlicher Staatsformen verhindert hätte. Wer dagegen – wie vor allem amerikanische Forscher – zu bedenken gibt, dass sich bereits die Isonomie des Kleisthenes vor den Perserkriegen zu einer stabilen Demokratie entwickelt habe, und auf außerathenische Demokratien wie die von Syrakus verweist, wird einen solchen Zusammenhang bezweifeln. Ähnliches gilt für den kulturellen Bereich. Zweifellos sind *Die Perser* des Aischylos nur vor dem Hintergrund einer persischen Niederlage denkbar, aber erstens gab es die Tragödie als dramatische Aufführungsform bereits vor den Perserkriegen und wer will zweitens ausschließen, dass sie sich im Falle eines persischen Sieges nicht (wie dies schon Phrynichos, der Vorgänger des Aischylos, getan hatte) der griechischen Niederlage oder anderer Themen angenommen hätte, die genauso tiefgründig durchzuspielen gewesen wären wie die Konflikte der bekannten Mythen. Und was die Philosophie angeht, so verweisen manche Forscher darauf, dass diese nicht erst nach den Perserkriegen in Athen begann, sondern ihre erste große Blüte in den kleinasiatischen Städten unter persischer Herrschaft erlebte. Allerdings fiel sie dort dann deutlich gegenüber den Entwicklungen auf der griechischen Halbinsel zurück und konnte auch im Laufe des 5. Jahrhunderts nicht mehr an ihre originelle Kreativität anknüpfen, die sie anfangs so ausgezeichnet hatte.

Politische und kulturelle Entwicklung in Griechenland

Man kann diese Gedankenspiele mit jeweils guten Argumenten auf weitere Felder ausdehnen und weiterspinnen. Endgültige und allseits akzeptierte Ergebnisse – das liegt in der Natur kontrafaktischer Historie – sind dabei nicht zu erwarten, aber dies kann und will auch gar nicht das Ziel der angestellten Überlegung sein. Entscheidend ist, dass sie dazu zwingt, eingefahrene und scheinbar

Perspektivwechsel evidente Selbstverständlichkeiten vor dem Hintergrund plausibler Schlussfolgerungen zu überdenken. Der Perspektivwechsel verschafft Argumente, um sich gegen klischeehafte Pauschalurteile zu wappnen und allzu einseitige Zerrbilder der Geschichte auch im Sinne von Ideologiekritik zu korrigieren. Man wird schließlich dazu angehalten, die scheinbar selbstverständlichen Voraussetzungen und Bedingungen realer Abläufe noch einmal genauer und unvoreingenommen zu durchleuchten. Diese Fähigkeit macht kritische Geschichtsforschung aus – und nicht nur in dieser Hinsicht sind die Perserkriege nach wie vor offen für plausible Deutungen und neue Erkenntnisse.

14.4 Quellenvertiefung

14.4.1 Der sog. Athenerpassus bei Herodot (7,139)

Jetzt muß ich offen meine Meinung sagen, so unangenehm sie den meisten Menschen ist; dennoch will ich damit nicht hinter dem Berge halten, soweit es mir wahr zu sein scheint. Hätten die Athener die einbrechende Gefahr gefürchtet und ihre Heimat verlassen, oder hätten sie sie auch
5 nicht verlassen, sondern wären daheimgeblieben und hätten sich Xerxes ergeben, dann hätte es niemand versucht, dem König zur See entgegenzutreten. Wenn sich nun zur See Xerxes niemand entgegengestellt hätte, wäre auf dem Festland folgendes eingetreten: Wenn auch die Peloponnesier noch so viele Brustwehren von Mauern über den Isthmos gezogen
10 hätten, dann wären die Lakedaimonier doch von ihren Bundesgenossen, zwar nicht gern, aber gezwungen im Stich gelassen worden, da die Flotte der Barbaren eine Stadt nach der andern eingenommen hätte. Alleingelassen aber hätten sie selbst nach tapferen Taten ruhmvoll den Tod gefunden. Entweder wäre es ihnen so ergangen, oder vielleicht hätten sie sich
15 auch mit Xerxes verständigt, wenn sie vorher gesehen hätten, daß auch die andern Griechen persisch gesinnt waren. Und so wäre in beiden Fällen Griechenland unter die Gewalt der Perser gekommen; denn ich kann den Nutzen der über den Isthmos gezogenen Mauern nicht verstehen, wenn der König das Meer beherrschte. Wenn aber jetzt einer die Athener als die
20 Retter Griechenlands bezeichnet, so gibt er der Wahrheit nur die Ehre. Der Verlauf der Dinge hing einzig und allein davon ab, auf welche Seite sie sich stellten. Da sie die Erhaltung der Freiheit Griechenlands wählten, so waren sie es, die das ganze übrige Griechenland zum Widerstand aufrüttelten, soweit es nicht persisch gesinnt war, und den König, natürlich erst nach
25 den Göttern, zurückdrängten. Nicht einmal konnten sie schreckliche Orakelsprüche aus Delphi, die ihnen Furcht einjagten, dazu bestimmen, Grie-

chenland zu verlassen. Sie harrten aus und nahmen getrost den Angriff der Feinde an, die gegen das Land anrückten.
(Übers.: J. Feix)

14.4.2 Was wäre geschehen, wenn die Perser gesiegt hätten – Stimmen aus der Forschungsliteratur

Oft ist die Frage aufgeworfen, was geschehen wäre, wenn Hellas 480 von Persien unterworfen worden wäre. Man hat wohl auf das Schicksal der kleinasiatischen Griechen verwiesen, deren kulturelles und wirtschaftliches Leben das milde persische Regiment nicht gebrochen hat. Hätte
5 nicht auch das mutterländische Griechentum unter ihm ein glückliches Dasein führen können, friedlicher und blühender vielleicht als jetzt [nach den Perserkriegen], wo es von ständigen Kämpfen heimgesucht wurde? Hätte es nicht auch seine Kultur frei entfalten können, auch wenn Persien, seiner gewohnten Politik getreu, gewiss den Einfluss Delphois mit allen
10 Mitteln gefordert hätte? Ich glaube nicht, dass wir die Frage so einfach beantworten dürfen. Die Struktur des hellenischen Raumes war durch die Polis bestimmt. Die Polis aber war nur in der Freiheit imstande, ihre besten Kräfte zu entwickeln. Gerade das Schicksal der kleinasiatischen Griechen beweist es, deren wirtschaftliche Blüte keine gleichwertigen kulturellen
15 Leistungen mehr gezeigt hat und deren Schöpfungen, von einer einsamen Gestalt abgesehen [gemeint ist offenbar Herodot], nichts mehr mit dem Ethos und der stolzen Kraft des Mutterlandes gemein haben. Diese Freiheit wurde zunächst durch den Sieg gerettet. Höher aber noch sind die Kräfte zu werten, die erst durch das Erleben dieser großen Zeit ausgelöst wurden.
20 Sie hat alle Keime drängenden Lebens zu neuer Entfaltung gebracht, das schon in der spätarchaischen Periode die Fesseln archaischer Bindung zu sprengen suchte. Sie hat das Wesen eines ganzen Volkes umgestaltet, hat es zu seiner weltgeschichtlichen Bestimmung empor geführt.
(F. Taeger, *Das Altertum. Geschichte und Gestalt der Mittelmeerwelt*, 5. Aufl. Stuttgart 1953. S. 269)

Die Perser waren keine Hunnen, auch keine Assyrer, und nichts lag ihnen ferner, als die Kultur und Gesittung ihrer Untertanen niederzutrampeln und ihre Zivilisation auszulöschen. Deshalb kann auch gar kein Zweifel sein, dass es bei einer griechischen Niederlage mit Griechenland und seiner
5 Gesittung nicht zu Ende gewesen wäre. Eine persische Oberherrschaft war mit der Möglichkeit einer binnengriechischen Geschichte durchaus verträglich, und etwa den griechischen „Geist" willentlich in Fesseln zu schlagen, stand keineswegs im persischen Programm. Schließlich haben die großen ionischen Philosophen zu einem erheblichen Teil als persische
10 Untertanen gelebt. Die Alternative von Sein und Nichtsein ist also gewiss falsch, und sie wird noch falscher angesichts der Wahrscheinlichkeit, dass

die persische Herrschaft sich auf die Dauer in der griechischen Randzone nicht hätte halten können. Es ist anderswo ja ähnlich gewesen, und selbst ein Land wie Ägypten, das dem persischen Herrschaftszentrum räumlich näher lag und materiell ein viel größeres Gewicht besaß, hat während der Geschichte des persischen Weltreiches für längere Zeit seine Unabhängigkeit wiedergewinnen können. Freilich ist es, wie immer bei solchen hypothetischen Erwägungen, viel leichter, ein negatives Urteil zu fällen und zu sagen, was nicht gewesen wäre, als den positiven Verlauf der Geschichte unter einer fiktiven Bedingung sich auszumalen. [...] Man muss bei solchen Erwägungen bescheidener sein und darf eigentlich nur denjenigen Faktor aufs Korn nehmen, der in verhältnismäßig eindeutiger Weise mit der Alternative von griechischem Sieg oder griechischer Niederlage verknüpft ist. Da gibt es ein kaum zu leugnendes Kausalverhältnis zwischen den Ereignissen von 490/80 und der Größe Athens. Wenn die Griechen damals unterlegen wären, hätte Athen gewiss nicht aufgehört zu existieren, aber bestimmt wäre auch nicht das Athen des 5. Jahrhunderts zustande gekommen, und alle wesentlichen Bedingungen für seine damals begründete zentrale Stellung innerhalb des Griechentums wären entfallen. Die attische Tragödie hätte es dann höchstwahrscheinlich nicht gegeben, und ebenso wenig wäre anzusehen, wie seine stilbildende Kraft in Kunst und Literatur und überhaupt in der ganzen Gesittung sich in einem durch die Perser gedemütigten und der materiellen Mittel entblößten Athen hätte äußern können.
(A. Heuß, *Hellas.* In: *Griechenland – Die hellenistische Welt.* Propyläen Weltgeschichte, hrsg. von G. Mann und A. Heuß, Nachdr., Bd. 3,1. Frankfurt/M. u. a. 1976. S. 240 f.)

Vielleicht haben wir vergessen, was Hegel wußte: Wäre Griechenland die westlichste Provinz Persiens geworden, wären aus seinen bäuerlichen Familienbetrieben Güter des Großkönigs geworden. Die öffentlichen Gebäude der Agora wären in überdachte Basarläden umgewandelt worden, und die freien Bauern und Hopliten wären zu bezahlten Stoßtrupps neben den „Unsterblichen" des Xerxes geworden. Anstelle der griechischen Philosophie und Wissenschaft hätte es nur die offiziell geförderten Künste der Prophezeiung und Astrologie gegeben, die Anhängsel der königlichen oder religiösen Bürokratien waren und nichts mit rationalem Denken und Forschen zu tun hatten. In einem persischen Griechenland wären die Volksversammlungen bloße Marionettengremien zur besseren Beschaffung von Menschen und Geld für den Herrscher gewesen, Geschichtsschreibung hätte sich auf die offiziellen Verlautbarungen und Verfügungen des Großkönigs beschränkt, und die ernannten örtlichen Funktionsträger wären Sprachrohre des Satrapen („Beschützer der Macht") und der Magi gewesen. Die Griechen mochten ihren General Themistokles später bestrafen oder in die Verbannung schicken, hätten die Perser das gleiche mit Xerxes getan, wäre er getötet und verstümmelt worden. So erging es jedenfalls dem ältesten Sohn des Pythias von Lydien, der mitten entzwei gehauen wurde; seine beiden Körperhälften wurden an den Straßenrand gelegt, so daß das königliche Heer zwischen ihnen hindurchmarschierte. Das war der

Preis, den Pythias zahlen mußte, weil er es gewagt hatte, Xerxes um die Freistellung eines seiner fünf Söhne vom Militärdienst zu bitten. Entgegen den Annahmen der neueren Forschung waren die Städte des persischen Reiches keineswegs Stadtstaaten. Wir würden heute in einer völlig anderen Tradition leben – Schriftsteller wären vom Tode bedroht, Frauen verschleiert und aus dem öffentlichen Leben verbannt, die Meinungsfreiheit wäre eingeschränkt, die Regierung läge in Händen autokratischer Großfamilien, die Universitäten wären bloße Zentren des religiösen Fanatismus, und die Gedankenpolizei wäre in unseren Wohn- und Schlafzimmern gegenwärtig –, wenn Themistokles und seine Ruderer gescheitert wären.
[...]
Es gibt ein Nachspiel zu Salamis, das nur allzu häufig vergessen wird. Der Sieg der Griechen hat wahrscheinlich den Westen gerettet, weil er verhinderte, daß das Griechentum nach nur zweihundert Jahren Poliskultur unterging. Aber was noch bedeutsamer ist: Der Sieg war der Katalysator für eine grundlegende Erneuerung der athenischen Demokratie. Wie Aristoteles mehr als hundertfünfzig Jahre später in seinem Werk *Politeia* feststellte, übernahm eine ehemals durchschnittliche griechische Polis, die gerade das Experiment durchgeführt hatte, auch den armen Athenern das Wahlrecht zu geben, plötzlich die kulturelle Führung in Griechenland.
[...]
Wie immer wir die Stärken oder Gefahren der heutigen westlichen Kultur einschätzen – Demokratie von Konsumenten, Ausweitung von Rechten, Abbau von Verantwortlichkeiten der Bürger –, diese flexible, dynamische Tradition ist jedenfalls dem Sieg des Themistokles bei Salamis geschuldet. Ende September 480 retten Themistokles und seine armen Athener nicht nur Griechenland und die aufkeimende westliche Zivilisation vor den Persern, sondern stellen auch die Weichen neu: für einen egalitär ausgerichteten, rastlosen und sich ständig verändernden Westen, der sich zu einer Gesellschaft entwickelte, die mehr oder weniger noch heute die unsrige ist.
(V. D. Hanson, *Kein Ruhmesblatt für die Griechen. Die Perser gewinnen bei Salamis, 480 v. Chr.*, in: R. Cowley, Was wäre gewesen, wenn? Wendepunkte der Weltgeschichte, München 2002, S. 32–33, 48, 51)

14.4.3 Fragen und Anregungen

- Fassen Sie die wesentlichen Argumentationslinien Herodots zusammen.
- Erläutern Sie, zu welchem Zweck Herodot seine (kontrafaktischen) Überlegungen anstellte.
- Erläutern Sie, nach welchen inhaltlichen Kriterien und mit welchen Argumenten Taeger und Heuß die möglichen Folgen eines persischen Sieges zu bestimmen suchen.

- Suchen Sie die argumentativen und methodischen Unterschiede zwischen Heuß und Hanson herauszuarbeiten.
- Vergleichen Sie das Perser- und Griechenbild, das die modernen Autoren ihren Erklärungen zugrunde legen.
- Erklären Sie, welche kulturelle bzw. historische Konstellation Hanson bei der Darstellung der Welt nach einem persischen Sieg unausgesprochen vorschwebt. Nehmen Sie kritisch Stellung zum Text von Hanson.

14.4.4 Lektüreempfehlungen

Quellen   Herodot, *Historien*. Deutsche Gesamtausgabe. Übersetzt von A. Horneffer. Neu herausgegeben und erläutert von H.W. Haussig, 4. Aufl. Stuttgart 1971.
Herodot, *Historien*. 2 Bde., hrsg. von J. Feix, 3. Aufl. München 1980.

Forschungsliteratur   K. Brodersen (Hg.), *Virtuelle Antike. Wendepunkte der Alten Geschichte*, Darmstadt 2000 (*Fallbeispiele kontrafaktischer Geschichtsverläufe prominenter Großereignisse der Antike*).
M.-P. Fürst, „*Was wäre geschehen, wenn die Verschwörung vom 20. Juli 1944 gelungen wäre?" – Kontrafaktische Gedankenexperimente im Geschichtsunterricht der Oberstufe*, in: Geschichte für heute 7 (2014), Heft 1, S. 24–45 (*Ein Aufsatz, der besonders eingängig die theoretischen Grundlagen und Prämissen kontrafaktischer Überlegungen darstellt, bevor er sich ihrer didaktischen Umsetzung widmet*).
U. Walter, *Kontingenz und Geschichtswissenschaft – Aktuelle und künftige Felder der Forschung*, in: F. Becker/B. Scheller/U. Schneider (Hg.), *Die Ungewissheit des Zukünftigen. Kontingenz in der Geschichte*, Frankfurt/New York 2016, S. 95–118 (*Befasst sich mit der Frage, wie man das Wissen um unvorhersehbare Wendungen und Ereignisverläufe für die historische Analyse nutzbar machen kann*).
G. Weber, *Vom Sinn kontrafaktischer Geschichte*, in: K. Brodersen (Hg.), *Virtuelle Antike. Wendepunkte der Alten Geschichte*, Darmstadt 2000, S. 11–23 (*Kritische Überprüfung der Argumente für den Wert kontrafaktischer Geschichte, die auch den Ausgang der Perserkriege als Testfall benutzt*).
J. Wiesehöfer, ‚*Griechenland wäre unter persische Herrschaft geraten...': Die Perserkriege als Zeitenwende?* In: H. Brinkhaus/S. Sellmer (Hg.), *Zeitenwenden*, Hamburg 2002, S. 209–232 (*Diskussion klassischer Positionen zur möglichen Entwicklung Griechenlands unter persischer Herrschaft und zu den persischen Kriegszielen*).

15 Bibliographie

15.1 Quellen (mit und ohne Kommentar)

Aischylos, *Werke in einem Band*. Aus dem Griechischen übertragen von D. Ebener, 2. Aufl. Berlin/Weimar 1987.

Aischylos, *Tragödien. Griechisch-deutsch*. Übersetzt von O. Werner, herausgegeben von B. Zimmermann, 5. Aufl. Zürich, Düsseldorf 1996.

Aeschylus, *Persae*. With Introduction and Commentary by A. F. Garvie, Oxford 2009.

Aristoteles, *Der Staat der Athener*. Übersetzt und herausgegeben von M. Dreher, Stuttgart 1993.

M. Brosius (Hg.), *The Persian Empire from Cyrus II to Artaxerxes I*. Übersetzt von M. Brosius, London 2000, ND 2006.

F. J. Frost, *Plutarch's Themistocles. A Historical Commentary*, Princeton/New Jersey 1980.

H.-J. Gehrke/H. Schneider (Hg.), *Geschichte der Antike – Quellenband*, 2. Aufl. Stuttgart/Weimar 2013.

Herodot, *Historien*. Deutsche Gesamtausgabe. Übersetzt von A. Horneffer. Neu herausgegeben und erläutert von H. W. Haussig. Mit einer Einleitung von W. F. Otto, 4. Aufl. Stuttgart 1971.

Herodot, *Historien*. 2 Bde., hrsg. von J. Feix, 3. Aufl. München 1980.

A. Kuhrt (Hg.), *The Persian Empire: A Corpus of Sources from the Achaemenid Period*, London/New York 2007.

Plutarch, *Life of Kimon*. A. Blamire (Hg.), Institute of Classical Studies, London 1989.

Plutarch, *Große Griechen und Römer*. Eingeleitet und übersetzt von K. Ziegler, Bd. 2 (darin S. 7–34 das Leben Kimons), Zürich/Stuttgart 1955.

Plutarch, *Fünf Doppelbiographien*. 1. Teil. Griechisch und deutsch. Übersetzt von K. Ziegler und W. Wuhrmann, ausgewählt von M. Fuhrmann, Zürich 1994 (darin S. 352–423 das Leben des Aristeides).

R. Schmitt, *The Old Persian Inscriptions of Naqsh-i Rustam and Persepolis (Corpus Inscriptionum Iranicarum)*, London 2000.

R. Schmitt, *Die altpersischen Inschriften der Achaimeniden*. Editio minor mit deutscher Übersetzung, Wiesbaden 2009.

L. Scott, *Historical Commentary on Herodotus Book 6*, London/Boston 2005.

Thukydides, *Geschichte des Peloponnesischen Krieges*. Eingeleitet und übersetzt von G.P. Landmann, 3. Aufl. München 1993.

15.2 Forschungsliteratur

Albertz 2006 M. Albertz, *Exemplarisches Heldentum. Die Rezeptionsgeschichte der Schlacht an den Thermopylen von der Antike bis zur Gegenwart* (Ordnungssysteme. Studien zur Ideologiegeschichte der Neuzeit 17), München 2006.

Austin 2011 M. M. Austin, *Greek Tyrants and the Persians*, 546–479 BC, in: Classical Quarterly 40 (1990), S. 289–306.
Bakker u. a. 2002 E. J. Bakker/I. J. F. De Jong/H. Van Wees (Hg.), *Brill's Companion to Herodotus*, Leiden u. a. 2002.
Balcer 1989 J. M. Balcer, *The Persian Wars against Greece: A Reassessment*, in: Historia 38 (1989), S. 127–143.
Balcer 1995 J. M. Balcer, *The Persian Conquest of the Greeks*, 545–450 B.C., Konstanz 1995.
Baltrusch 2008 E. Baltrusch, *Außenpolitik, Bünde und Reichsbildung in der Antike* (Enzyklopädie der griechisch-römischen Antike 7), München 2008.
Baltrusch 2010 E. Baltrusch, *Sparta. Geschichte, Gesellschaft, Kultur*, 4. Aufl. München 2010.
Barkworth 1993 P. R. Barkworth, *The Organization of Xerxes' Army*, in: Iranica Antiqua 27 (1993), S. 149–167.
Barron 1966 J. Barron, *The Silver Coins of Samos*, London 1966.
Bees 2009 R. Bees, *Aischylos. Interpretationen zum Verständnis seiner Theologie*, München 2009.
Beloch 1916 K. J. Beloch, *Griechische Geschichte, 2. Band: Bis auf die sophistische Bewegung und den Peloponnesischen Krieg*, 1. und 2. Abteilung, Nachdruck und 2. Aufl. Straßburg 1916/1927.
Bichler/Rollinger 2014 R. Bichler/R. Rollinger, *Herodot* (Olms Studienbücher), 3. Aufl. Hildesheim u. a. 2014.
Bigwood 1978 J. M. Bigwood, *Ctesias as Historian of the Persian Wars*, in: Phoenix 32 (1978), S. 19–41.
Bleckmann 2007a B. Bleckmann (Hg.), *Herodot und die Epoche der Perserkriege* (FS D. Kienast), Köln u. a. 2007.
Bleckmann 2007b B. Bleckmann, *Ktesias von Knidos und die Perserkriege. Historische Varianten zu Herodot*, in: ders. (Hg.), *Herodot und die Epoche der Perserkriege* (FS D. Kienast), Köln u. a. 2007, S. 137–150.
Blösel 2004 W. Blösel, *Themistokles bei Herodot. Spiegel Athens im fünften Jahrhundert. Studien zur Geschichte und historiographischen Konstruktion des griechischen Freiheitskampfes 480 v. Chr.*, Stuttgart 2004.
Blösel 2007 W. Blösel, *Das Flottenbauprogramm des Themistokles und der Beschluss der Athener zur Seeverteidigung gegen Xerxes (Hdt. 7,140–144)*, in: B. Bleckmann (Hg.), *Herodot und die Epoche der Perserkriege* (FS D. Kienast), Köln u. a. 2007, S. 53–65.
Boedeker/Sider 1992 D. Boedeker/D. Sider (Hg.), *The New Simonides*, Oxford 1992.
Bovon 1963 A. Bovon, *La représentation des guerriers perses et la notion de barbare dans la première moitié du Ve siècle*, in: BCH 87 (1963), S. 579–602.
Briant 2002 P. Briant, *From Cyrus to Alexander. A History of the Persian Empire*, Winona Lake 2002.
Briant/Descat 1998 P. Briant/R. Descat, *Un registre douanier et la satrapie d'Egypte à l'époque achéménide*, in: N. Grimal/B. Menu (Hg.), La commerce en Egypte ancienne (IFAO), Kairo 1998, S. 59–104.

Bridges 2015 E. Bridges, *Imagining Xerxes. Ancient Perspectives of a Persian King* (Bloomsbury Studies in classical Reception), London u. a. 2015.
Brodersen 2000 K. Brodersen (Hg.), *Virtuelle Antike. Wendepunkte der Alten Geschichte*, Darmstadt 2000.
Burn 1984 A. R. Burn, *Persia and the Greeks. The Defence of the West*, C. 546–478 B.C., Stanford 1984.
Cartledge 2006 P. Cartledge, *Thermopylae. The Battle that Changed the World*, New York 2006.
Cawkwell 2005 C. Cawkwell, *The Greek Wars and the Failure of Persia*, Oxford 2005.
Cook 1993 J. M. Cook, *The Persian Empire*, London 1993.
Cuyler Young 1980 T. Cuyler Young, *480/479B.C. – A Persian Perspective*, in: Iranica Antiqua 15 (1980), S. 213–239.
Dahlheim 1994 W. Dahlheim, *Die Antike. Griechenland und Rom*, 2. Aufl. Paderborn 1994.
Delbrück 1920/2000 H. Delbrück, *Geschichte der Kriegskunst. Das Altertum. Von den Perserkriegen bis Caesar*, Nachdruck der Neuausgabe 2000 des Nachdrucks 1964 der 3. Aufl. Berlin 1920, Hamburg 2000.
Derow/Fowler 2003 P. Derow/R. L. Fowler (Hg.), *The World of Herodotus*, Gedenkschrift W.G. Forrest, Oxford 2003.
Drews 1973 R. Drews, *The Greek Accounts of Eastern History*, Washington-Cambridge/Mass. 1973.
Eddy 1973 S. K. Eddy, *The Cold War between Athens and Persia*, in: CP 68 (1973), S. 241–258.
Evans 1976 J. A. S. Evans, *Herodotus and the Ionian Revolt*, in: Historia 25 (1976), S. 31–37.
Farrokh 2007 K. Farrokh, *Shadows in the Desert. Ancient Persia at War*, Oxford/New York 2007.
Fischer 2013 J. Fischer, *Die Perserkriege*, Darmstadt 2013.
Flaig 2005 E. Flaig, *Demokratischer Imperialismus. Der Modellfall Athen*, in: R. Faber (Hg.), *Imperialismus in Geschichte und Gegenwart*, Würzburg 2005, S. 43–57.
Flashar 1996 M. Flashar, *Die Sieger von Marathon – Zwischen Mythisierung und Vorbildlichkeit*, in: ders./H. J. Gehrke/E. Heinrich (Hg.), *Retrospektive. Konzepte von Vergangenheit in der griechisch-römischen Antike*, München 1996, S. 63–85.
Fowler 2003 R. W. Fowler, *Herodotus and Athens*, in: P. Derow/R. Parker (Hg.), *The World of Herodotus*, Gedenkschrift W.G. Forest, Oxford 2003, S. 305–318.
Funke 1999 P. Funke, *Athen in klassischer Zeit*, München 1999.
Funke 2007 P. Funke, *Die Perser und die griechischen Heiligtümer in der Perserkriegszeit*, in: B. Bleckmann (Hg.), *Herodot und die Epoche der Perserkriege* (FS D. Kienast), Köln u. a. 2007, S. 21–34.
Funke 2010 P. Funke, *Die griechische Staatenwelt in klassischer Zeit (500–336 v. Chr.)*, in: H.-J. Gehrke/ H. Schneider (Hg.), *Geschichte der Antike. Ein Studienbuch*, 3. Aufl. Stuttgart/Weimar 2010, S. 129–194.

Fürst 2014 M.-P. Fürst, „Was wäre geschehen, wenn die Verschwörung vom 20. Juli 1944 gelungen wäre?" – Kontrafaktische Gedankenexperimente im Geschichtsunterricht der Oberstufe, in: Geschichte für heute 7 (2014), Heft 1, S. 24–45.

Gardner 1911 P. Gardner, *The Coinage of the Ionian Revolt*, in: The Journal of Hellenic Studies 31 (1911), S. 151–160.

Gehrke 2003 H. J. Gehrke, *Marathon (490 v. Chr.) als Mythos: Von Helden und Barbaren*, in: G. Krumeich/S. Brandt (Hg.), *Schlachtenmythen. Ereignis – Erzählung – Erinnerung* (Europäische Geschichtsdarstellungen 2), Köln u. a. 2003, S. 19–32.

Georges 2000 P. Georges, *Persian Ionia under Dareios: the Revolt Reconsidered*, in: Historia 49 (2000), S. 1–39.

Green 1996 P. Green, *The Greco-Persian Wars*, Pb Berkeley, Los Angeles/London 1996.

Gropp 2009 G. Gropp, *Die Darstellung der 23 Völker auf den Reliefs des Apadana von Persepolis*, in: Iranica Antiqua 44 (2009), S. 283–359.

Gruen 2012 E. S. Gruen, *Rethinking the Other in Antiquity*, Princeton 2012.

Hall 1989 E. Hall, *Inventing the Barbarian. Greek Self Definition through tragedy*, Oxford 1989.

Hanson 1999 V. D. Hanson, *Kein Ruhmesblatt für die Griechen. Die Perser gewinnen bei Salamis, 480 v. Chr.*, in: R. Cowley (Hg.), Was wäre gewesen, wenn? Wendepunkte der Weltgeschichte, München 2002, S. 28–51.

Harrison 1972 E. B. Harrison, *The South Frieze of the Nike Temple and the Marathon Painting in the Painted Stoa*, in: American Journal of Archaeology 76 (1972), S. 353–378.

Harrison 2000 T. Harrison, *The Emptiness of Asia. Aischylos' Persians and the History of the Fifth Century*, London 2000.

Herzfeld 1968 E. Herzfeld, *The Persian Empire*, Wiesbaden 1968.

Heuß 1979 A. Heuß, *Hellas*, in: G. Mann / A. Heuß (Hg.), *Weltgeschichte. Eine Universalgeschichte*, Bd. 3: *Griechenland, die hellenistische Welt*, Frankfurt am Main / Berlin 1979, S. 69–400.

Higbie 2010 C. Higbie, *Epigrams on the Persian Wars*, in: M. Baumbach/A. Petrovic/I. Petrovic (Hg.), *Archaic and Classical Greek Epigram*, Cambridge 2010, S. 183–201.

Hölkeskamp 2001 K-J. Hölkeskamp, *Marathon – vom Monument zum Mythos*, in: D. Papenfuß/V. M. Strocka (Hg.), *Gab es das Griechische Wunder? Griechenland zwischen dem Ende des 6. und der Mitte des 5. Jahrhunderts v. Chr.*, Mainz 2001, S. 329–353.

Holladay 1978 J. Holladay, *Medism in Athens 508–480 B.C.*, in: G&R 25 (1978), S. 174–191.

Homeyer 1967 H. Homeyer, *Zu Plutarchs de Herodotei malignitate*, in: Klio 49 (1967), S. 181–187.

Hornblower 2002 S. Hornblower, *The Greek World 479–323 BC*, 3. Aufl. London / New York 2002.

Immerwahr 1966 H.R. Immerwahr, *Form and Thought in Herodotus*, Cleveland 1966.

Instinsky 1962 H.-U. Instinsky, *Herodot und der erste Zug des Mardonios gegen Griechenland*, in: W. Marg (Hg.), *Herodot. Eine Auswahl aus der neueren Forschung*, Darmstadt 1962, S. 471–496.

Irwin/Greeenwood 2007 E. Irwin/E. Greenwood (Hg.), *Reading Herodotus. A Study of the logoi in Book 5 of Herodotus' Histories*, Cambridge 2007.

Johansson 2001 M. Johansson, *The Inscription from Troizen: A Decree of Themistocles?* In: Zeitschrift für Papyrologie und Epigraphik 137 (2001), S. 69–92.

Jung 2006 M. Jung, *Marathon und Plataiai. Zwei Perserschlachten als „lieux de mémoire" im antiken Griechenland* (Hypomnemata 164), Göttingen 2006.

Karageorghis/Taifacos 2004 V. Karageorghis/I. Taifacos (Hg.), *The World of Herodotus. Proc. of an International Conference held at the Foundation A.G. Leventis*, Nicosia 2004.

Keaveney 2011 A. Keaveney, *The Persian Invasions of Greece*, Barnsley 2011.

Kehne 2002 P. Kehne, *Zur Logistik des Xerxesfeldzuges 480 v. Chr.*, in: E. Olshausen (Hg.), *Zu Wasser und zu Land. Verkehrswege in der antiken Welt* (Stuttgarter Kolloquium zur Historischen Geographie des Altertums 7), Stuttgart 2002. S. 29–47.

Kiechle 1967 F. Kiechle, *Athens Politik nach der Abwehr der Perser*, in: HZ 204 (1967), S. 265–304.

Kienast 1994 D. Kienast, *Die Auslösung des jonischen Aufstandes und das Schicksal des Histiaios*, in: Historia 63 (1994), S. 387–401.

Kienast 1995 D. Kienast, *Die Politisierung des griechischen Nationalbewusstseins und die Rolle Delphis im großen Perserkrieg*, in: C. Schubert/K. Brodersen (Hg.), *Rom und der griechische Osten. Festschrift für Hatto H. Schmitt zum 65. Geburtstag dargebracht von Schülern, Freunden und Münchener Kollegen*, Stuttgart 1995, S. 117–133.

Kienast 1996 D. Kienast, *Der Wagen des Ahura Mazda und der Ausmarsch des Xerxes*, in: Chiron 26 (1996), S. 285–313.

Kienast 2002 D. Kienast, *Bemerkungen zum Jonischen Aufstand und zur Rolle des Artaphernes*, in: Historia 51,1 (2002), S. 1–31.

Kierdorf 1966 W. Kierdorf, *Erlebnis und Darstellung der Perserkriege. Studien zu Simonides, Pindar, Aischylos und den attischen Rednern* (Hypomnemata 16), Göttingen 1966.

Kim 2015 H. J. Kim, *The Invention of the 'Barbarian' in Late Sixth-Century BC Ionia*, in: E. Almagor/J. Skinner (Hg.), *Ancient Ethnography. New Approaches*, London u. a. 2015, S. 25–48.

Klinkott 2005 H. Klinkott, *Der Satrap. Ein achaimenidischer Amtsträger und seine Handlungsspielräume*, Berlin 2005.

Klinkott 2016 H. Klinkott, *„Dem König Erde und Wasser bringen". Persisches Unterwerfungsritual oder herodoteisches Konstrukt?* In: C. Binder/H. Börm/A. Luther (Hg.), *Diwan. Studies in the History and Culture of the Ancient Near East and the Eastern Mediterranean. Festschrift J. Wiesehöfer*, Duisburg 2016, S. 133–182.

Koch 2000 H. Koch, *Es kündet Dareios der König. Vom Leben im persischen Großreich*, 2. Aufl. Mainz 2000.

Krentz 2007 P. M. Krentz, *The Oath of Marathon, not Plataiai*, in: Hesperia 76 (2007), S. 731–742.
Krentz 2010 P. M. Krentz, *The Battle of Marathon*, New Haven/London 2010.
Lang 1968 M. Lang, *Herodotus and the Ionian Revolt*, in: Historia 17 (1968), S. 24–36.
Latacz 2003 L. Latacz, *Einführung in die griechische Tragödie*, 2. Aufl. Göttingen 2003.
Lateiner 1982 D. Lateiner, *The Failure of the Ionian Revolt*, in: Historia 31 (1982), S. 126–160.
Lazenby 1964 J. F. Lazenby, *The Strategy of the Greeks in the opening Campaign of the Persian War*, in: Hermes 92 (1964), S. 264–284.
Lazenby 1993 J. F. Lazenby, *The Defence of Greece 490–479*, Warminster 1993.
Lenfant 2007 D. Lenfant, *Greek Historians of Persia*, in: J. Marincola (Hg.), *A Companion to Greek and Roman Historiography Vol. 1*, Malden/Oxford 2007, S. 200–209.
Link 2000 S. Link, *Das Paros-Abenteuer des Miltiades*, in: Klio 82 (2000), S. 40–53.
Llewellyn-Jones 2014 L. Llewellyn-Jones, *King and Court in Ancient Persia 559 to 331 BCE*, Edinburgh 2014.
Massaro 1978 V. Massaro, *Herodotus' Account of the battle of Marathon and the Picture in the Stoa Poikile*, in: L' Antiquité Classique 47 (1978), S. 458–475.
Matthew/Trundle 2013 C. Matthew/M. Trundle (Hg.), *Beyond the Gates of Fire. New Perspectives on the Battle of Thermopylae*, Barnslay 2013.
Meier 1988 C. Meier, *Die politische Kunst der griechischen Tragödie*, München 1988.
Meier 1989 C. Meier, *Die Entstehung des Politischen bei den Griechen*, 2. Aufl. Frankfurt am Main 1989.
Meier 1995 C. Meier, *Athen. Ein Neubeginn der Weltgeschichte*, München 1995.
Meier 2010 M. Meier, *Die Thermopylen – "Wanderer, kommst Du nach Sparta"*, in: E. Stein-Hölkeskamp/K.-J. Hölkeskamp (Hg.), *Die Griechische Welt. Erinnerungsorte der Antike*, München 2010, S. 98–113.
Meister 1990 K. Meister, *Die griechische Geschichtsschreibung. Von den Anfängen bis zum Ende des Hellenismus*, Stuttgart/Berlin/Köln 1990.
Meister 1997 K. Meister, *Die Interpretation historischer Quellen. Schwerpunkt Antike* Bd. 1, Paderborn u. a. 1997.
Meyer 1939/1965 E. Meyer, *Geschichte des Altertums, Bd. 3: Der Ausgang der altorientalischen Geschichte und der Aufstieg des Abendlandes bis zu den Perserkriegen*, ND der 2. Aufl. Stuttgart 1939, hg. von H.E. Stier, Darmstadt 1965; Bd. 4, 1. Abt.: Das Perserreich und die Griechen bis zum Vorabend des Peloponnesischen Krieges, ND der 3. Aufl. Stuttgart 1939, 6. Aufl. Darmstadt 1965.
Meyer-Zwiffelhoffer 2007 E. Meyer-Zwiffelhoffer, *Orientalismus? Die Rolle des Alten Orients in der deutschen Altertumswissenschaft und Altertumsgeschichte des 19. Jahrhunderts (ca. 1785–1910)*, in: R. Rollinger / A. Luther / J. Wiesehöfer (Hg.), *Getrennte Wege?*

Kommunikation, Raum und Wahrnehmung in der Alten Welt, Frankfurt am Main 2007, S. 501–595.

Miller 1997 M. C. Miller, *Athens and Persia in the Fifth Century BC: A Study in Cultural Receptivity*, Cambridge 1997.

Molyneux 1992 J. H. Molyneux, *Simonides. A Historical Study*, Wauconda/ Illinois 1992.

Morrison/Coates 1990 J. S. Morrison/J. E. Coates, *Die athenische Triere. Geschichte und Rekonstruktion eines Kriegsschiffs der griechischen Antike*, Mainz 1990.

Murray 1998 O. Murray, *Das frühe Griechenland*, 4. Aufl. München 1998.

Nippel 1990 W. Nippel, *Griechen, Barbaren und „Wilde". Alte Geschichte und Sozialanthropologie*, Frankfurt am Main 1990.

Nissen 2012 H. J. Nissen, *Geschichte Alt-Vorderasiens* (Oldenbourg Grundriss der Geschichte 25), 2. Aufl. München 2012.

Osborne 1996/2007 R. Osborne, *Greece in the Making 1200–479 BC* (Routledge History of the Ancient World), London/New York 1996, repr. 2007.

Osmers 2013 M. Osmers, *"Wir aber sind damals und jetzt immer die gleichen". Vergangenheitsbezüge in der polisübergreifenden Kommunikation der klassischen Zeit*, Stuttgart 2013.

Parker 1976 S. T. Parker, *The Objectives and Strategy of Cimon's Expedition to Cyprus*, in: AJPh 97 (1976), S. 30–38.

Paulsen 2005 T. Paulsen, *Geschichte der griechischen Literatur*, Stuttgart 2005.

Petzold 1999 K. E. Petzold, *Die Gründung des delisch-attischen Seebundes: Elemente einer „imperialistischen" Politik Athens? I: Von der Hellenensymmachie zum Seebund, II: Zielsetzung des Seebundes und die Politik der Zeit*, in: ders. (Hg.), *Geschichtsdenken und Geschichtsschreibung. Kleine Schriften zur griechischen und römischen Geschichte*, Stuttgart 1999, S. 300–356.

Pracht und Prunk der Großkönige. Das Persische Weltreich. Hrsg. vom Historischen Museum der Pfalz Speyer, Stuttgart 2006.

Raaflaub 1987 K. A. Raaflaub, *Herodotus, Political Thought, and the Meaning of History*, in: Arethusa 20 (1987), S. 197–247.

Raeck 1981 W. Raeck, *Zum Barbarenbild in der Kunst Athens im 6. und 5. Jahrhundert v.Chr.*, Bonn 1981.

Rahe 2015 P. A. Rahe, *The Grand Strategy of Classical Sparta. The Persian Challenge*, New Haven/London 2015.

Rebenich 2006 S. Rebenich, *Leonidas und die Thermopylen. Zum Sparta-Bild in der deutschen Altertumswissenschaft*, in: A. Luther/ M. Meier/L. Thommen (Hg.), *Das frühe Sparta*, Stuttgart 2006, S. 193–215.

Rollinger 2006 R. Rollinger, *Ein besonderes historisches Problem. Die Thronbesteigung des Dareios und die Frage seiner Legitimität*, in: *Pracht und Prunk der Großkönige. Das Persische Weltreich.* Herausgegeben vom Historischen Museum der Pfalz, Stuttgart 2006, S. 41–53.

Rollinger 2007 R. Rollinger, *Zu Herkunft und Hintergrund der in altorientalischen Texten genannten ‚Griechen'*, in: R. Rollinger/A.

Luther/J. Wiesehöfer (Hg.), *Getrennte Wege? Kommunikation, Raum und Wahrnehmung in der Alten Welt*, Frankfurt am Main 2007, S. 259–330.

Rollinger 2013 R. Rollinger, *Dareios und Xerxes an den Rändern der Welt und die Inszenierung von Weltherrschaft. Altorientalisches bei Herodot*, in: B. Dunsch/K. Ruffing (Hg.), *Herodots Quellen. Die Quellen Herodots* (Classica et Medievalia 6), Wiesbaden 2013, S. 95–116.

Rollinger 2014 R. Rollinger, *Das teispidisch-achaimenidische Großreich. Ein ‚Imperium' avant la lettre?* In: M. Gehler/R. Rollinger (Hg.), *Imperien und Reiche in der Weltgeschichte. Epochenübergreifende und globalhistorische Vergleiche*, Teil 1: Imperien des Altertums, mittelalterliche und frühneuzeitliche Imperien, Wiesbaden 2014, S. 149–192.

Rollinger/Henkelman 2009 R. Rollinger/W. F. M. Henkelman, *New Observations on „Greeks" in the Achaemenid empire according to cuneiform texts from Babylonia and Persepolis*, in: P. Briant/M. Chauveau (Hg.), *Organisation des pouvoirs et contacts culturels dans les pays de l'empire achéménide* (Persika 14), Paris 2009, S. 331–351.

Root 2007 M. Root, *Reading Persepolis in Greek: Gifts of the Yauna*, in: C. Tuplin (Hg.), *Political and Cultural Interaction with(in) the Achaemenid Empire*, Swansea 2007, S. 177–224.

Rung 2015 E. Rung, *The Language of the Achaemenid Imperial Diplomacy towards the Greeks: the Meaning of Earth and Water*, in: Klio 97 (2015), S. 503–515.

Schmidt 1970 E. F. Schmidt, *Persepolis Vol. 3: The Royal Tombs and other Monuments* (University of Chicago Oriental Institute Publications 70), Chicago 1970.

Schmidt-Hofner 2016 S. Schmidt-Hofner, *Das klassische Griechenland. Der Krieg und die Freiheit*, München 2016.

Schmitt 1999 R. Schmitt, *Beiträge zu altpersischen Inschriften*, Wiesbaden 1999.

Schulz 2010 R. Schulz, *Die Schlacht von Salamis: Strategischer Erfolg*, in: Damals 42.6 (2010), S. 24–31.

Schulz 2013a R. Schulz, *Feldherren, Krieger und Strategen. Krieg in der Antike von Achill bis Attila*, 2. Aufl. Stuttgart 2013.

Schulz 2013b R. Schulz, *Kleine Geschichte des antiken Griechenland*, Stuttgart (Tb) 2013.

Schulz 2015 R. Schulz, Athen und Sparta (Geschichte Kompakt), 5. Aufl. Darmstadt 2015.

Siewert 1972 P. Siewert, *Der Eid von Plataiai* (Vestigia 16), München 1972.

Siewert 2002 P. Sievert (Hg.), *Ostrakismos-Testimonien. Die Zeugnisse antiker Autoren, der Inschriften und Ostraka über das Athenische Scherbengericht aus vorhellenischer Zeit (487–322 v.Chr.)*, Stuttgart 2002.

Stahl 2003 M. Stahl, *Gesellschaft und Staat bei den Griechen*: Klassische Zeit, Paderborn u. a. 2003.

Stonach 1998 D. Stonach, *On the Date of the Oxus Gold Scabbard and other Achaemenid Matters* (Bulletin of the Asia Institute N.S. 12), Bloomfield Hills/Mi. 1998, S. 231–248.

Strauss 2005 B. Strauss, *The Battle of Salamis*, New York 2005.
Thomas 2000 R. Thomas, *Herodotus in Context. Ethnography, Science, and the Art of Persuasion*, Cambridge 2000.
Thomas 2004 R. Thomas, *Herodotus, Ionia and the Athenian Empire*, in: V. Karageorghis/I. Taifacos (Hg.), *The World of Herodotus*. Proc. of an International Conference at the Foundation Anastasios G. Leventis, Nicosia Sept. 18–21, 2003, Nicosia 2004, S. 27–42.
Vasilev 2015 M.A. Vasilev, *The Policy of Darius and Xerxes towards Thrace and Macedonia*, Leiden/Boston 2015.
Wallinga 1984 H.T. Wallinga, *The Ionian Revolt*, in: Mnemosyne 37, 3/4 (1984), S. 410–437.
Wallinga 1993 H.T. Wallinga, *Ships and Sea-Power before the Great Persian War. The Ancestry of the Ancient Trireme*, Leiden u. a. 1993.
Wallinga 2005 H.T. Wallinga, *Xerxes' Greek Adventure. The Naval Perspective* (Mnemosyne Suppl. 264), Leiden/Boston 2005.
Walter 1993 U. Walter, *Herodot und die Ursachen des Ionischen Aufstandes*, in: Historia 42 (1993), S. 257–278.
Walter 2010 U. Walter, *Herodot und Thukydides – die Entstehung der Geschichtsschreibung*, in: E. Stein-Hölkeskamp/K.-J. Hölkeskamp (Hg.), *Die Griechische Welt. Erinnerungsorte der Antike*, München 2010, S. 400–417.
Walter 2016 U. Walter, *Kontingenz und Geschichtswissenschaft – Aktuelle und künftige Felder der Forschung*, in: F. Becker/B. Scheller/U. Schneider (Hg.), *Die Ungewissheit des Zukünftigen. Kontingenz in der Geschichte*, Frankfurt/New York 2016, S. 95–118.
Waters 2014 M. Waters, *Ancient Persia. A Concise History of the Achaemenid Empire 550–330 BCE*, Cambridge 2014.
Weber 2000 G. Weber, *Vom Sinn kontrafaktischer Geschichte*, in: K. Brodersen (Hg.), *Virtuelle Antike. Wendepunkte der Alten Geschichte*, Darmstadt 2000, S. 11–23.
Welwei 1999 K.-W. Welwei, *Das Klassische Athen. Demokratie und Machtpolitik im 5. und 4. Jahrhundert*, Darmstadt 1999.
Welwei 2004 K.-W. Welwei, *Sparta. Aufstieg und Niedergang einer antiken Großmacht*, Stuttgart 2004.
Welwei 2011 K,-W. Welwei, *Griechische Geschichte. Von den Anfängen bis zum Beginn des Hellenismus*, Paderborn u. a. 2011.
West 1993 M.L. West, *Simonides Redivivus*, in: Zeitschrift für Papyrologie und Epigraphik 98 (1993), S. 1–14.
Wiesehöfer 1992 J. Wiesehöfer, *„Denn es sind welthistorische Siege ...'. Nineteenth and Twentieth-Century German Views of the Persian Wars*, in: A. C. Gunter (Hg.), *The Construction of the Ancient Near East* (Culture and History, 11), Copenhagen 1992, S. 61–83.
Wiesehöfer 1998 J. Wiesehöfer, *Das antike Persien. Von 550 v.Chr. bis 650 n.Chr.*, Neuaufl. Düsseldorf/Zürich 1998.
Wiesehöfer 2002 J. Wiesehöfer, *„Griechenland wäre unter persische Herrschaft geraten'... ‚Die Perserkriege als Zeitenwende'*, in: H. Brinkhaus / S. Sellmer (Hg.), Zeitenwenden, Hamburg 2002, S. 209–232.

Wiesehöfer 2004 J. Wiesehöfer, *'O Master, Remember the Athenians'*: *Herodotus and Persian Foreign Policy*, in: V. Karageorghis/J. Taifacos (Hg.), *The World of Herodotus*. Proc. Of an International Conference of the Foundation Anastasios G. Leventis, Nicosia Sept. 18–21 2003, Nicosia 2004, S. 209–221.

Wiesehöfer 2006a J. Wiesehöfer, *Das frühe Persien. Geschichte eines antiken Weltreiches*, 3. Aufl. München 2006.

Wiesehöfer 2006b J. Wiesehöfer, *„Der über Helden herrscht": Xerxes I. (ca. 519–465 v.Chr.)*, in: S. Förster u. a. (Hg.), *Kriegsherren der Weltgeschichte*, München 2006, S. 19–34.

Wiesehöfer 2006c J. Wiesehöfer, *Von Kyros dem Großen zu Alexander dem Großen. Eine kurze Geschichte des Achaimenidenreiches*, in: *Pracht und Prunk der Großkönige. Das Persische Weltreich*, hrsg. vom historischen Museum der Pfalz, Stuttgart 2006, S. 21–27.

Wiesehöfer 2007a J. Wiesehöfer, *Die Ermordung des Xerxes: Abrechnung mit einem Despoten oder eigentlicher Beginn einer Herrschaft*, in: B. Bleckmann (Hg.), *Herodot und die Epoche der Perserkriege. Realitäten und Fiktionen* (FS D. Kienast), Köln/Weimar/Wien 2007, S. 3–19.

Wiesehöfer 2007b J. Wiesehöfer, *Ein König erschließt und imaginiert sein Imperium: Persische Reichsordnung und persische Reichsbilder zur Zeit Dareios' I. (522–486 v.Chr.)"*, in: M. Rathmann (Hg.), Wahrnehmung und Erfassung geographischer Räume in der Antike, Mainz 2007, S. 31–40.

Wiesehöfer 2013 J. Wiesehöfer, *Herodot und ein persisches Hellas. Auch ein Beitrag zu populärer und „offiziöser" Geschichtskultur*, in: B. Dunsch/K. Ruffing (Hg.), *Herodots Quellen – Die Quellen Herodots*, Wiesbaden 2013, S. 273–283.

Will 2010 W. Will, *Die Perserkriege*, München 2010.

Williams 1982 G. M. E. Williams, *Athenian Politics 508/7–480 B.C. A Reappraisal*, in: Athenaeum 60 (1982), S. 521–544.

Wolff 2010 C. Wolff, *Sparta und die Peloponnesische Staatenwelt in archaischer und klassischer Zeit* (Quellen und Forschungen zur Antiken Welt 66), München 2010.

Zahrnt 1992 M. Zahrnt, *Der Mardoniuszug des Jahres 492 v.Chr. und seine historische Einordnung*, in: Chiron 22 (1992), S. 237–279.

Zahrnt 2007 M. Zahrnt, *Überlegungen zu den athenisch-spartanischen Beziehungen im Zeitalter der Perserkriege*, in: B. Bleckmann (Hg.), *Herodot und die Epoche der Perserkriege. Realitäten und Fiktionen* (FS D. Kienast), Köln/Weimar/Wien 2007, S. 67–99.

Zahrnt 2010 M. Zahrnt, *Marathon – das Schlachtfeld als ‚Erinnerungsort' einst und jetzt*, in: E. Stein-Hölkeskamp/K.-J. Hölkeskamp (Hg.), *Die Griechische Welt. Erinnerungsorte der Antike*, München 2010, S. 114–127.

Abbildungsverzeichnis

Abb. 1: Grab des Dareios (akg-images / bilwissedition).
Abb. 2: Das Perserreich unter Dareios I. (Karte; © Peter Palm, Berlin).
Abb. 3: Der Ionische Aufstand (Karte; © Peter Palm, Berlin).
Abb. 4: Hermann Schenk, Die Schlacht bei Marathon.
(Rekonstruktionszeichnung eines Gemäldes in der Stoa Poikile zu Athen, aus: Carl Robert, Hallisches Winckelmannsprogramm (Band 18): Die Marathonschlacht in der Poikile: und weiteres über Polygnot, Halle a. S., 1895).
Abb. 5: Griechenland zur Zeit der Perserkriege (Karte, aus Raimund Schulz, Feldherren, Krieger und Strategen, Stuttgart 2013, S. 64).
Abb. 6: D-DAI-ATH-Kerameikos 16171 und 16172 (Fotograf: G. Hellner).
Abb. 7: Sog. Lenormant-Relief mit Darstellung einer athenischen Triere (akg-images / Nimatallah).
Abb. 8: Die griechische Staatenwelt im 5. Jahrhundert v. Chr. (Karte, aus Wolfgang Schuller, Griechische Geschichte, München, 5. Aufl, 2002, S. 267).
Abb. 9: Gedenkplatte auf dem deutschen Soldatenfriedhof 1914–1918 in Pont-à-Vendin.

Register

Ortsregister

A
Achaia 125
Achaimenidenstaat 203
Acharnai 152
Ägäis 23, 29, 33, 40, 42, 55, 57, 59, 61–63, 69, 70, 86, 90, 93, 145, 150, 151, 161, 162, 176, 194, 207
Ägypten 8, 26, 34, 42–44, 59, 70, 72, 100, 131, 137, 162, 163
Aigina 57, 59, 62, 74, 90, 91, 103–106, 110, 116, 117, 119, 125, 128
Akkad 38
Akropolis 128, 174
Anatolien 38, 41
Arabien 42, 206
Argolis 126
Argos 60, 117, 119, 125, 126, 158
Arkader 158
Artemision 4, 120–124, 128, 135, 141, 142, 171, 177, 179, 180
Asien 100, 125, 131–133, 139, 154, 167, 177, 178, 182, 193, 195
Asopos 182
Assur 38, 39, 41
Athen 1, 3–5, 8, 13, 23–26, 33, 34, 57, 59, 61–63, 69, 70, 74–76, 85, 86, 88–92, 100–111, 116, 119, 121–128, 131, 133, 135, 137, 140, 145–154, 158–168, 171, 173–175, 177–180, 191–195, 204, 207, 209
Athosgebirge 88, 100
Athosinsel 88
Athos-Kanal 24
Attika 14, 61–63, 109, 112, 123, 128, 145, 146, 158

B
Babylon 39, 41, 43
Babylonien 42, 43, 70, 100
Behistun 46, 47
Berlin 137

Bisutun s. Behistun
Böotien 14, 62, 77, 121, 125, 142, 146, 176, 182
Bosporus 45, 133, 152
Bucht von Salamis 124
Byzantion/Byzanz 151, 152, 158, 166

C
Chaironeia 14
Chalkis 62, 77
Chattusa 38
Chelidonische Inseln 167, 168
Chios 79, 147, 153, 166

D
Dänemark 195
Dardanellen 100
Delos 147, 159, 162
Delphi 15, 117, 119, 125, 172
Deutschland 195
Dionysostheater 174
Dolopia 125, 139
Donau 45, 73
Doriskos am Hebros 141

E
Ekbatana 41
Elam 15, 38, 41
Eleusis 62
Ephesos 87
Eretria 23, 57, 69, 76, 86, 88–92
Euböa 57, 62, 93, 120, 207
Euphrat 39
Europa 141, 154, 194, 195
Eurymedon 161, 162

F
Frankreich 195

G
Germanien 45
Golf von Thermai 137
Griechische Halbinsel 103, 135

H
Haliakmon 141
Halikarnassos 7
Hellas 100, 118, 119, 121, 122, 128, 131, 138, 145–148, 150–152, 158, 165, 172, 180, 182, 183, 189, 193, 194, 207
Hellespont 21, 24, 69, 72, 86, 87, 135, 141, 147, 151, 172, 174, 175

I
Imbros 62
Indien 206
Indus 42
Ionien 27, 60, 69, 103, 107, 145, 147–151, 153–155, 158, 162, 163, 165–167, 173, 181, 206
Iran 41
Isthmos (von Korinth) 61, 121, 124, 146, 150

K
Kap Artemision 120
Kap Sunion 91
Kap Triopion 167
Karien 69, 78, 87
Karthago 179
Keos 4
Keramaikos 100
Kerkyra 119, 125
Kithairon 109
Kleinasien 7, 8, 26, 41, 57, 58, 69, 70, 74, 77, 78, 86, 87, 116, 145, 147–150, 158, 159, 163, 178, 206, 209
Knidos 167
Korinth 4, 57, 61, 119, 128, 179, 180, 183, 193
Kreta 39, 119, 125
Kroton 59
Kyaneische Inseln 167

Kykladen 89, 90, 102, 103, 106, 111, 147, 207
Kyme 178
Kynosura 180
Kyrenaika 59
Kyrene 42

L
Lade 69, 162
Lakedaimonien, s. auch Sparta 126, 128
Lakonien 60, 154
Laureion 104, 110
Lemnos 62
Lesbos 153, 166
Levante 26, 34, 38, 39, 42
Libyen 139, 162
Lokris 125
Lydien 7, 42
Lykien 69

M
Mäander/Maiandros 147
Makedonien 23, 30, 73, 76, 86–88, 100, 107, 119, 137, 139, 140, 206, 207
Marathon 8, 23, 24, 33, 85, 86, 91–93, 100–104, 106–108, 111, 116, 117, 121, 154, 161, 171, 177, 188, 191–193, 195, 196, 205
Maroneia 111
Massilia 57
Medien 15, 43, 191
Memphis 162
Mesopotamien 38, 39, 41, 43
Messenien 60
Milet 7, 58, 69, 72–76, 78, 79, 173
Mittelmeer 38, 58
Mykale 1, 25, 33, 147–149, 161
Myrkinos 74

N
Naher Osten 55, 70
Naqs-i Rustam 46, 47
Naxos 75, 76, 89, 207
Nildelta 26, 38, 58, 162

O
Okzident 132, 178
Orient 132, 178
Österreich 195
Ostmediterrane Küsten 163
Ostmediterraner Raum 163

P
Paionien 139
Pamphylien 167
Pangaiongebirge 87
Paros 102, 103, 108, 111
Peloponnes 3, 60, 117, 121, 122, 124, 126, 142, 146, 149, 150, 153, 155, 158, 160, 165
Persepolis 37, 38, 45–47
Persien 7, 8, 26, 44
Persis 15
Phaleron 91, 104, 137
Phönikien 125, 147, 161, 162, 164, 167, 206, 207
Phthia 125
Piräus 104, 149, 159, 163
Plataiai/Platää 1, 4, 5, 8, 26, 33, 91, 138, 140, 141, 146–149, 152–154, 166, 167, 172, 173, 183, 184, 191, 205
Pontos 74
Preußen 140

S
Salamis 1, 4, 6, 8, 21, 25, 62, 109, 111, 116, 124, 135–138, 142, 143, 145, 147, 148, 174–177, 179, 180, 183, 188, 191, 193, 196, 205
Samos 58–60, 74, 79, 89, 145, 147–149, 151, 153, 154, 166
Sardes 41, 58, 62, 69, 77, 78, 102, 125, 145
Saronischer Golf 62, 93, 125
Schwarze Meer 57, 151
Schweiz 140
Sepias 139
Sestos 151, 154
Siphnos 74
Sizilien 59, 125, 163, 178, 179

Sparta 8, 13, 23, 25, 34, 57, 60, 61, 63, 75, 77, 116–118, 120–123, 126, 128, 140, 141, 145–153, 158, 159, 165, 166, 171, 173, 187–191, 207
Sudan 42
Susa 41, 45, 59, 107, 135, 174
Sybaris 72
Syrakus 57, 101, 119, 178, 179

T
Tempetal 120
Thasos 72, 87
Theben 119, 153, 179
Thermopylen 8, 25, 116, 120–123, 129, 135, 139, 141, 187, 188, 190, 191, 194, 196
Thespiai 190
Thessalien 120, 125, 126, 142
Thrakien 23, 30, 74, 76, 86–88, 100, 137, 139, 141, 142, 151, 206
Tigris 39
Troia 4, 30, 131, 172, 192
Troizen 122, 123, 126, 127, 129

U
Unteritalien 59
Urartu 41

V
Vorderasien 42
Vorderer Orient 38, 39, 41

Z
Zagros-Gebirge 41
Zentralasien 42
Zweistromland 38
Zypern 26, 33, 42, 69, 78, 151, 161, 162, 164, 206

Personenregister

A
Achill 3
Adeimantos 180, 183
Aglauros 152
Ahuramazda 30, 46–50
Aias 180, 183
Aischylos 6, 27, 29, 32, 34, 135, 174–179, 188, 209
Alexander 1, 134, 194
Alexandros 181
Antagoras 166
Apollon/Apoll 117, 181
Ares 152
Aristagoras 24, 72, 75–79, 89, 107
Aristeides 14, 106, 111, 158, 159, 165, 166
Aristoteles 105
Arrian 134
Artabazos 147
Artaphernes 76, 78, 89
Artaxerxes 162
Aryandes 8
Astyages 41
Athena Areia 152
Athena/Athene 127, 128, 192
Atossa 45, 174, 176, 184
Augustus 44–46
Auxo 152

B
Bardiya 43
Boreas 171

C
Camillus 14

D
Dareios 1, 8, 16, 22, 23, 32, 33, 37, 44–46, 59, 69, 73, 76–79, 86, 87, 90, 91, 93, 100, 110, 116, 117, 134, 139, 174, 175, 177, 182, 184
Datis 8, 23, 85, 86, 89, 90
David 131, 189
Deinomenes 125
Delbrück, H. 142, 143
Demaratos 116
Demeter 109
Demeter Thesmophoros 108
Demokedes 59
Diodor/Diodoros 13, 20, 180
Dion, Sohn des Dion 152
Dionysios (von Milet) 7
Dionysos 5
Dorkis 165

E
Eirene 168
Enyalios 152
Enyo 152
Ephoros 13, 20, 141

F
Friedrich II. (d. Große) v. Preußen 140

G
Gelon 119, 125, 178, 179
Goliath 131, 189

H
Hammurapi 38
Hegemone 152
Hekataios 7, 8, 79
Hera 181
Herakles 152, 192
Herodot 4, 5, 7–14, 20, 22–24, 32–34, 41, 43, 47, 59, 70, 72, 74, 78, 86–88, 90, 91, 100, 102, 105, 111, 118, 121–123, 131–133, 135, 138, 140–142, 145, 146, 149, 171, 175, 178–180, 189, 190, 193, 195, 204
Hestia 152
Hieron 178, 179
Hippias 61, 77, 89, 91, 92, 107
Histiaios 72, 75, 78, 79
Homer 1, 3, 172, 177
Hydarnes 108

I
Isagoras 61

K

Kallias 168
Kallias Kratiou 100
Kallimachos 15, 85, 192
Kallisthenes 168
Kambyses 8, 10, 42–45, 58, 73
Kekrops 109
Kimon 14, 33, 160–162, 165, 167, 168, 171, 175, 192
Kleisthenes 61, 62, 75, 101
Kleomenes 61, 62
Krateros 168
Ktesias von Knidos 13, 20, 141
Kyros I. 41
Kyros II. (d. Große) 20, 41, 42, 44–46, 55, 58, 60, 69, 77, 176

L

Leonidas 4, 120, 187, 189, 190
Leotychidas 147, 148, 150, 151, 154
Lucullus 14
Lysagoras 108
Lysimachos 111

M

Marcus Cato 14
Mardonios 8, 23, 86–88, 145–148
Meyer, E. 143, 195
Miltiades 63, 85, 91, 102, 103, 106–108, 111, 160, 192, 193
Mommsen, T. 195

N

Neokles 109, 127
Nereus 181
Nike 128
Nikodemos 111

P

Paktyes 41, 77, 78
Pallas Athene 109
Pan 171
Pausanias 117, 126, 146, 151, 158, 165, 166, 168, 173
Peisistratiden 5
Perikles 168
Philippson 140, 141

Phrynichos 6, 174, 209
Pindar 4, 179
Pittheus 127
Platon 105
Plutarch 4, 14, 15, 20, 105, 168, 180
Polykrates 58, 60
Poseidon 177
Poseidon Asphaleios 128
Priamos 181
Pythia 109

S

Simonides 4, 5, 32, 179, 184
Stesimbrotos 111

T

Teisias 108
Thallo 152
Themistokles 14, 24, 25, 33, 100, 104, 105, 107, 109–112, 122, 124, 127, 147, 149, 150, 167, 178, 193
Theopomp 193
Theseus 127, 192
Thukydides 12–14, 29, 32, 90, 149, 150, 160, 168

U

Uliades 166

X

Xanthippos 103, 154
Xenophanes 55
Xenophon 133, 134
Xerxes 1, 6, 8–10, 21, 24, 26, 29, 30, 32, 33, 47, 86, 90, 100, 101, 105, 107, 110, 111, 117, 124, 125, 128, 131, 133, 134, 137, 139, 141, 142, 145, 150, 172, 174–177, 207

Z

Zeus 109, 152, 174
Zeus Eleutherios (Zeus der Freiheit) 173

Sachregister

A
Aristokraten 74, 176
Aristokratie 56, 57, 59, 61, 74, 76

B
Barbaren 27, 194, 195
Barbarenbegriff 174
Barbarenbild 174, 177
Bürgerarmee 2, 91, 93, 195
Bürgerideologie 6, 27
Bürgerkrieg 23, 26, 43, 45, 46, 74

D
Delisch-Attischer Seebund 26, 33, 158, 160, 162, 164
Demokratie 1, 27, 158, 164, 209
Demokratie (Athens) 106, 178, 191, 209
Dreiruderer/Triere 2, 79, 103–105, 107, 116, 120, 122, 124, 135, 145, 147, 160, 162

E
Epen/Epik 5, 7, 11, 132

F
Freiheit 1, 2, 75, 92, 173, 174, 176–179, 190, 194, 195, 203, 204

H
Handel 38, 39, 45, 56, 58, 59, 69, 72, 79, 149, 163, 206
Hegemonie/hegemonia 25, 33, 117, 149, 158–160, 164
Hellenenbund 24–26, 28, 33, 118–121, 138, 145–152, 158, 172, 207
Hoplit/Hopliten 2, 56, 57, 85, 91, 92, 116, 117, 120, 146, 191
Hybris (Hochmut) 9, 11, 21, 22, 27, 30, 33, 175, 176, 179

I
Isonomie 57, 58, 61, 75, 76

L
Logistik 2, 19, 26, 29, 136–138, 146, 175

M
Medismos 29, 101
Mythen 5, 7, 30, 92, 172, 192

O
Ostrakismos 15, 100–102

P
Peloponnesischer Bund 26, 60, 118
Peloponnesischer Krieg 12, 158, 160, 193
Polis 5, 23, 28, 32, 40, 55–60, 62, 63, 69, 70, 72, 74–76, 78, 93, 103, 117, 118, 148, 149, 151, 158, 172, 173, 179, 188, 190, 206, 207
Präventivschlag 2, 86, 107

R
Reichsideologie 31, 46, 62

S
Satrapen/Satrapie 29, 45, 59, 62, 69, 73, 74, 77, 78, 86, 87, 89, 107, 207
Seebund s. auch Delisch-Attischer Seebund 209
Sklaven 3, 59, 87, 135, 177
Söldner 7, 39, 59, 78, 133, 134
Stasis 58, 74, 76

T
Tempel 3, 171, 174, 177
Tragödie 5, 6, 11, 27, 32, 174, 175, 179
Triere s. Dreiruderer 115
Troianischer Krieg 5, 131, 172, 192
Tyrannis 24, 57, 58, 60, 72–77, 79, 89, 90, 101, 119, 147, 173, 178, 179

W
Walltäfelchen 16, 62, 64, 66
Weltreich 16, 22, 42, 47, 48, 55, 69, 137, 148, 158, 161
Wettkämpfe 3

Glossar

Ahuramazda: In der Religion des Zoroastrismus oberster Schöpfergott und Erhalter der Welt; von den persischen Königsinschriften als wichtigste Quelle der universalen Herrschaft herausgestellt (Kap. 3).

Akropolis: In vielen Poleis ein auf einer Anhöhe gelegener Ort, der als Tempelbezirk, Herrschaftssitz und Festung diente. Im engeren Sinne Burgberg Athens, den Perikles nach den Perserkriegen mit den berühmten Tempelanlagen (u. a. dem Parthenon) bebauen ließ (Kap. 8).

Archonten: Bezeichnung für die gewählten Funktionäre Athens (untechnisch als „Beamte" bezeichnet), die ab 487 v.Chr. erlost wurden und Aufgaben im Bereich der Rechtsprechung, der Leitung der Versammlungen und des Sakralwesens übernahmen (Kap. 7).

Areopag: „Areshügel"; Tagungsort des alten, sich aus den ehemaligen Archonten (s. o.) gebildeten Adelsrates von Athen. Er gewann nach den Perserkriegen an Einfluss, verlor diesen aber in den Jahren 462/1 an die Volksversammlung (Kap. 9).

Attika: Bezeichnung für die Landschaft, die zur Polis Athen gehörte. Mit rund 2400 km² (neben dem Territorium Spartas) das größte Polisgebiet Griechenlands. Es wurde durch die Reformen des Kleisthenes (Ende des 6. Jahrhundert v.Chr.) noch enger an Athen angebunden (u. a. Kap. 4, 8).

Böotien: Neben Attika die politisch bedeutendste und fruchtbarste Landschaft Mittelgriechenlands; Hauptort und Konkurrent Athens war Theben (Kap. 4, 10).

Dareikos: Bezeichnung für eine im 5. Jahrhundert – erstmals unter Dareios I. (reg. 522–486 v.Chr.) – geprägte Goldmünze, die im gesamten ostmediterranen Raum eine Art Leitwährung bildete und die Stabilität und den Wohlstand des persischen Reiches (nach den Bürgerkriegen) repräsentierte (Kap. 3).

Delisch-Attischer Seebund: Moderne Bezeichnung für das 478/7 v.Chr. gegen Persien geschlossene Bündnissystem unter der Hegemonie Athens; die Angaben „delisch-attisch" deuten auf den ursprünglichen und den späteren (seit 455) Sitz der Bundeskasse und der Bundesversammlung (Kap. 11).

Demen: Kleinste Ortsbezirke Athens, die seit Kleisthenes über eigene politische Versammlungen, Funktionäre, religiöse Kulte und Rekrutierungsaufgaben (auf der Basis der Bürgerlisten) verfügten und von der Forschung gerne als „Schule der Demokratie" bezeichnet werden (Kap. 4).

Demokratie: Von gr. *krates*, „Macht, Herrschaft", und *demos*, „Volk"; Bezeichnung für die politische Ordnung Athens, die nach den Perserkriegen ihre vorerst letzte Ausprägung erfuhr; in der angloamerikanischen Forschung bereits für die institutionellen Veränderungen des Kleisthenes (508/7) verwendet, obwohl die Quellen bis zur Mitte des 5. Jh. v.Chr. den Begriff nicht kennen (Kap. 4, 5, 11).

Ephoren: Gr. für „Aufseher"; vom Volk für ein Jahr gewählte Funktionäre, welche die spartanischen Könige beraten und kontrollieren sollten. Während der Perserkriege und danach wurde das Ephorat zur wichtigsten Institution Spartas, die ihren Einfluss auf die Außen- und Kriegspolitik auszudehnen suchte (Kap. 4, 8, 11).

Gerusia: Ältestenrat Spartas, der von 28 Männern, die älter als 60 waren (Geronten), und den beiden Königen lebenslang besetzt wurde. Während der Perserkriege und danach leiteten die Ephoren die Gerusia (Kap. 4).

Hegemonia: Von gr. *Hegemon*, „Anführer, Leiter"; Bezeichnung für die militärische Führungsposition einer Polis innerhalb eines Bündnissystems oder eines größeren Siedlungsraums (Griechenland). Nach den Perserkriegen beanspruchte Athen die Hegemonie über die weiterhin kampfwilligen Poleis (Kap. 8, Kap. 11).

Hellespont: Die heutigen Dardanellen; lange und schmale Bucht zwischen Kleinasien und Thrakien bzw. der thrakischen Chersonnes, die über das Marmarameer die Ägäis mit dem Schwarzen Meer verband und im Jahre 480 v.Chr. von der Armee des Xerxes auf Pontonbrücken überquert wurde (Kap. 2, 5, 7).

Heloten: Unklare Etymologie; die von den Spartanern unterworfene Bevölkerung der südlichen Peloponnes und Messeniens. Sie versuchten immer wieder (erfolglos), sich von der spartanischen Herrschaft zu befreien (Kap. 4, 8, 11).

Hopliten: Von gr. *hoplon*, „schwere Waffe"; mit Brustpanzer, Beinschienen, Helm, Schild und Lanze schwer bewaffnete Nahkämpfer, die den Kern des griechischen Bürgeraufgebotes bildeten und sich in den Perserkriegen den persischen Fußtruppen im direkten Aufeinandertreffen und als Phalanx (s. u.) formiert als überlegen erwiesen (Kap. 2, 4, 6, 8).

Hybris: Kernbegriff für ein Verhalten, das in Überschätzung der eigenen Möglichkeiten das Gebot des Maßhaltens übergeht sowie die von den Göttern gesetzte Ordnung missachtet und deshalb von diesen bestraft wird. Ursprünglich der aristokratischen Wertewelt entstammend, wird es von Aischylos und Herodot auf Xerxes übertragen, der die Grenzen zwischen Asien und Europa durchbricht (Kap. 1, 2, 12).

Ionien: Im geographischen Sinn die von griechischen Poleis besiedelte Westküste Kleinasiens. Darüber hinaus bezeichnet es eine durch Dialekt, Herkunft und Sitten (*nomoi*) von anderen Griechen (besonders den Dorern) unterschiedene ethnische Großgruppe, die über das kleinasiatische Kerngebiet hinausging (Kap. 5, 10, 11).

Isonomie/Isonomia: wörtlich „gleiches Recht/Gesetz"; Polisordnung, die seit dem letzten Drittel des 6. Jahrhunderts v.Chr. die Teilnahme aller männlichen Bürger an den Entscheidungen stärkte, indem sie die Volksversammlung aufwertete und neue Ratsgremien schuf. In Athen gemeinhin als Beginn oder Vorstufe der Demokratie verstanden (Kap. 4).

Isthmos (von Korinth): „Landenge"; schmale Landverbindung zwischen Attika und der nordöstlichen Peloponnes, die den Saronischen vom Korinthischen Golf trennt. Seit 1893 verbindet ein bereits in der Antike geplanter Kanal die beiden Küsten (Kap. 8).

Kimonische Ära: Moderne Bezeichnung für die rund 15 Jahre von der Gründung des Seebundes bis 462 v.Chr., in dem Kimon, der Sohn des Marathonsiegers Miltiades, die Expansionspolitik Athens maßgeblich bestimmte und sich gleichzeitig um ein gutes Verhältnis zu Sparta bemühte. Plutarch hat Kimon eine Biographie gewidmet (Kap. 1, 11, 13).

Kleruchien: Von gr. *Kleros*, „Landlos"; die von Athen auf eroberten oder den rebellierenden Bündnern abgenommenen Gebieten angelegte Bürgersiedlung im Bereich der Ägäis und der südlichen Schwarzmeerküsten. Im Gegensatz zu den archaischen Kolonien (Apoikien) standen die Kleruchien unter der direkten Kontrolle ihrer „Mutterstadt" (Kap. 4).

Kykladen: „Ringinseln"; Inselgruppe der südlichen Ägäis um die zentrale Kultstätte des Apollon von Delos. Die bedeutendsten Inselpoleis waren die von Naxos, Paros, Andros und Tenos. Sowohl Persien als auch Athen seit Ende des 6. Jh. v.Chr. suchten ihren Einfluss auf die Inseln auszuweiten (Kap 5).

Logistik: Ursprünglich antiker Ausdruck für das praktische Rechnen mit Zahlensystemen. Hiervon abgeleitet Bezeichnung für alle mit der Versorgung der Armee verbundenen Planungen, Handlungen und Organisationsformen. In diesem Sinne spielt Logistik auch für die Erforschung der Perserkriege eine wichtige Rolle (Kap. 9 und 11).

Mager: Von altiranisch *maga*, „Opfergabe/Opferdienst", oder indogermanisch *magh*, „können, helfen"; medischer Priester der zoroastrischen Religion im Perserreich. Davon abgeleitet unsere Begriffe „Magier", „Magie" (Kap. 3).

Medismos, medizein: Griechischer (Kampf-)Begriff für die angebliche oder tatsächliche Kooperation mit den Persern; schließt nicht nur das außenpolitische Verhalten einer Polis, sondern auch die Anwesenheit und Beratungstätigkeit griechischer Exilanten wie des Spartaners Demaratos oder des Atheners Hippias am persischen Hofe mit ein (Kap. 7).

Oligarchie: Herrschaft weniger Reicher in der Polis, häufig im Gegensatz zur Demokratie oder Isonomie verwendet und negativ konnotiert (Kap. 4).

Ostrakismos: Von gr. *ostrakon*, „Tonscherbe"; wahrscheinlich von Kleisthenes eingeführtes und um 488 v.Chr. erstmals angewandtes Abstimmungsverfahren, bei dem mindestens 6000 Bürger über die 10-jährige Verbannung eines allzu mächtig erscheinenen Politikers entschieden, indem sie dessen Namen auf eine Tonscherbe ritzten (Kap. 7).

Peloponnesischer Bund: In der Mitte des 6. Jahrhunderts v.Chr. gegründetes Bündnissystem, das Sparta die Hegemonie (s. o.) über weite Teile der Peloponnes verschaffte und zur führenden Militärmacht Griechenlands machte. Alle Bündner schworen, Sparta loyal zu sein und im Kriegsfall Heeresfolge zu leisten (Kap. 4, 8, 11).

Phalanx: Kampfformation der griechischen Hopliten (s. o.), die – eng nebeneinander stehend – mit der rechten den Speer einsetzten, mit der linken den Schild führten und den Nebenmann schützten. Bildete einen Erfolgsfaktor der Griechen gegen die persische Armee (Kap. 4).

Polis: Ursprünglich Bezeichnung für die auf einer Anhöhe gebaute Burg und Siedlung; dann stand der Begriff allgemein für die griechische Stadt. Die Bürger der Polis strebten danach, sämtliche die Gemeinschaft betreffenden Angelegenheiten unabhängig von äußerer Herrschaft zu entscheiden. Deshalb spricht man häufig von Stadtstaat. Abgeleitet ist unserer moderner Begriff Politik (Kap. 4 u. a.).

Satrap: Oberster Vertreter des Perserkönigs in einem Herrschaftsterritorium (Satrapie); wurde direkt vom König ernannt, war für den Einzug der Tribute und die militärische Sicherheit seines Verwaltungsgebietes verantwortlich (Kap. 3, 5).

Spartiaten: Spartanische Vollbürger, die sich trotz offensichtlicher Besitzunterschiede als „Gleiche" (*homoioi*) bezeichneten. Jeder Spartiate musste Landbesitz vorweisen, die staatliche Erziehung (*agogê*) durchlaufen haben, von spartanischen Eltern abstammen und Beiträge zu den Speisegemeinschaften (Syssitien) leisten (Kap. 4, 10).

Stasis (Pl. Staseis): Griechischer Begriff für gewaltsame Auseinandersetzungen zwischen zwei oder mehreren Gruppen innerhalb der Polisbürgerschaft, die in einen Bürgerkrieg mündeten oder zu münden drohten (Kap. 5).

Stratege: In den meisten Poleis der für einen bestimmten Zeitraum gewählte Oberbefehlshaber des Bürgeraufgebotes (und in der Regel auch der Flotte) (Kap. 7, 11).

Symmachie: „Kampfgemeinschaft"; eine der ältesten Vertragsformen zwischen zwei oder mehreren Poleis, die auf der Formel gründeten „denselben Freund und Feind zu haben". Der Peloponnesische Bund, der Delisch-Attische Seebund (s. o.) und der zur Abwehr der Perser geschlossene sog. Hellenenbund waren Symmachien (Kap. 4, 8, 11).

Theten: In Athen Bürger ohne Grundbesitz und ohne die Möglichkeit, sich die Rüstung des Schwerbewaffneten zu leisten. Deshalb dienten sie als Leichtbewaffnete oder Ruderer auf den Kriegsschiffen und gewannen nach dem Erfolg der Flotte der Athener bei Salamis größeren politischen Einfluss (Kap. 8, 11).

Triere: „Dreiruderer"; das wahrscheinlich in Phönikien oder Ägypten entwickelte modernste (und teuerste) Kriegsschiff der Perserkriege. Es wurde von drei übereinander angeordneten Ruderreihen angetrieben und suchte das gegnerische Schiff durch einen frontalen Rammstoß manövrierunfähig zu machen oder zum Sinken zu bringen. Die gegnerischen Flotten bei Salamis bestanden zum größten Teil aus Trieren (Kap. 7, 8).

Tyrannis: Etymologie unklar, vielleicht aus dem Osten stammend; illegitime, d. h. ohne Ermächtigung der Bürgerschaft errungene Herrschaft eines Einzelnen (und seiner Familie). Die sog. ältere Tyrannis ist im Ägäisraum und auf der griechischen Halbinsel ein Phänomen der späten Archaik (7.-6. Jahrhundert v.Chr.). In Ionien wurde sie von den Persern gefördert, nach dem Aufstand von 499 aber vielfach durch breiter gelagerte Adelsregimenter ersetzt (Kap. 4, 5).

Zweistromland: Von gr. *Mesopotamia*, „zwischen den Flüssen"; moderner Name für das Gebiet zwischen und um den Euphrat und Tigris bis zum Persischen Golf; gilt als eine der ältesten Kulturlandschaften des Vorderen Orients (Kap. 2, 3).

www.ingramcontent.com/pod-product-compliance
Lightning Source LLC
Chambersburg PA
CBHW060600230426
43670CB00011B/1907